西北师范大学西北少数民族教育发展研究中心资助

地方性知识
与民族地区地方课程开发研究
—— 以甘南藏族为例

安富海◎著

中国社会科学出版社

图书在版编目（CIP）数据

地方性知识与民族地区地方课程开发研究：以甘南藏族为例/安富海著．—北京：中国社会科学出版社，2016.1
　ISBN 978-7-5161-7488-3

　Ⅰ.①地… Ⅱ.①安… Ⅲ.①藏族—课程—教学研究—中小学—甘肃省 Ⅳ.①G632.3

中国版本图书馆 CIP 数据核字（2016）第 017924 号

出 版 人	赵剑英
责任编辑	刘晓红
特约编辑	陆慧萍
责任校对	周晓东
责任印制	戴　宽
出　　版	中国社会科学出版社
社　　址	北京鼓楼西大街甲 158 号
邮　　编	100720
网　　址	http://www.csspw.cn
发 行 部	010-84083685
门 市 部	010-84029450
经　　销	新华书店及其他书店
印刷装订	三河市君旺印务有限公司
版　　次	2016 年 1 月第 1 版
印　　次	2016 年 1 月第 1 次印刷
开　　本	710×1000　1/16
印　　张	18.75
插　　页	2
字　　数	319 千字
定　　价	69.00 元

凡购买中国社会科学出版社图书，如有质量问题请与本社营销中心联系调换
电话：010-84083683
版权所有　侵权必究

序　言

　　民族文化传承与民族教育的关系问题是民族教育研究领域的重要问题之一。它不仅涉及民族文化传承、民族教育发展，还涉及民族青少年的健康成长问题。地方性知识是民族文化的重要组成部分。地方性知识是指在一定情境中生成并在该情景中得到确认、理解和保护的知识体系，它源于地方人对自身所处的自然、人文、社会环境的认识，是地方人经过反复实践总结出的处理人与自然、人与人、人与社会之间关系的一些规则和策略。地方性知识是地方人的一种实践智慧，它有效地解决了地方人所面临的自然环境和人文环境中存在的问题，对地方人的生存和发展有着不可替代的价值和意义。学校课程是民族文化的主要载体。民族地区的学校课程应该反映民族人长期生产和生活过程中形成的、与自己的生存和发展环境（包括自然环境和人文环境）及其历史密不可分的地方性知识。长期以来，高度集权的课程管理体制无法兼顾各地、民族文化、社会发展和个人发展的差异性和多样性的需求，从而导致了课程与民族文化、教育和学生发展的实际相脱离。新一轮基础教育课程改革明确指出，"要改变课程管理过于集中的状况，实行国家、地方、学校三级课程管理，增强课程对地方、学校及学生的适应性"。然而，从近15年来民族地区地方课程开发的状况来看，大多数都没有将地方性知识融入地方课程之中，没能发挥民族地区地方课程应有的功能，背离了民族地区地方课程建设的初衷。

　　安富海博士正是基于民族地区地方课程存在的这一个现实问题，以甘肃甘南藏族自治州为个案，以教育人类学的田野研究方法为主，多次深入藏族地区的学校、村庄、家庭开展参与观察、深度访谈等研究，并以地方性知识为理论进行解释，试图探寻民族地区学校教育中地方性知识存在与传承的合理形式，进而观察、体验和理解地方性知识在地方人生活和地方社会发展的中不可替代的价值，为地方性知识应该进入民族地区学校课程提供了坚实的理论依据。

难能可贵的是安富海博士并没有陷入固执的民族文化保护主义者的陷阱，而是在强调地方性知识之于地方人生产生活的特殊价值和意义之后，进一步指出，地方性知识的学习和民族地区地方课程的开发不是要用"地方性"来限制少数民族学生的发展，而是要使其更有助于少数民族学生生存能力的增强和生活幸福度的提升。具体来说包括以下几个方面：第一，使少数民族学生的生活与课程紧密联系，彻底摆脱少数民族学生的生活与学校课程无关的现状。第二，使将来留在地方的少数民族学生具有融入当地社会的能力和跨文化的交际能力，进而成为当地社会发展的中流砥柱。第三，使将来走出地方的少数民族学生不仅具有适应新环境的能力和跨文化的交际能力，还应承担在更广泛的范围内和更深层次上实现民族文化的传承和创新的责任。

在深入研究藏族地方性知识的价值和分析民族地区现存的民族文化课程问题的基础上，安富海博士运用泰勒原理从课程目标、课程内容、课程实施和课程评价四个方面对民族地区地方课程进行了研究。形成了义务教育阶段藏族地区地方课程的目标框架；藏族地区地方课程内容应以问题和主题为主要组织方式；藏族地区地方课程的实施途径应该包括课堂教学和综合实践活动两个部分；藏族地区地方课程评价应具有民族特色、评价标准和主体应多元化、评价标准也应有动态发展性、评价方式应多样化，评价内容应包括对学生学业的评价和对课程本身的评价两个方面的研究结论。

《地方性知识与民族地区地方课程开发研究——以甘南藏族为例》是安富海博士的第一本专著，倾注了他大量的时间和心血，提出了许多有助于民族地区地方课程开发的策略和值得民族教育研究关注的问题。当然，由于时间和学术积累的问题，本专著在个别问题的研究方面还有待于进一步深入。作为安富海博士的导师，我深知他潜心学术研究、孜孜不倦地追求学术尊严的精神，在理论学习方面他能博览群书，在实践研究方面他能出入田野，在理论建树中关注现实问题，在行动研究中提升理论水平，是一位难得的学术青年人才。他的首部专著是在博士学位论文的基础上修改而成，此书不仅可以彰显他的学术水平，更标志着他独立从事教育科研的新起点，这是一个良好的开始。我期待安富海博士能够持续不断地关注和深入研究民族文化传承与民族教育的发展问题。我相信只要一代代民族教育研究人潜心钻研、勇于创新，定能探索出符合国情和少数民族学生发展规律的中国民族教育发展之路。

王　鉴
教育部长江学者特聘教授、博士生导师
西北师范大学西北少数民族教育发展研究中心主任
2015年6月6日

目 录

第一章 绪论 …………………………………………………… 1

  第一节 问题提出 ………………………………………………… 1

    一 民族教育之"根"必须植于民族文化之
      "土壤"之中 ……………………………………………… 1

    二 民族地区学校课程对民族文化关注不够 ……………… 2

    三 民族地区地方课程的特殊价值 ………………………… 3

    四 地方性知识理论的启示 ………………………………… 5

  第二节 研究目的与意义 ………………………………………… 8

    一 研究目的 ………………………………………………… 8

    二 研究意义 ………………………………………………… 9

  第三节 研究的问题与方法 …………………………………… 10

    一 研究的问题 …………………………………………… 10

    二 研究方法与步骤 ……………………………………… 10

  第四节 概念界定与研究综述 ………………………………… 19

    一 概念界定 ……………………………………………… 19

    二 研究综述 ……………………………………………… 20

  第五节 研究框架 ……………………………………………… 46

第二章 知识与地方性知识 …………………………………… 48

  第一节 知识 …………………………………………………… 48

    一 知识的含义 …………………………………………… 48

    二 知识的特性 …………………………………………… 55

    三 知识的类型 …………………………………………… 58

  第二节 地方性知识 …………………………………………… 66

一　地方性知识提出的背景 …………………………………… 66
　　二　地方性知识的内涵及特点 ………………………………… 70
　　三　地方性知识的价值 ………………………………………… 72
　　四　生存论视角下地方性知识的教育价值 …………………… 78

第三章　民族地区地方性知识 ……………………………………… 93

第一节　藏族地区地方性知识形成的自然环境 ………………… 94
　　一　藏族地区地方性知识是藏族人对高原环境的
　　　　认识和总结 ………………………………………………… 95
　　二　藏族地区地方性知识的精神内涵及特征 ………………… 100

第二节　民族地区地方性知识的内容 …………………………… 104
　　一　生活中的地方性知识 ……………………………………… 107
　　二　生产中的地方性知识 ……………………………………… 124
　　三　社会活动中的地方性知识 ………………………………… 129

第三节　民族地区地方性知识的合法性及创新路径 …………… 142
　　一　地方性知识：只有在地方人的文化框架内才能
　　　　得到合理的解释 …………………………………………… 142
　　二　地方性知识：只有在不断地使用中才能得到
　　　　保存和创新 ………………………………………………… 155

第四节　民族地区地方性知识面临的困境与危机 ……………… 157
　　一　民族地区地方性知识面临的困境 ………………………… 157
　　二　民族地区地方性知识面临的危机 ………………………… 161

第四章　民族地区地方性知识与学校教育 ………………………… 164

第一节　民族地区学生的学校生活 ……………………………… 164
第二节　民族地区学校民族文化课程的调查与分析 …………… 168
　　一　问卷调查：藏语文课程现状扫描 ………………………… 169
　　二　课堂实录：汉语文与藏语文教学状况之比较 …………… 174
　　三　分析与阐释：民族地区学校课程应该
　　　　关注地方性知识 …………………………………………… 186

第三节　民族地区学校课程与地方性知识的关系 ……………… 191
　　一　地方性知识何以未能成为学校课程的内容 ……………… 192

二　地方性知识是民族地区学校课程的重要资源……………… 194

第五章　民族地区地方课程开发研究……………………………… 205
　第一节　民族地区地方课程特征与功能……………………………… 206
　　一　民族地区地方课程的特征………………………………… 206
　　二　民族地区地方课程的功能………………………………… 208
　第二节　民族地区地方课程开发的原则和程序……………………… 209
　　一　民族地区地方课程开发的原则…………………………… 209
　　二　民族地区地方课程开发的程序…………………………… 210
　第三节　民族地区地方课程目标研究………………………………… 215
　　一　民族地区地方课程目标的来源…………………………… 216
　　二　民族地区地方课程目标的预定…………………………… 224
　　三　意见整合和内容筛选……………………………………… 229
　第四节　民族地区地方课程内容研究………………………………… 234
　　一　课程内容选择的标准……………………………………… 235
　　二　"目标—内容"型课程内容的框架………………………… 238
　　三　民族地区地方课程内容的组织形式……………………… 240
　第五节　民族地区地方课程实施研究………………………………… 245
　　一　民族地区地方课程实施的影响因素……………………… 246
　　二　民族地区地方课程实施的价值取向……………………… 248
　　三　民族地区地方课程实施的途径…………………………… 249
　第六节　民族地区地方课程评价研究………………………………… 252
　　一　民族地区地方课程的评价取向…………………………… 253
　　二　民族地区地方课程评价的基本特征……………………… 255
　　三　民族地区地方课程评价的内容…………………………… 257

附录……………………………………………………………………… 263

参考文献……………………………………………………………… 276

后记……………………………………………………………………… 289

第一章 绪论

第一节 问题提出

一 民族教育之"根"必须植于民族文化之"土壤"之中

民族文化是指一个民族在其历史发展过程中创造和发展起来的具有本民族特点的文化。民族文化的基本构成包括物质文化、制度文化和精神文化。物质文化主要指民族文化中创造的物质部分，如工具、饮食、服饰和建筑等，处于民族文化的表层；制度文化是指一个民族共有的习惯性偏好、行为、民族节庆、民族交际与行为规则、方式等，制度文化处在民族文化的中间层；精神文化主要包括民族意识、民族性格、文化心理、科学哲学思想、价值观念、伦理道德规范、审美情趣、文化财富与社会传统、语言文字、典籍、宗教信仰等，是民族文化的深层结构。民族文化是一个民族的根基和灵魂，它不仅是一个民族的象征和标志，而且对民族人的生存、生活和发展具有不可替代的重要价值。一定的文化生态总是人生活其间的文化生态，文化的存在总是相对于人而存在的，没有脱离人而独立存在的文化。人为了个体的再生产和类的再生产必然要求将前人与自己共同创造的文化传承下去，这样教育就产生了。也就是说，文化的传递与延续是通过教育这一机制来实现的。开天辟地的神话、三皇五帝的传说、春秋战国的诸子百家、唐诗宋词、古歌旧曲、民风民俗之所以能流传至今，都离不开教育的作用。正是由于教育，才使得人类文化薪火相传、文脉相继、化民成俗。一定的教育总是从属于一定的文化。从世界范围来看，不同的文化产生了不同的教育。西方文化产生了西方的教育，东方文化产生了东方的教育。在古希腊文明中，也因不同的生存发展环境产生了雅典教育和斯巴达军事教育。在现代西方，美国文化产生了美国式的民主教育，法国文化产生了浪漫教育，英国文化产生了绅士教育，德国文化开创了洪堡式的大学教育。在宗教文化中，伊斯兰文化产生了伊斯兰教育，佛教文化产生了佛教教育，儒家文化产生了中国传统的儒家教育。不同文化之间的冲突与融合又产生了新的教育，同样是佛教文化教育，印度佛教与藏族苯教、藏族文化冲突融合则产生了藏传佛教教育，与中南半岛的傣族文化结合产生了新的南传上座部小乘佛教的奘寺教育。凡此等等，皆充分说明一定的文化总是伴随着一定形态的教育。民族文化与民族教育的关系是互为依存、互为促进的关系，民族文化是民族教育的源泉，民族教育是民族文化得以保留和传承的重要途径。一个民族的教育与该民族的文化是一脉相承的，民族教育之"根"必须植于民族文化之"土壤"之中。

二　民族地区学校课程对民族文化关注不够

在学校教育中，课程是文化的主要载体。课程与文化是连体的，自文化产生之日起，广义性质的课程便得以萌生，但真正意义上的课程是伴随学校教育的出现而出现的。课程从教育产生之时起，就承担起继承、传递、传播文化遗产的任务。因此，课程与文化之间有着密切的关系，课程是文化的一个组成部分，课程是教育得以开展的物质与精神载体。一方面，文化造就了课程，文化作为课程的母体制约并决定了课程内容的性质；另一方面，课程又创造和形成着文化，课程作为文化的一种重要手段和媒体，为文化的培植、创新及其育人意义的形成、育人标准的定位，提供核心与导向性的途径与机制。课程内容是教育的核心，离开课程内容，文化便失去传承、传播、创新与发展的机制与载体。因为教育在传递、传播文化的过程中，从来就不是简单地复制文化，它会因社会变革、受教育者不同的身心状况以及教育自身价值观的差异，赋予已有文化传统以新的文化意义，它会融合汇总本土文化与外来文化，使原来文化发生性质、功能等方面的变化，衍生出新的文化要素。从文化的角度看，课程内容选取的主要材料依据是社会文化。人们在特定的社会文化中会形成某种特定的价值观念，并通过一特定的价值观念的作用进而形成特定的学校课程。文化的价值观念对课程的影响，既是稳定的、显在的，又是持久的、潜在的。无论是传统的文化，还是冲突、交流和融合的文化，总要对课程的确立、演变产生全方位的影响。文化的价值取向不仅可以使不同国家的同一种课程各具特色，而且也可以使同一国家不同地区的同一课程彼此相异。我国的民族文化不仅形式多样，历史也很悠久。丰富多彩的民族文化是各民族人智慧的结晶，是各民族人长期生产和生活过程中形成的、与自己的生存和发展环境（包括自然环境和人文环境）及其历史密不可分的地方性知识。鉴于此，民族地区的学校课程不仅应该反映世界层面的普适性知识，也应该反映国家层面的普适性知识，还应该反映民族地区的地方性知识。世界层面的普适性知识和国家层面的普适性知识反映的是人类认识世界、认识自我的最新成果，是人类已经认识的、在现有条件下达成共识的知识和规则，是学生社会化过程获得成功必备的知识。所以，学校课程必须将其纳入自身的范围之内。地方性知识源于地方人对自身所处的自然、人文、社会环境的认识，是地方人经过反复实践总结出的处理人与自然、人与人、人与社会之间关系的一些规则和策略，是地方人的一种实践智慧，它有效地解决了地方人所面临的自然环境和人文环境中存在的问题，对地方人的生存和发展有着不可替代的价值和意义。因此，民族地区的学校教育也理所当然地应将其纳入课程内容之中。然而，长期以来，我国一直是国家课程占主导地位。实行中央集权的课程管理体制，全国各地，无论是汉族地区还是少数民族地区都实行统一的教学计划、教学大纲和教科书，如果说考虑了地域的差异性，只是把主流文化的课程文本翻译成少数民族语言的课程文本而已，没能从根本上改变中央集权课程的运行模式。这种高度集权的课程管理体制对于培养国家公民、保证教育质量具有一定的积极意义，但也存在很大的弊端，即高度统一的课程制度无法兼顾各地社会发展和个人发展的差异性和多样性的需求，从而导致了课程与各地社会、教育和学生发展的实际相脱离。这种一元化的课程体制和以主流文化为主的课程内容使得大多数少数民族学生遭受了学业失败。许多少数民族学生经历了十年寒窗不幸落榜后，就成了"种地不如老子、喂猪不如嫂子"的边缘人。针对这种现状，1999年6月，国务院发布了《中共中央国务院关于深化教育改革全面推进素质教育的决定》，明确提出"调整和改革课程体系、结构、内容，建立新的基础教育课程体系，实行国家课程、地方课程和学校课程"。这将逐步改变长期以来单纯由国家统一规定课程的格局。但从目前的研究来看出，这一状况还没有得到应有的重视和深入的研究。民族文化在民族地区课程中逐渐式微。

三 民族地区地方课程的特殊价值

2001年教育部印发的《基础教育课程改革纲要（试行）》在课程改革的目标方面明确指出"要改变课程管理过于集中的状况，实行国家、地方、学校三级课程管理，增强课程对地方、学校及学生的适应性。"①从教育部印发的关于《基础教育课程改革纲要（试行）》方案中我们可以看出，地方课程是从课程管理的角度，针对集权式的、一元化的课程管理体制所提出的一个概念，旨在解决我国长期以来所形成的课程管理过于集中的状况，增强课程对地方、学校及学生的适应性。因此，本书认为，在汉族地区更多地从课程管理的角度去理解地方课程的含义是无可厚非的，但在民族地区除了从管理方面去理解地方课程的含义外，还应该从文化传承和创生的角度去认识地方课程的价值和特殊意义。民族地区地方课程的开发和实施不仅可以解决课程管理过于集中的状况，增强课程对地方、学校以及学生的适应性，而且对民族地区学生的发展、民族文化的传承、民族地区生态环境的保护、民族地区的经济社会的发展以及国家安定团结等都有其特殊的价值和意义。第一，民族地区地方课程可以增强课程对民族地区学生的适应性。过去，一元化的课程体制及内容，一方面忽视了民族地区学生所特有的文化背景以及由此带来的差异；另一方面脱离了民族地区的民族生活、民族文化，使民族地区学校课程丧失了传承、创新本民族文化的功能。民族地区地方课程的开发和实施在很大程度上弥补了国家课程民族性、地方性不足的缺陷，增强了课程的适应性。第二，民族地区地方课程可以更好地促进民族地区学生的健康成长。"人类学的文化不连续（或文化中断）理论认为，在同质文化中，文化的连续性是指儿童成长过程中能按照渐进的方式交给儿童系统的文化期望和社会责任，不连续性是指儿童发展的中阶段性飞跃。"② "在学校教育中，存在由于大量非同质文化的撞击而引起的文化不适应现象。突出的情况就是学校教育中主流文化与民族亚文化冲突造成的不连续性。"③ 这种与民族文化毫不相干的学校课程必然引起民族地区学生归属的模糊或丧失。因为思维方式作为文化心理的构成要素是与文化心理结构的基本属性相一致的，"它直接控制着人们的认识方式"。④ 一定的文化背景下所生成的思维方式是独特的，并随

---

① 钟启泉、崔允漷、张华：《为了中华民族的复兴 为了每位学生的发展——〈基础教育课程改革纲要（试行）〉解读》，华东师范大学出版社2001年版，第5页。
② 冯增俊：《教育人类学》，江苏教育出版社1991年版，第206页。
③ 钱民辉：《多元文化与现代教育之关系研究——教育人类学的视野与田野工作》，民族出版社2008年版，第318页。
④ 刁培萼：《教育文化学》，江苏教育出版社2000年版，第155页。

着文化的发展而不断变化。在民族地区的学校课程中实行单一的、与汉族地区无差别的一元化课程必然在少数民族学生中产生文化中断问题，这不仅会使他们在主流文化的学习的过程中遭遇失败，而且会影响他们对民族文化的学习。民族地区地方课程可以利用学生生活在其中的、熟知的地方性知识增加学生的知识与能力，培养学生健康的情感、态度和价值观，增强学生跨文化的适应能力和生存能力。第三，民族地区地方课程可以更有效地传承民族文化和服务民族地区的建设。民族地区地方课程的最主要的特殊性表现在它的内容上，民族地区地方课程以独特的、相对完整的、成体系的民族文化为主要内容。这种与少数民族学生生活的文化环境同质化的课程内容有利于学生学习兴趣的培养和基本素质的养成。另外，民族地区的学生通过地方课程可以更多地接触和学习到本民族的历史和传统文化，增强其民族自信心，对弘扬民族文化传统具有一定的推进作用。同时通过对国家课程的学习了解中华民族"多元一体"的历史事实和发展历程。促进不同民族文化间的相互尊重与理解，进而促进和加强民族团结。总之，民族教育在我国经济社会发展和民族地区各项事业的发展中均具有战略地位。《国家中长期教育改革和发展规划纲要（2010—2020）》也明确指出，要切实解决少数民族和民族地区教育事业发展面临的特殊困难和突出问题。民族教育的主要载体——学校课程的适切性问题是当前民族教育中一个比较突出的问题。

四 地方性知识理论的启示

20世纪六七十年代在西方国家开始广泛出现了具有重大影响的社会文化思潮——后现代主义思潮，这一思潮涉及文学、艺术（包括建筑的风格等）、语言、历史、哲学等社会文化和意识形态的诸多领域。虽然这一思潮至今仍处于一种纷繁复杂、多元化的发展状态，但从总体上看，后现代主义思潮的目的性是非常明确的，就是要对现代文明发展的根基、传统等各个方面，进行全方位的批判性反思。因此，后现代主义思潮的兴起，可以说为观照现代性提供了一面新的镜子，既折射出现代性与传统的矛盾，又折射出现代性自身矛盾的方方面面。[①] 后现代主义思潮对人类的知识观念产生了重大影响。"地方性知识"就是在后现代主义思潮下产生的。现代知识观追求的是"一"，后现代知识观追求的是"多"。这里的

---

① 崔伟奇：《论现代性与后现代性》，《光明日报》2007年7月10日。

"一",指的是一般、普遍,整体性,它表现为概念、命题、真理、规律等;"多"则指的是个别、特殊,多样性,它表现为感觉、知觉、现象、意义等。进一步来说,现代知识观追求的是把握某种普遍必然、整体性的知识,因此普遍性与必然性,连同客观性与确定性一起,被视为知识的应有属性;而后现代知识观追求的是意义的多样性、生成性,亦即意义的不断可解释性。[①] 与近现代的思想背景不同,后现代知识观的反思背景是语言。语言的性质自然与数学、自然科学知识不同,它本来就是以"差异性"为本性的。因为只要有任何一个字母甚至声调(在汉语中)不同,就变成另外的一个语词。因此,语言学的语境就为建立某种"差异性"、而不是同一性的哲学,提供了一种思想的背景。

地方性知识的观念虽然早在古希腊哲人的思想中就已经存在,但明确提出并身体力行地去真正研究地方性知识(local knowledge)的学者是美国文化人类学家克利福德·格尔茨。在他看来,人是置身于自己编织的意义之网中的动物,而这种意义之网就是文化。于是,对文化的分析不是一种寻求规律的实验科学,而是一种探求意义的解释科学。因此,文化概念实质上是一个符号学概念,文化模式就是历史的创立的有意义的系统。由于不同的文化是不同的民族对其所处世界不同理解的产物,文化的各种符号之间的关系取决于该文化中行为者的行为组织方式,因而文化模式并非是普遍性规则,而是具有多样性的特殊意义系统,并由此构成了所谓的地方性知识,一种具有地域文化特质的知识形态及构成方式。鉴于地方性知识的确认对传统的一元化知识观和科学观具有潜在的解构和颠覆作用,我们可以进一步将它看作是一种新的知识观念和认知模式,一种文化变迁必需的内在支持要素。传统文化作为传承下来的象征体系和生活方式,其符号的、隐喻的、解释的和真实的本质决定了它的解释运作取决于特定的民族认知规则和价值观。因此,文化的现代化与地方性知识的内在关系就成了值得探讨的核心问题。地方性知识是与普适性知识(universal knowledge)相对应的一个学术概念。地方性知识最初只是作为一个文化人类学学术概念而存在,但目前它的重要性已远远超出了文化人类学的范畴。许多学科的前沿研究中都能看到它"活动"的痕迹。例如,获得诺贝尔经济学奖的行为经济学大师卡尼曼,就堪称是用"个性化价值"取代"普

---

① 陈嘉明:《"一"与"多":现代与后现代的知识观》,《光明日报》2007年4月24日。

遍价值"的典范。

哲学史上有过经验论同先验论的争论，前者拒斥先验主义的解释，主张从有限的、局部的经验出发来构造知识，这正是"地方性知识"的某种萌芽。在自然科学中也是如此，牛顿的绝对时空观实际上是一种"普遍性知识"的价值取向。爱因斯坦相对论首先打破的恰恰是这种知识绝对化的价值观。因为如果像"同时性"这样看似绝对无疑的东西，也可能因坐标系的选取不同而成为相对性的东西，那么还有什么能保持其绝对的地位呢？无独有偶，20世纪30年代兴起的量子力学，不仅是一场微观世界的物理学革命，也是"地方性知识"的一种前奏。测不准关系所指出的客体物理性质对主体测量手段的依赖性，实际上排除了所谓"客观性"的绝对性概念，它认为一切客观事物的"精确"描述都与主体相关，都是一种"地方性"的描述。显然这已十分接近现代"地方性知识"的观念。因为按照"地方性知识"的陈述，我们应该关注知识究竟在多大程度和范围内有效，而不是去追求客观性和绝对性。

鉴于此，本书认为，"地方性知识"是一种新型的知识观念和价值取向①"地方性"或者说"局域性"涉及知识的生成与辩护中所形成的特定的情境（context），包括由特定的历史条件所形成的文化与亚文化群体的价值观，由特定的利益关系所决定的立场和视域，由特定的认知偏好对外部事物的解读等。正是由于知识总是在特定的情境中生成并得到辩护的，因此我们对知识的考察与其关注普遍的准则，不如着眼于如何形成知识的具体的情境条件。按照文化社会学的观点，文化乃是人们适应环境的产物，不同的地域共同体在不同的生存环境下造就了自己的文化，从而造成了文化的地域性差异。"地方性知识意味着一个地方所独享的知识文化体系，是由此地人民在自己长期的生活和发展过程中所自主生产、享用和传递的知识体系，与此地人民的生存和发展环境及其历史密不可分。地方性知识的保存不能采用孤立的方式，因为一旦将地方性知识从它们所赖以存在的自然和人文环境中孤立出来，它们就不能够再得到发展。"② 地方性知识强调的就是所有知识的平等与特性，反对以西方文明为中心的文化中心主义。任何一种地方性知识都有其不可替代的魅力和优势，对于人类自

---

① 盛晓明：《地方性知识的构造》，《哲学研究》2000年第12期。
② 陈来：《儒学的普遍性与地域性》，《天津社会科学》2005年第3期。

身发展的认识有重要的意义。这种意义也许很难被外文化的人所了解和接受，但它都有自身存在的价值和含义。作为知识观念和认知模式的地方性知识而言，它绝不仅仅只是一种批判性的知识观念和话语武器，其实践性与建设性才是它最有价值的特性所在。①

地方性知识的确认对于传统的一元化的、科学的知识观具有潜在的解构和颠覆作用。它强调知识总是在特定的情境中、特定的群体中生成并得到辩护，否认放之四海而皆准的、普遍主义的知识，知识的内容与准则只在特定时代的、特定地域的、共同体内部得到辩护，知识的生成是一种共同体的文化的生成。地方性知识理论的确立也进一步证实了地方性知识对地方人生存生活、地方生态保护、地方经济社会的发展乃至整个人类的生存和和谐的、持续发展的重要意义。从这个意义上说，地方性知识理论也是民族地区地方课程开发的重要理论依据和理论指导。

第二节 研究目的与意义

一 研究目的

地方课程作为国家课程的补充和延伸，主要是为了增强课程对地方、学校和学生的适应性。民族地区地方课程开发的目的在于利用学生熟悉的、生活于其中的地方性知识引导学生健康成长、传承民族文化和服务地方建设。本书的主要目的包括以下几个方面。

第一，通过对知识与地方性知识含义和关系的考察，旨在说明知识地方性、境域性的特征，为民族地区地方课程传承民族文化的必要性提供理论依据。

第二，通过对民族地区地方课程的历史考察，分析历史上民族地区地方课程存在的问题，并总结民族地区地方课程开发的历史经验。

第三，通过对现有民族地区学校课程中存在问题的调查研究，为民族地区地方课程开发提供现实依据。

第四，通过对民族地区学生的学习需求、教师和家长、民族文化精英对民族文化学习的建议的调查，为民族地区地方课程目标的确定、内容的

---

① 连连：《文化现代化的困境与地方性知识的实践》，《学海》2004年第3期。

筛选、实施途径和评价措施的选择提供依据。

第五，通过对甘南藏族地区地方性知识的深入挖掘和全面剖析，将真正属于地方人的地方性知识以适当的方式纳入地方课程，建立真正有利于学生健康发展、传承民族文化和服务地方经济的地方人的地方课程。并在此基础上尝试建立民族地区地方课程开发的新模式。

二 研究意义

第一，揭示地方性知识对地方人生存和发展的价值和意义。首先从理论角度阐释地方性知识对地方人生产生活的价值和意义。然后以甘南藏族地区为个案深入地方人的生活，从实践角度体悟地方性知识与地方人生活之间水乳交融的关系和对地方人生产生活的不可替代性。

第二，能够进一步发展和完善地方课程的理论，为民族地区地方课程开发提供参考。本书是从地方课程研究中存在的问题入手，是对以往地方课程研究的一种批判性反思和探索。一个学科的发展是建立在研究者对先前研究的批判和反思的基础上的，没有批判和反思，就没有问题的提出，没有问题的不断解决，也就不会有学科的发展和完善。本书是以甘南藏族自治州为个案而进行的民族地区地方课程内容的探讨，既有理论探索，又有实践研究，这种结合民族地区的具体实践进行的地方课程的理论探讨对地方课程理论自身的发展和完善有一定的建设意义。

第三，民族地区地方课程研究内容的重新确定，可以使地方课程的理论和实践研究走向深入。从已有的研究来看，地方课程的主要作用在于传递地方文化和服务地方建设，这种外在于人的地方课程目标使地方课程中的人连同地方课程又一次沦为文化传递和地方建设的工具。工具化了地方课程，背离了地方课程建设的初衷，学生不愿学习，教师将其视为教学负担，学校想方设法弄虚作假去应付上级的检查。本书将地方性知识作为地方课程的内容，一方面，地方性知识是学生存在于其中并能深刻领会的知识，它更有利于学生的认知和思维能力的发展。另一方面，地方性知识与学生生活密切相关，他们既是地方性知识的讲述者，又是地方性知识的继承者，这种包含地方性知识的地方课程会使学生充满学习的兴趣。

第三节 研究的问题与方法

一 研究的问题

根据研究目的,本书所关注的问题主要包括以下几个方面。

第一,知识的含义类型及与地方性知识的关系。

第二,地方性知识的含义、价值。

第三,藏族地区地方性知识的形成、类型、内容及与藏族人生活的关系。

第四,地方性知识与学校课程的关系。

第五,民族地区地方课程目标怎样确定?

第六,民族地区地方课程内容怎样选择?

第七,民族地区地方课程有效实施的途径?

第八,民族地区地方课程需要怎样的评价方式?

二 研究方法与步骤

(一)研究方法

实际上,把理论和方法截然分开本身就不是科学研究的态度。黑格尔在论述逻辑哲学研究内容和研究方法的内在统一性时曾经深刻地指出:"要想执行考察认识的工作,却只有在认识的活动过程中才可进行。考察所谓认识的工具,与对认识加以认识,乃是一回事。"[1] 依据本书的实际需要,采用了理论分析与实证研究并举,质的研究与量的研究有机结合的研究方法。"在同一项目中使用两种不同的研究方法,可以同时在不同层面和角度对同一研究问题进行探讨,可以结合宏观和微观,行为和意义,自上而下验证理论和自下而上建构理论。可以同时收集不同类型的原始资料,为研究设计和解决实际问题提供更多的灵活性,不同方法之间可以相互补充,共同揭示研究现象的不同侧面。"[2] 本书在质的研究部分,主要采用了人类学的田野研究方法。田野研究对资料的分析是自下而上的,追求的是情景和真实,具有自然主义的探究特点。本书在地方性知识与地方

---

[1] 黑格尔:《小逻辑》,商务印书馆1980年版,第60页。
[2] 陈向明:《质的研究与社会科学研究》,教育科学出版社2000年版,第472—473页。

人的生活的关系和学校课程与地方性知识的关系两个方面运用了田野研究方法。走进村庄，走进地方人的生活进行田野研究，能从微观层面上了解地方性知识在地方人生活中的意义；融入学校，走进课堂进行田野研究，能对民族文化影响下的教师和学生的思维方式、行为方式、兴趣爱好和对民族文化的态度等问题进行深入细致的描述和分析，为民族地区地方课程开发提供一定的帮助。

总的来说，对地方课程、地方性知识的研究现状和相关理论主要运用了文献分析和理论研究的方法。对民族地区学校课程与地方性知识的关系；民族地区地方课程目标的确定、内容的选择、实施的策略、评价的方法等方面的研究主要通过个案研究、课堂实录、半结构式访谈等质性研究方法展开研究。关于现有民族地区民族文化课程存在的问题以及民族地区地方课程目标的确定、内容的选择、实施的策略、评价的方法等方面教师和学生的态度和建议，主要运用问卷调查和统计分析等量的研究方法。下面对本书中采用的研究方法以及怎样运用作一简要说明。

1. 文献法

文献法是本书进行的基础，本书首先对地方性知识、地方课程、民族地区地方课程的研究现状进行了全面考察和深入分析，将获得的信息进行整理、分析、归类。明确了现有民族地区地方课程存在的问题及其研究状况。最后根据研究的目的确定研究策略、设置问卷、访谈提纲等具体的研究工具。

2. 观察法

观察是人类认识世界的最直接和最基本的方法，也是进行教育科学研究的重要手段之一。本书是研究者在与地方人共同生活、共同交流和体验的基础上进行的，因此主要运用了参与式观察（研究者多次深入藏族地区的村落、学校、寺院参与观察）。因为研究者只有作为被研究者文化群体中的一个"成员"参加到他们的生活中去，才能真正理解他们，从而使研究更加深入。

3. 调查法

调查法分为问卷调查法和访谈法。问卷调查是以书面提出问题的方式搜集资料的一种研究方法。其优点在于方便实用，由于可以不署名，相比之下结论较为客观，能搜集到大样本信息资料，收效较大，便于整理和统计，结果也有一定的代表性。本书在参考了大量的关于课程研究方面的问卷设计的基础上，结合民族地区实际，自行设计了《民族地区地方课程研究调查问卷（教师）》和《民族地区地方课程研究调查问卷（学生）》两份问卷。访谈法是研究者通过口头谈话的方式从被研究者那里收集第一手资料的一种研究方法。同时，访谈本身也是一个不断理清自己的研究思路、调整自己研究方向的建构和发展的过程。双方在交谈的过程中，彼此交流不同的思想观念，并获得相应发展。在访谈中，为了保证访谈质量，通常是在征得受访者的同意之后，先列出详细的访谈提纲，访谈时进行现场录音。本书将依照文献分析结果，研定访谈提纲，拟对教育行政人员、教师、学生、家长、民族文化的精英分别进行访谈，了解他们对民族文化及其传承方式的认识、看法和建议。并将他们的合理建议以适当的方式反映到课程开发中去。

（1）调查及访谈的工具。

①问卷调查工具。本书的问卷调查工具乃是研究者自编的《民族地区地方课程研究调查问卷（教师）》和《民族地区地方课程研究调查问卷（学生）》，主要参考研究者文献探讨和分析所得和相关学科专家建议撰写而成，以下针对调查问卷编制过程和问卷内容加以说明。

调查问卷的编制过程 其可以分为拟定大纲、撰拟问卷题目、征求专家建议、预测和修正定稿五个步骤，分述如下：

第一，拟定大纲：问卷编制的第一个步骤是拟定大纲。本问卷大纲依据研究目的三"了解现存民族地区学校课程存在的问题及建议"，以及目的四"民族地区学生的学习需求、教师和家长、民族文化精英对民族文化学习的看法及建议"，进行问卷编制。问卷内容大纲分为教师部分和学生部分。

第二，撰拟问卷题目：根据问卷大纲和参考文献分析结果，拟定相关题目。撰写问卷题目期间多次与导师讨论修正，对题目表述不妥、不清楚的地方加以增删和修复，使题意更为明确。

第三，征求专家建议：问卷编制完成后，送请相关专家学者提出修改建议。根据建议修订问卷，形成预测问卷。

第四，预测：一共发放预测问卷60份，其中教师30份，学生30份。为了了解研究对象对问卷的反应，问卷中存在的不适切现象以及更正问卷的疏失，于2010年7月对甘肃甘南藏族自治州夏河县藏族中学和藏族小学进行了预测。

第五，修正定稿：预测结束后，根据受测学生的作答反应，修改问卷，多次与导师讨论后修正定稿，形成正式问卷（见附录一）。

问卷内容 教师问卷和学生问卷的内容都分为两大部分：第一部分为基本信息，教师的基本信息包括教师所在学校、性别、教龄、职务、毕业学校、职称等 14 个问题；学生的基本信息包括学生所在学校、所在班级、性别、母语、民族、学习藏语文的时间 6 个问题。第二部分为正文（教师和学生的主题一样），一共包括五个主题：学生对民族文化的态度（认知、情感、行为倾向）；学生对民族文化的了解程度；当前学生所学知识与学生生活的关系；现有民族文化课程存在的问题（目标、内容、实施、评价）；地方课程开发的建议（目标、内容、实施、评价）。

问卷的信效度检验，分为教师问卷、学生问卷两种。教师的问卷由学生对民族文化的态度问卷、藏语文课程存在问题的问卷及地方课程开发建议的问卷三部分构成。

学生对民族文化的态度问卷：本问卷共设置 22 个题目。分别从认知、情感、行为倾向三个维度进行了测量。在本次测量中，"认知"维度的 Cronbach α 系数为 0.72，包括 8 个项目；"情感"维度的 Cronbach α 系数为 0.78，包括 8 个项目；"行为倾向"维度的 Cronbach α 系数为 0.85，包括 6 个项目；总量表的 Cronbach α 系数为 0.80，解释了 65.70% 的总变异，表明该问卷具有较好的信效度。问卷采用 Likert 五点计分方式，1 表示"非常不符合"、2 表示"不符合"、3 表示"说不清楚"、4 表示"符合"、5 表示"完全符合"。

藏语文课程存在问题的问卷：藏语文课程存在问题的问卷共设置了 14 个题项，由课程目标、课程内容、课程实施、课程评价四个维度组成。其中课程目标包括 4 个题项，课程内容包括 6 个题项，课程实施包括两个题项，课程评价包括两个题项。

地方课程开发建议的问卷：地方课程开发建议的问卷共设置了 12 个题项，由课程目标、课程内容、课程实施、课程评价四个维度组成。其中课程目标包括 3 个题项，课程内容包括 4 个题项，课程实施包括两个题项，课程评价包括 3 个题项。

除上述研究内容的调查外，问卷中也询问了受测者及其学校和当地教育主管部门对地方课程开发的态度。受测者本人对地方课程开发的态度（1 题），受测者学校领导对地方课程开发的态度（1 题），受测者所在的当地教育行政部门对地方课程开发的态度（1 题）。另外，还设置了三道关于知识与学生生活关系的题项。

学生问卷也是由学生对民族文化的态度问卷、藏语文课程存在问题的问卷及地方课程开发建议的问卷三部分构成。

学生对民族文化的态度问卷：本问卷共设置23个题目。分别从认知、情感、行为倾向三个维度进行了测量。在本次测量中，"认知"维度的Cronbach α系数为0.76，包括8个项目；"情感"维度的Cronbach α系数为0.75，包括8个项目；"行为倾向"维度的Cronbach α系数为0.82，包括7个项目；总量表的Cronbach α系数为0.83，解释了63.68%的总变异，表明该问卷具有较好的信效度。问卷采用Likert五点计分方式，1表示"非常不符合"、2表示"不符合"、3表示"说不清楚"、4表示"符合"、5表示"完全符合"。

藏语文课程存在问题的问卷：藏语文课程存在问题的问卷共设置5个题项，由课程目标、课程内容、课程实施、课程评价四个维度组成。

地方课程开发建议的问卷：地方课程开发建议的问卷共设置了6个题项，由课程目标、课程内容、课程实施、课程评价四个维度组成。

表1-1　从教师角度看学生对民族文化的态度问卷因素分析结果

题项	因素一	因素二	因素三
19	0.865		
20	0.687		
21	0.786		
22	0.863		
16		0.605	
17		0.807	
18		0.628	
23		0.758	
24		0.689	
25		0.568	
26		0.706	
27			0.706
28			0.586
29			0.685
30			0.662
31			0.768
32			0.871

表1-2　　　　学生对民族文化的态度问卷因素分析结果

题项	因素一	因素二	因素三
10	0.788		
15	0.805		
16	0.836		
17	0.671		
18	0.756		
7		0.686	
8		0.828	
11		0.598	
12		0.702	
13		0.781	
14		0.706	
19		0.621	
21			0.586
22			0.685
20			0.782
23			0.768
24			0.562
25			0.756

②访谈提纲。访谈提纲是依据研究目的而拟定的。访谈的内容拟采用半结构的题目，根据研究目的访谈的重点包括三类：一是学生对现有藏语文课程的一些看法和对藏文化学习的需求；二是教师对藏语文课程的看法和建议；三是地方文化精英对地方性知识的态度。访谈过程除笔记外，在受访者同意的情况下进行录音，整理成访谈纪要，以利于内容的归纳与分析。

（2）调查及访谈的对象。

①问卷调查对象，是以甘南藏族自治州的部分藏族中、小学的教师和学生为对象进行调查，教师和学生研究样本的基本信息如表1-3和表1-4所示。因考虑藏族地区1—3年级学生对课程和民族文化等方面的内容的理解有一定困难，所以，学生问卷以4—8年级的学生作为调查对象。本研究采用分层随机抽样的方法进行问卷调查。将调查对象所在学校分为县城、乡镇和农村三种类型。

②访谈对象，主要包括教育行政人员、中小学校长、不同职称层次和

不同毕业学校的教师以及不同年级的不同类型的学生、不同类型的家长；关于地方性知识的研究主要访谈民族文化精英（地方文化人、高等学校藏文化专家、寺院的高僧等）。

表1-3　　教师研究样本基本信息

项目	类别	人数	百分比（%）	合计
性别	1. 男	150	50.3	298
	2. 女	148	49.7	
学校	1. 农村	100	33.6	298
	2. 乡镇	100	33.6	
	3. 县城	98	32.9	
文化程度	中专（含技校、职校）	74	24.8	298
	大专	188	63.1	
	本科	36	12.1	
毕业学校	民族师范	71	23.8	298
	普通师范	12	4.0	
	其他民族类学校	147	49.3	
	其他普通类学校	68	22.8	
职务	校长	14	4.7	298
	教务主任	26	8.7	
	教研组长	49	16.4	
	班主任	67	22.5	
	没有担任	142	47.7	

表1-4　　学生研究样本基本信息

项目	类别	人数	百分比（%）	合计
性别	1. 男	297	49.8	596
	2. 女	299	50.2	
学校	1. 农村	80	13.4	596
	2. 乡镇	144	24.2	
	3. 县城	372	62.4	

续表

项目	类别	人数	百分比（%）	合计
年级	四年级	121	20.3	596
	五年级	125	21.0	
	六年级	118	19.8	
	七年级	112	18.8	
	八年级	120	20.1	

注：由于四舍五入，合计数可能大于或小于100%。

（3）调查及访谈的实施程序。

①调查的实施程序，首先，把问卷送交市县教育局，请相关领导审查问卷内容，征得同意后方可实施调查；其次，在发放问卷前向教师和学生说明此次调查只做研究之用，不会对个人的工作和学习造成任何影响；最后，为了保证问卷填写的有效性，学生问卷填写时请藏语文老师协助解释。

②访谈的实施程序，主要分为撰拟访谈提纲、确定访谈对象、实施访谈三个步骤。需要说明的是，进行访谈时，依照访谈提纲拟定的访谈题目，对受访者进行访问和对话。为了使访谈过程能够进行得自然和流畅，访谈经过并不是按访谈题目逐条问答，而是先将访谈提纲送给受访者，然后以对话的方式进行访谈。

（4）问卷及访谈资料的处理。

①问卷资料的处理。首先用 SPSS 13.0 统计软件对问卷的内容和选项进行程式设计，再把调查所得问卷资料加以编号，然后输入 SPSS 程式中，由电脑自动生成统计结果。对于开放性题目，将所有填写的建议和意见加以记录和整理、分类，然后加以分析和讨论。

②访谈资料的处理。对不同类型的访谈内容进行整理、分类和归纳，然后与调查结果结合起来进行综合分析和讨论。

（5）调查及访谈结果的分析与讨论。

共发放教师问卷320份，其中小学教师问卷160份，中学教师160份，回收教师问卷298份，回收率93.12%。共发放学生问卷620份，其中小学380份，中学240份，回收学生问卷596份，回收率为96.12%。经过检验，回收问卷均为有效问卷，研究者据此资料进行统计分析。

4. 个案研究法

本书按照"目的性抽样"的要求，遵循选择那些能够为本书提供尽可能多信息的原则,对拟作为个案的学校进行了遴选。在进行个案学校的遴选中又借鉴了"强度抽样"和"典型抽样"①的理念和做法。由于受时间、精力、经费等条件的限制,无法选择多个样本进行大规模的实地调查。"我们进入实地工作的时间总是有限的,如果可以的话,我们需要选择那些能够更容易进行我们研究的个案。"② 鉴于此,本书以甘肃省甘南藏族自治州甘加乡为个案。除了理论关照以外,主要有以下两个方面的原因:一是夏河县甘加乡位于县城东北28公里处的甘加草原上,境内有闻名中外的八角城遗址,做海苯教寺院,白石崖溶洞等历史文化遗迹,一是嘉木样活佛出生在甘加乡哇代村,这里的藏族文化保护得相对完整;二是甘加乡政府和中心小学都有研究者曾经教过的学生,他们能为研究者提供许多帮助。

(二) 研究步骤

本书将依循下列研究步骤进行:

1. 确立研究主题与范围

研究者在初步调查研究之后,根据民族地区学校课程中存在的现实问题确立了研究主题与范围,进而拟定研究计划、框架和进度。

2. 搜集与分析研究资料

研究者通过对网络、大学图书馆和当地图书馆等有关本研究主题方面的资料的搜集、整理、分析和归纳,撰写文献综述和第二章的内容。

3. 田野研究

深入甘肃甘南藏族自治州的村落和学校,通过问卷调查和访谈的方式搜集和整理藏族地区地方性知识、了解学校课程存在的问题及学生、学生家长的教育需求和教师、当地文化人的教育建议。

4. 开发地方课程

将问卷和访谈的研究结果整理和分析后,运用相关理论和通过征求有关专家意见,确定课程目标、选择课程内容、拟定实施途径及方式,确立评价方式,最后开发出真正适合当地学生发展的地方课程。

---

① "强度抽样"是指根据研究的需要抽取具有较高信息密度和强度的个案,其目的在于寻找那些可以为研究问题提供非常密集、丰富信息的个案。"典型抽样"是选择研究现象中那些具有一定代表性的个案,以展示和说明该类现象的情况。

② Stake, R.E., *The Art of Case Study Research.*, Thousand Oads: Sage Publications, 1995:169.

第四节 概念界定与研究综述

一 概念界定

1. 民族地区

少数民族地区或民族地区的概念很难界定，可以是自然概念的少数民族聚集区，也可以是政治概念的民族自治地方。也就是说，民族地区可以是我国民族区域自治地方的总称或抽象的少数民族聚居区总称，或是特指某个或几个自治区、自治州、自治县（旗），甚至是指自治乡，也有的将"民族地区"定位为民族八省区。民族自治地方就是截至1999年年底全国已有的155个民族自治地方，其中包括内蒙古、新疆、西藏、宁夏、广西5个自治区、30个自治州、120个自治县（旗）；"民族八省区"指包括5个自治区和少数民族人口较多的云南、贵州、青海三个省。本书的民族地区是指少数民族聚集区。

2. 地方课程

地方课程是指在国家规定的各个教育阶段的课程计划内，由省一级的教育行政部门或其授权的教育部门依据当地的政治、经济、文化、民族等发展需要而开发的课程。[1] 我国少数民族大杂居、小聚居的居住特点决定了将民族地区地方课程的开发的主体仅仅局限于省一级不尽合理，需要加以改变，这就是从省一级设置地方课程改为以民族地区为单位联合开发民族地区地方课程。这主要是考虑了民族及民族地区特点的相似性。[2]

3. 地方性知识

地方性知识（local knowledge），又称本土性知识，是20世纪60年代以来人类的知识观变革的产物之一。所谓的"地方性知识"，其关键特征为："地方性"、"整体性"、"授权性"等。而作为"地方性知识"当中的"地方性"应是与"全国性"和"国际性"相对应的概念，它不仅指特定的地域，还涉及"知识的境域性"，即在知识生成和保护中所形成的特定的情境。地方性知识是指在一定的情境（如历史的、地域的、民族的、

---

[1] 钟启泉、崔允漷：《新课程的理念与创新》，高等教育出版社2003年版，第189页。
[2] 王鉴、安富海：《我国民族地区地方课程及其政策研究》，《民族教育研究》2006年第2期。

种族的等）中生成并在该情境中得到确认、理解和保护的知识体系。[①]

二 研究综述

（一）地方性知识相关研究现状述评

1. 国外关于地方性知识的研究

国外关于地方性知识的观念可以追溯到古希腊哲人的思想中，但明确提出并身体力行地去研究地方性知识的学者是美国著名文化人类学家克利福德·格尔茨。在他看来，人是置身于自己编织的意义之网中的动物，而这种意义之网就是文化。由于不同的文化是不同的民族对其所处世界的不同理解的产物，文化的各种符号之间的关系取决于该文化中行为者的行为组织方式，因而文化模式并非普遍性规则，而是具有多样性的特殊意义系统，并由此构成了所谓的地方性知识，一种具有地域文化特质的知识形态及构成方式。

从研究的范围来看，地方性知识最初只是作为一个文化人类学的学术概念而存在，但目前它的重要性已远远超出了文化人类学的范畴。事实上，在过去的十几年里，西方哲学界掀起了一场"地方性知识"的革命，以批判和纠正现代主义思潮下全球化、社会化、大众化和平均化的价值取向对具体化、个性化和多元化的漠视、伤害，以及由此引发的种种严重后果。目前，地方性知识的理念方兴未艾，深刻影响了社会科学的各个领域，并在许多自然科学的研究中不时展现其身影。当前，国外关于地方性知识的研究主要集中在以下几个方面。

（1）地方性知识的环境和资源管理价值。过去，我们在资源管理方面主要依赖于科学知识，但调查显示这种仅仅利用科学知识进行资源管理的方法，反而使当地的资源问题越来越严重，尤其是渔业管理（fisheries management）方面表现得更为明显。长期以来，学者们认为地方性知识由于缺乏可证实和严格的逻辑体系，不能很好地概念化而受到科学研究的质疑。近年来，随着地方性知识在资源管理方面独特作用的发挥，地方性知识越来越受到研究者们的重视（Berkesetal, 2001; Neis and Felt, 2000; Maurstad, 2002）。以渔业管理为例，研究者发现，地方渔民关于当地鱼生活习惯、生存的气候、温度的适应情况、成长的周期、不同种群鱼的冲突等相关知识的掌握比科学研究所获得的关于鱼的这方面的知识更加准确和

[①] 王鉴、安富海：《我国民族地区地方课程及其政策研究》，《民族教育研究》2006年第2期。

有效。因为气候每年都在变化，鱼的适应能力也在不断发展，而这些微小的、不可测量的变化只有当地的渔民才能掌握。总之，他们知道的关于渔业管理的知识比科学研究的普适性管理策略更多和更有效。因此，我们要在研究渔业管理乃至其他资源管理时一定要充分吸纳当地渔民的地方性知识，漠视或忽视地方性知识的管理策略研究是自欺欺人的研究。[①] Elok Mulyoutami 和 Ratna Rismawan 研究发现，土著人或地方人的智慧中潜藏着丰富的自然资源的管理和保护知识，这一观点首先被人类学所发现和认可。自然科学界起初对此不屑一顾，觉得缺少科学依据。近年来，自然科学家们也发现了地方性知识在自然资源和环境管理中的独特作用，这种作用在某种程度上说是不可替代的。地方性知识对地方资源的可持续发展有着至关重要的作用，必须重视它。[②] Dove（2006）认为现代科学所研究的资源和环境管理策略，只考虑一个或很有限的几个方面，所制定的策略是一种想象的策略，所以很难起到应有的作用。而土著人或地方人在谈论环境和资源的问题时，将其纳入他们生活的共同体内去考虑。这种背景下所制定的策略或制度在当地文化中有一定强制性。[③] Sivalee（2003）通过对我国台湾少数民族的研究发现，水、森林、鱼等已经成为当地人文化生活中的一部分，所以人们对资源和环境的保护就是自发的，也是最有效的。[④] Zhihong（2003）研究发现，在环境和资源保护方面，地方性知识和普适的科学知识不是本质对立的，应该将两者的优势集中起来去制定管理策略。[⑤] 有研究者认为，地方性知识对环境资源的保护非常重要，但地方

---

① C. H. Close, G. Brent Hall, "A GIS–based protocol for the collection and use of local knowledge in fisheries management planning", *Journal of Environmental Management*, 78 (2006): 341–352.

② Elok Mulyoutami, Ratna Rismawan, Laxman Joshi, "Local knowledge and management of simpukng (forest gardens) among the Dayak people in East Kalimantan, Indonesia", *Forest Ecology and Management*, 257 (2009): 2054–2061.

③ Dove, M. R., "'New barbarism' or 'old agency' among the Dayak? Reflections on post–Soeharto ethnic violence in Kalimantan", *Sociological Analysis*, 50 (1) 2006: 192–202.

④ Sivalee, P., Indigenous peoples knowledge in natural resource management (NRM) in Thailand. Landscapes of diversity—Indigenous knowledge, sustainable livelihoods and resource governance in Montane Mainland Southeast Asia. In: Jianchu, Xu., Mikesell, S. (eds.), Proceedings of the III Symposium on MMSEA, CBIK, Kunming Yunnan, 2003: 449–451.

⑤ Zhihong, B., Indigenous knowledge and development. Landscapes of diversity—indigenous knowledge, sustainable livelihoods and resource governance in Montane Mainland Southeast Asia. In: Jianchu, Xu., Mikesell, S. (eds.), Proceedings of the III Symposium on MMSEA, CBIK, Kunming Yunnan, 2003: 403–411.

性知识是潜藏在地方人的行为和习惯中的,对他们来说,这些知识已经内化为行为,所以想从他们的表述中得到地方性知识是一件困难的事,因为他们往往表述不清楚或者说有些地方性知识就无法用言语去表达。因此,我们要像人类学家一样深入他们的生活中去体验它。[1] 另外,地方性知识还被用于环境污染的治理等方面的策略研究。[2]

(2) 地方性知识的农业研究价值。地方性知识是地方人思想观念和实践的复合体,它通过经验代代相传。然而,地方性知识在发展的过程中绝不是封闭自守的,它也会发展和吸纳新的思想。不应该把地方性知识简单地看成普适性知识的对立面,它包括文化,也包括当地的政治、科技和社会知识,它是在共同体中得到确认并生效的。[3] 过去的许多年里,关于农业和自然资源发展的知识都是自上而下地把来自科研机构的专家的知识直接输送给受益者(intended beneficiaries),经常会遭到农民的指责和抵制。于是,科研机构就会花大量的人力、物力去推广,发现效果不佳。原来是这种新的技术能给他们带来物质利益,但对他们后代的继续生存会造成威胁,这就是我们忽视地方性知识的结果。近年来,农业研究者们也逐渐认识到地方性知识对可持续发展的重要价值和在一些发展计划和项目中的关键作用。当前,农业研究对地方性知识给予了更多的关注。虽然地方性知识和普适性的科学知识在认识论上有分歧,但有经验的农业研究者们没有人否认地方性知识在农业研究中的重要价值。[4] 另外,一些土壤专家在研究中也非常重视关于土壤的地方性知识,有研究者运用经典人类学的方法进行土壤科学的研究,并取得了重大成绩。持此观点的研究者认为,土壤与当地人的生产、生活习惯以及土地在他们生活中的作用等因素有很大关系。可以说,当地的土壤与当地的文化有许多千丝万缕的联系,因此,他们主张在土壤学的研究中必须将土壤科学和土壤的地方性知识有机地结合起来,才有可能真正

---

[1] H. Rantanen, M. Kahila, " The Soft – GIS approach to local knowledge. ", *Journal of Environmental Management*, 90 (2009):1981 – 1990.

[2] Timothy W. Lambert, Lindsay Guyn, Stephanie E. Lane. , "Development of local knowledge of environmental contamination in Sydney, Nova Scotia:Environmental health practice from an environmental justice perspective ", *Science of the Total Environment*, 368 (2006):471 – 484.

[3] Warbuton, H. , Martin, A. , Local peoples' knowledge:its contribution to natural resource research and development. In:Grant, I. F. , Sear, C. (eds.), Decision Tools for Sustainable Development. Natural Resources Institute, Chatham, U. K. , 1999:66 – 96.

[4] Nicoliene Oudwater, Adrienne, Martin, *Methods and Issues in Exploring Localknowledge of Soils Geoderma*, 111 (2003):387 – 401.

地掌握当地土壤的整体情况。①

（3）地方性知识在教师培训方面的价值。关于教师的职前或在职培训，过去我们常常最关注学科知识和教学法的知识，这种关注无可厚非。但调查发现，教师有精湛的学科知识和熟练的教学技能，并不是他们教学成功的充分必要条件。教学成功的一个非常重要的因素被我们忽视了或者认为没有必要，这就是教师所在学校的地方性知识。它对学校文化、教学文化和学生都有非常重要的影响，有些影响是明显的，有些影响则是潜在的。如果教师不掌握这些知识，就会出现与学生家长沟通不畅通、与学生交流不深入或不能与学生进行深层次的对话等。这种知识的欠缺势必影响教师因材施教，不能针对具体学生提出可行的学习指导策略。结果就会造成教师教学失败和学生学业成绩不良。鉴于此，教师的职前和在职培训中应该增加这方面的知识。②

总之，国外当前关于地方性知识的研究涉及的学科领域在不断增多，其研究价值也在不断凸显。如果说 20 世纪 90 年代以前关于地方性知识研究的队伍以学者自发为主的话，那么从 20 世纪 90 年代后期开始关于地方性知识的研究和保护已经上升为一种国家行为，很多国家意识到，生物多样性、地方性知识及其联系对可持续发展的重要意义。一些重要的国际机构开始系统展开对地方性知识的研究和应用，还有一些国家建立了一批地方性知识保护和发展的专门机构，地方性知识全面进入全球发展视域，其全球性的影响日益突出。随着研究的不断深入，地方性知识系统发生了从表述行为文化到实践文化的转型。在农业、环境、医疗、教育、技术创新、管理、数学、天文学乃至国家建构等方面得到广泛应用。

2. 国内关于地方性知识的研究

国内关于地方性知识的研究最早始于人类学和社会学，费孝通先生的《江村经济》，林耀华先生的《金翼》、《凉山彝家》等著作堪称这方面研究的典范。但真正运用地方性知识这一概念进行研究的学科却不是人类学和

---

① N. Barrera - Bassolsa, J. A., "Zinck Ethnopedology: a worldwide view on the soil knowledge of local people", *Geoderma*, 111 (2003): 171 - 195.

② Caroline Dyer, Archana Choksi, Vinita Awasty, Uma Iyer, Renu Moyade, Neerja Nigam, Neetu Purohit, Swati Shah, "Swati Sheth Knowledge for teacher development in India: the importance of 'local knowledge' for in - service education", *International Journal of Educational Development*, 24 (2004): 39 - 52.

社会学，而是法学。因为地方性知识这一概念是美国阐释人类学家克利福德·格尔兹1981年在耶鲁大学法学院斯图尔斯系列讲演中，从法理学和共同法的审判的角度提出来的。① 所以，地方性知识的概念最先在法学研究中运用也就不足为怪了。近年来，国内关于地方性知识的研究已经远远地超出了人类学和法学的界限，关于地方性知识研究的著作和学术论文的数量也在逐渐增加，涉及的学科领域也在不断拓展。主要表现在以下几个方面。

（1）法学方面。有研究者认为，法律判断所需的事实是一种源于社会的构造性的事实，是一套特定的规范、制度、价值的综合体。因此，法律的解释也要像人类学对异文化符号的理解那样，以"深描"的方式进行阐释，进入特定时间、地点和生活方式。任何一种企望可行的法律制度，都必须力图把具有地方性想象意义的条件的存在结构与具有地方性认识意义的因果经验过程联系起来，才可能显示出似乎是对同一事物所作出的深浅不同的描述。② 有研究者认为，法律本质上是一种地方性知识。法律作为一种知识，生长于人类社会自身之中，是对现实社会关系抽象与确认的产物，它在人的主观能动的介入下，将一般社会关系明晰为权利义务关系，在政治、经济、财产、家庭、契约等各个方面，揭示出每一类关系的共同特征，并确定其中所属的各主体行为的属性及其模式，制定成行为准则，使社会得以按照理性的价值目标运转和发展，从而使得人类社会得以生活于法律所营造的秩序之中有效运转。另外，法律是对社会关系确认、抽象和概括的表现和产物，但其生成与发展依赖于特定的情境。正是从这个意义上而言，法律在本质上是一种地方性知识。换言之，法律的内涵应在地方化的语境中去理解，无论一般性的法律概念，还是具体性的法律知识，都存在地方化特征。另外，需要说明的是，这里主张的地方性知识并非不少学者所认为的旨在打破传统的法律知识具有统一性的观念，企图从理论上拒绝法律移植的可能性。对地方性知识的描述，强调法律的地方性，旨在强调法律知识为一系列发展变化的具体历史条件或情境的总和。③

---

① ［美］克利福德·格尔兹：《地方性知识》，王海龙、张家瑄译，中央编译出版社2004年版，英文版序言，第17页。
② 梁治平：《法律的文化解释》，生活·读书·新知三联书店1998年版，第82页。
③ 肖琳：《作为地方性知识的法律——读格尔兹的〈地方性知识〉》，《西北民族研究》2007年第1期。

（2）人类学方面。地方性知识进入人类学视野，与人类学传统有着深刻的联系。人类学以文化为主要研究对象，经历了学科内部的人文主义批判（the humanist critique）、战后对发展问题的深切关注两个转折，为本土视角的产生及其内涵的丰富奠定了认识论基础；人类学的基本观点和方法，如文化相对论（theory of cultural relativity）、田野调查（field investigation）、本位视角（emic perspective）等，为地方性知识研究提供了方法论基础。① 人类学的诞生出于西方人对原始文化的认识需要，这门学科在20世纪后半叶的发展出现了一个未曾料到的转向，即一方面地球上未经认识的原始社会越来越少，几乎没有什么新发现的余地了；另一方面已发现的原始文化呈现出丰富多样的形态，远非西方的知识系统和概念术语所能把握的。越来越多的人类学家借助于对文化他者的认识反过来观照西方自己的文化和社会，终于意识到过去被奉为圭臬的西方知识系统原来也是人为"建构"出来的，从价值上看与形形色色的"地方性知识"同样，没有高下优劣之分，只不过被传统认可（误认）成了唯一标准的和普遍性的。用格尔兹的话说，知识形态从一元化走向多元化，是人类学给现代社会科学带来的进步。地方性知识的确认对于传统的一元化知识观和科学观具有潜在的解构和颠覆作用。过去可以不加思考不用证明的"公理"，现在如果自上而下地强加在丰富多样的地方性现实之上，就难免有"虚妄"的嫌疑了。这种知识观的改变自然要求每一个研究者和学生首先学会容忍他者和差异，学会从交叉文化的立场去看待事物的那样一种通达的心态。② 有研究者从探寻地方性知识的方法论角度研究认为，获得地方性知识的第一前提就是传统心态与价值观的转变。也就是通过把握和借助作为研究对象之"文化持有者"对待其自身文化的本土化经验感受、思维方式和价值取向，来破译其文化符码。这种"把握"和"借助"绝不是要人类学家原封不动地机械转述当地人的文化感受，"地方性知识"的获得有赖于文化研究者充分发挥主体能动性去寻求与"文化持有者"的积极对话。从这个意义上讲，"地方性知识"是对于文化的"近距离感知"与"远距离观察"的双重认识视野的渗透交融，是一个表述系统与另一个表述系统的概念谈判。这种新的认识主张的贡献，就在于它力图突破认识过

---

① 张永宏：《本土知识与人类学传统》，《广西民族研究》2009年第2期。
② 叶舒宪：《地方性知识》，《读书》2001年第5期。

程中的"二元对立"而寻求认识主体与客体的双向交流。只有自觉地培育出文化相对主义的立场和心态，才能在面对"他者"时避免意识形态化的想象和偏见。事实上，"地方性知识"命题的意义就不仅仅局限在文化人类学的知识观和方法论方面，由于它对正统学院式思维的解构作用同后现代主义对宏大叙事的批判、后殖民主义对西方文化霸权的批判是相互呼应的，所以很自然地成为经历"后学"洗礼的知识分子所认同的一种立场和倾向。成为挣脱欧洲中心主义和白人优越论的一种契机。成为反思自身的偏执与盲点的一种借鉴。也可以看作是老式的社会科学范式的丧钟，甚至危及"科学"本身的合法性，但它可以使人类学和社会科学走向更加具有人文性的"软"科学方向。①除了关于地方性知识的理论探讨，还涌现出了许多关于地方性知识的个案研究。如孙和平的《四川方言文化》，书中收录了四川各地有符号意义句子和短语，展示了四川独特的地域特色和四川人机智幽默的天性。②苏发祥主编的《安多藏牧区社会文化变迁研究》，通过对地方性知识的研究透视了安多藏牧区社会文化变迁的状况。③还有许多关于地方性知识的个案研究的学术论文，如杨庭硕的《地方性知识的扭曲、缺失和复原——以中国西南地区的三个少数民族为例》[《吉首大学学报》（社会科学版）2005年第2期]；黄向春的《地方史、地方文人与地方性知识的互动：以"闽都别记"为例》[《广西民族学院学报》（哲学社会科学版）2006年第4期]；张新民的《地方性知识的文本世界——贵州地方志修纂源流考论》(《贵州民族研究》2007年第2期)；金少萍的《本土知识与文化创新——以云南民族工艺文化为研究个案》[《云南师范大学学报》（哲学社会科学版）2007年第5期]等。

（3）环境与生态保护方面。生态人类学高度关注地方性知识，是因为地方性知识在维护人类生态安全方面发挥着极其重要的作用。一提到生态维护，人们总是习惯于单纯运用技术、法律、经济或行政的手段，去完成既定的维护目标。然而类似的手段只能在特定的时段内，解决某些局部的生态维护问题，这远不是从根本上解决问题的办法。生态人类学主张凭借地方性知识去推动生态维护，其理论依据是地方性知识必然是特定民族文化的有机组成部分，民族文化固有的综合性和可自主运行性，地方性知

---

① 叶舒宪：《地方性知识》，《读书》2001年第5期。
② 孙和平：《四川方言文化——民间符号与地方性知识》，巴蜀书社2007年版。
③ 苏发祥主编：《安多藏牧区社会文化变迁研究》，中央民族大学出版社2009年版。

识自然也会具有同样的秉性。于是地方性知识规约下的社会行动，同样会具有至关重要的自主运行和综合作用的禀赋。这就使有利于生态维护的社会行动一经正确启动，即使没有外力支持，也能自行运作，综合发挥多种作用，不断地收到生态维护效益。一切地方性知识都是特定民族文化的表露形态，相关民族文化在世代调适与积累中发育起来的生态智慧与生态技能，都完整地包容在各地区的地方性知识之中。地方性知识必然与所在地区的生态系统互为依存，互为补充，又相互渗透。如果忽视或者在无意中丢失任何一种地方性知识，都意味着损失一大笔不可替代的生态智慧与技能。[1] 有研究者以西南苗族和瑶族的石灰岩山区"石漠化"生态救治为例，分析了生态恶化的原因，深入研究了当地苗族和瑶族的传统文化中对生态资源利用的特点。认为只有利用地方性知识才能有效保护石灰岩山区"石漠化"生态。凭借我们对脆弱生态系统的这一理解，我们更加坚信，只有不适应的文化，没有天生脆弱的生态系统。关键在于，只要我们能够有效地排除当地民族传统文化中被扭曲的那些内容，同时发掘并归纳总结他们的生态智慧和生态技能，让这些民族的传统文化尽快地实现调适重构，适应改变了的内外社会环境，文化中暂时被抑制的生态调适潜力就会被激活，重新适应这里的特定生态环境，就能完成具体的生态救治措施。[2] 有研究者以西藏昌都地区察雅县荣周乡成功造林为例研究了其成功造林的原因，得出了藏族地方性知识在藏族生态保护中的不可替代性的重要结论。[3] 有研究者认为，地方性知识是在特定社会背景下产生和由普通百姓在日常生活中使用的知识，是各个民族民间传统智慧的结晶，其中蕴含着许多生态智慧与生态技能。在地方"情境的逻辑"中去分析与研究当地人对其生态环境与社区经济发展的理解，可以寻求到一条既能发展地方经济又能维持生态平衡的和谐发展途径。[4]

（4）政治学方面。当下西方"普世话语"因为已经远离其生发的特定历史环境而给人以形式上的抽象的普遍意义，但是只要我们将这些所谓

---

[1] 杨庭硕：《论地方性知识的生态价值》，《吉首大学学报》（社会科学版）2004年第3期。
[2] 游俊、田红：《论地方性知识在脆弱生态系统维护中的价值——以石灰岩山区"石漠化"生态救治为例》，《吉首大学学报》（社会科学版）2007年第2期。
[3] 滕晓华：《论藏族生态知识的不可替代价值》，《贵州民族学院学报》（哲学社会科学版）2006年第6期。
[4] 袁同凯：《地方性知识中的生态关怀：生态人类学的视角》，《思想战线》2008年第1期。

普世话语还原到它产生的具体历史环境,并结合当下欧美以外的国度在推广西方政治经济制度造成的种种严重社会问题就足以证明,西方普世话语终究不过是地方性的、局域性的知识,是一种特定的价值选择。地方性知识强调,任何人文知识甚至相当一部分科学假说,它们的生存、辩护都必须依托知识产生的特定环境。① 有研究者认为,文化对话在各种地方性知识的全球化扩展时期已经普及开来。这使得对地方性知识全球境遇问题的考察,成为分析文化对话状况的现实出发点。文化对话的各方所提供的知识,最初也都是地方性知识。只是在对话的实际状况中,要求对话与被要求对话的两方或多方,事实上处于一个强势与弱势的关系格局之中。这样,文化的对话局势就变得复杂起来。文化对话的平等性问题也就被提了出来:对话中的强势一方常常处于推销自己文化理念、制度安排甚至生活方式的有利的地位,而对话中的弱势一方经常处在一种接受别的文化系统的基本理念、制度安排与生活方式的被动境地。前者的地方性知识演变为区域化,进而演化为全球化知识。对话就此演变为前者对于后者的猎奇性解释。这中间的不平等性是显然的,也是需要化解的。只有在文化对话的关系结构中置入平等关系并制约对话,文化对话才是可能的。否则,真正的文化对话时代就没有来临。②

(5)社会学方面。地方性即本土性作为地方性知识的本质,昭示了它天然具备的本土契合性。对于当地事物和事件它内含着外来普遍知识所无法比拟的解释与调节能力,具有不可替代的建设性意义。全球化的时代背景不可避免地烙印在这个时代的种种事物中。共享着高度发达的科技便利和工业文明的丰富成果的现代人不可能将生活和思想截然两分:在物质生活中分享着普遍知识的效用,在思想领域中又断然拒绝这些知识,固守本土一隅的传统文化。或许知识本身具有的普遍性与特殊性的划分是理解和处理这一问题的关键。地方性知识天然的本土契合性自不待言,普遍知识在地方化的过程中才能实现本土契合性。社会科学的有些问题在国外是真问题,在国内则是毫无研究价值的伪问题。社会科学的研究方法不是所有都适宜于本土问题,如果一味用西方的方法来开展我们的研究无异于削

---

① 张澜、鄢玉枝:《从地方性知识角度看西方独特价值的普遍性叙事》,《江西社会科学》2006年第6期。

② 任剑涛:《地方性知识及其全球性扩展——文化对话中的强势弱势关系与平等问题》,《厦门大学学报》(哲学社会科学版)2003年第2期。

足适履。因此，必须坚持社会科学研究的现实关怀的价值取向，并以此为标准选择话题和方法，展开实事求是的研究。知识的效用只能体现在具体的场景中，这本是全球化与本土化可以调和的内在依据。① 有研究者以具体场域中基层政权与失地农民互动为例，梳理了国家与农民关系发展的历史脉络，提出了制度权威与地方性知识共生的政策建议。② 有研究者认为，以社区为单位的地方性知识体系对维持当地社区生计以及提高生计质量有不可替代的重要作用，在工业文明为主导的世界现代化进程中，非持续发展导致地方性知识体系的逐渐崩溃，包括语言的消失、文化的流变和丧失，对广大范围的当地社区不仅带来沉重的代价，而且对于当地社区带来不公正，使之边缘化。在人类普遍迷信现代化的浪潮中，我们的视角转向了地方性知识。在可持续发展的呼声中，社区可持续生计发展离不开社区生物和文化的多样性，地方性知识成为可持续发展的战略之一。地方性知识包括社区信仰、宗教、文学艺术、价值、审美、思维意识等，包括各种哲学思想，如自然观、宇宙观、人类起源发展观、社会思想伦理；地方性知识也包括源远流长的物质文化，如生产生活用具、家居建筑、饮食、服饰、交通等。这些地方性知识在相对的文化板块中，形成独有的相对稳定的文化形态和知识系统，维系着族群自身的文化，并且独立创造适应本族群需要的知识形态，与其他文化知识系统相区别。这些乡土知识是其他知识不可替代的，是人类知识创造的特有产物。③ 有研究者从伊斯兰教的道德规范、宗教信仰、民间政治的角度论述了回族地方性知识对回族和谐社会建设的独特作用。④

（6）科学史和科学哲学方面。有研究者探讨了"地方性知识"在科学史研究中的应用，证明了地方性知识的研究给科学史研究带来的变化和意义。研究发现，带有文化相对主义特征的引进"地方性知识"的研究，是对多元历史的承认和尊重，是对其他民族和智力方式之合法性的认同，也更加有益于科学史研究的未来发展。采用地方性知识的观念，可以认为

---

① 欧阳芸、朱红文、廖正涛：《全球化时代中国社会科学的本土化——从地方性知识的视角》，《兰州学刊》2005年第2期。
② 王道勇：《国家与农民关系的现代性变迁——以失地农民为例》，中国人民大学出版社2008年版。
③ 邢启顺：《乡土知识与社区可持续生计》，《贵州社会科学》2006年第3期。
④ 桂榕：《伊斯兰教建构回族和谐社会的地方性知识解读——以云南沙甸为例》，《思想战线》2008年第6期。

现代意义上的科学其实也只是地方性科学的一种。以医学来讲，如其他各种民族医学一样，现代意义上的生物医学也只是民族医学中的一种。任何科学事件的发生，均是在特定的时间内，特定的空间之中。如此说来，没有任何科学史不是关于一个地方性的事件或者一系列事件，地方性观念的引入，可以避免哲学意味的简单推论，而尽量还科学史以真实的图景。①有研究者以民族植物学等学科知识为例，研究了科学实践哲学与民族科学之间的积极关系，认为科学实践哲学能够集中关注地方性知识或者民族性自然知识，它同样受到这种地方性知识研究的推动，也同样可以推动民族科学中各种研究进路。科学不再是普适性的知识霸权，不再是语言概念的表征体系，而是实践活动，是文化上与其他文化平权的一个种类。反对表征主义的科学实践哲学，关注世界上一切关于自然认识的实践活动及其成果。关注自然知识的多样性，它是去中心的，提倡地方性的。承认民族性、地方性知识，并不意味着我们要把地方性、民族性的自然知识与西方近代以来的科学进行优劣比较，这些不同的自然知识都是不同地域的人类与自然打交道的方式，都有不同的用途，都各有各的价值，各有各的存在必然性。多样性知识的共存给了我们一种实践和知识互补的可能。我们重视的是这种互补性，它不可或缺，反映着世界的多样性、文化的多样性和知识的多样性，推进着整个人类的实践活动的演化。②

（7）教育学方面。教育学方面关于地方性知识的研究主要表现在民族教育、比较教育和课程研究方面。民族教育方面，滕星教授认为，民族教育的主要目的有两个：一是容纳少数民族融入主流社会，享受现代化的成果，从而达到民族平等、民族融合的目标。二是保留本民族优秀的传统文化，让他们有自我，能够保留中华民族文化的多样性。但当前民族教育又面临这样的难题：一是我国13亿人口中，80%是农村人口。我们合理地分配资源，考虑这些人需要什么样的生活方式，不能单一地进行城镇化。农村中有丰富的资源，几千年的传统生活方式是我们处理人与自然关系的最好模本。因此，我们的教育需要地方性知识。我们的生活是要多样化的，只有利用多样化的资源，13亿人口才能生存下去。以前我们的教

---

① 刘兵、卢卫红：《科学史研究中的"地方性知识"与文化相对主义》，《科学学研究》2006年第1期。

② 吴彤：《科学哲学与自然知识的民族性》，《内蒙古大学学报》（人文社会科学版）2006年第5期。

育是在这样一个假设的前提下进行的，即所有的人都要城镇化，所以我们教给学生的是主流社会的知识，但是在地方社会生存，这些知识就显得无用武之地。因此我们的教育更多的是国家教育、主流文化的教育，这种教育造成的结果就是造就了文化边缘人。我们的教育主要是为了5%的精英能够进入主流社会服务的，忽略了那95%回归本土社区的文化边缘人。这说明，我们单一的国家功能主义的整合教育造成的结果是，这95%的孩子既不能进入主流社会，又无法回归传统社区，这是我们国家教育的弊端，必须通过地方性知识课程来克服。[1] 比较教育方面，有研究者认为，地方性知识理论给比较教育的启示是，在研究国外的同时要关注本土研究，比较教育研究要有本土关怀，比较教育要突破传统的"民族—国家"研究范式，进行自己的理论创新。地方性知识就是一种典型的多元表现，强调地方性知识并不是要否定统一、普遍，而是说要真正意义上理解一种文化，一种知识必须把它放入到具体的场域中，只有这样才能真正达到理解。[2] 课程研究方面，王鉴教授辨析了主流文化与地方性知识关系后认为，地方性知识不但完全有理由与所谓的普遍性知识平起平坐，而且对特定环境的人有不可替代的价值。因此，地方性知识应该以地方课程的形式进入学校课程中。[3] 成尚荣研究员认为，地方性知识倡导的是地方文化差异性及社会科学的本土化。地方性知识的理论及其文化意义的阐释可以为课程改革提供理论支撑，特别是可以为地方课程及其开发提供一个独特的视角和方法论。这样，我们可以在地方课程与地方性知识中寻找到意义的连接、理论的借鉴以及方法的互用，以使地方课程及其开发建立在又一个理论基石上，同时更具国际视野和现代性，并求得深入和新的突破。[4]

（二）地方课程及民族地区地方课程相关研究现状述评

1. 关于地方课程及民族地区地方课程含义的研究

关于地方课程，目前国内研究者主要有以下几种理解：第一，地方课程，又称地方本位的课程，或地方取向的课程。它是地方教育主管部门以

---

[1] 滕星、关凯：《教育领域中的国家整合与地方性知识》，《中南民族大学学报》（人文社会科学版）2007年第5期。

[2] 苏其宏、周雪梅：《从"地方性知识"看比较教育研究的本土关怀》，《外国教育研究》2007年第6期。

[3] 王鉴：《地方性知识与多元文化教育之价值》，《当代教育与文化》2009年第4期。

[4] 成尚荣：《地方性知识视域中的地方课程开发》，《课程·教材·教法》2008年第9期。

国家课程标准为基础,在一定的教育思想和课程观念的指导下,根据地方社会发展及其对学生发展的特殊需要,充分利用地方课程资源所设计的课程。① 第二,将地方课程从广义和狭义两个方面进行认识。广义的理解,即包括地方对本地国家课程的管理和实施,也包括地方自主开发的只在本地实施的课程。狭义的理解,是指各个地方自己开发、设计、实施的有鲜明地域色彩的课程。②③ 第三,地方课程是在国家规定的各个教育阶段的课程计划内,由省一级的教育行政部门或其授权的教育行政部门依据当地的政治、经济、文化、民族等发展需要而开发的课程。④ 第四,地方课程是指地方政府根据国家课程政策和地方经济、政治、文化等对人才的要求而制定的课程计划和开设的具体课程。⑤ 第五,地方课程是为了保障和促进课程适应不同地区的需要,由地方根据国家课程管理政策、课程计划、课程标准和当地的政治、经济、文化、民族及学生发展需要,结合本地的优势和优良传统,充分利用本地的课程资源,而自主开发并由地方管理的课程。⑥ 第六,地方课程是指为了保障和促进课程适应不同地区的需要,由地方根据国家课程管理政策和当地的政治、经济、文化、民族等发展需要而开发设置、补充完善和改编,并由地方管理的课程。⑦ 第七,地方课程是指地方本位课程,具体地讲,就是指各个地方根据本地区政治、经济和文化发展的特点和需求,设计开发出的适应本地区学生发展并有利于促进社会发展的课程体系。⑧ 也有研究者认为,目前还不宜给地方课程下一个十分正确的定义,因为地方课程还处在萌芽和初级阶段,让其保留一定的"未完成性"和"非确定化",对其不做具体限定,在一定程度上

---

① 郭元祥:《关于地方课程开发的几点思考》,《课程·教材·教法》2001年第1期。
② 刘旭东:《论地方课程及其开发》,《教育评论》2000年第6期。
③ 许洁英:《国家课程、地方课程和校本课程的含义、目的及地位》,《教育研究》2005年第8期。
④ 崔允漷:《重建我国基础教育课程管理的框架》,转引自钟启泉等《为了中华民族的复兴,为了每位学生的发展——基础教育课程纲要解读》,华东师范大学出版社2001年版,第355页。
⑤ 季萍:《论课程结构(一)——国家课程、地方课程和校本课程》,《中小学教育管理》2001年第2期。
⑥ 王鉴等:《我国民族地区地方课程及其政策研究》,《民族教育研究》2006年第2期。
⑦ 卓晴君、徐岩:《关于地方课程建设的几点思考》,《中国教育学刊》2002年第4期。
⑧ 徐辉、辛治洋:《略论美国地方课程的开发与管理》,《教育研究》2002年第3期。

留下较大的完善和创造的空间。① 关于民族地区地方课程的含义,有研究者认为,民族地区的地方课程是指民族地区教育主管部门以国家课程标准为基础,在一定的教育思想和课程观念的指导下,根据国家的民族政策、地方的文化教育特点,针对特定的地域、反映民族特色,并兼顾民族地区社会发展和学生发展的特殊需求,充分利用民族地区课程资源所设计的课程。② 有研究者认为,由于民族及民族地区特点的相似性,就民族地区而言,以省一级为单位开发地方课程的做法需要加以改变,应从省一级设置地方课程改为以民族地区为单位联合开发民族地方课程。③ 这一关于民族地区地方课程的理解,不仅强调了民族地区地方课程的特殊性,同时也廓清了民族地区地方课程开发、管理、实施和评价的主体。

总之,关于地方课程的含义,我国学者在认识上还很不一致,各自强调的重点有所不同。但基本上都认为地方课程是为了保障和促进国家课程适应不同地区的需要,由地方根据国家课程管理政策和当地的政治、经济、文化、民族等发展需要而自主开发并由地方管理的课程。

2. 关于地方课程及民族地区地方课程定位问题的研究

地方课程在"三级课程"中处于何种地位的问题是自地方课程提出以来一直在讨论的一个热点问题。有研究者认为,这三种课程实际上就分别是国家本位课程、地方本位课程和学校本位课程,国家本位课程是体现国家意志的课程,是课程的主体部分,也是衡量国家基础教育质量的重要标志。地方本位课程是省一级的教育行政部门或其授权的教育行政部门,根据当地的政治、经济、文化、民族等发展需要而开发的课程。④ 有研究者认为地方课程是沟通国家课程和校本课程的桥梁:一方面,地方课程既是国家课程目标在特定社区条件下的具体化,又是对国家课程的补充;另一方面,地方课程是研制学校课程或校本课程的重要依据。⑤ 有研究者认为在课程体系中,国家课程、地方课程和学校课程虽然是并存的,但不是

---

① 成尚荣:《地方课程管理和地方课程开发》,《教育研究》2004 年第 3 期。
② 周日南:《论少数民族地区地方课程研究与开发的策略》,《广西教育学院学报》2002 年第 2 期。
③ 王鉴:《我国民族地区地方课程开发研究》,《教育研究》2006 年第 4 期。
④ 崔允漷:《校本课程开发:理论与实践》,教育科学出版社 1996 年版,第 419 页。
⑤ 张传燧、王双兰:《国外地方课程开发透视》,《当代教育论坛》2005 年第 8 期。

并立的。国家课程具有权威性、稳定性和概括性。地方课程开发不仅在质量上要接受国家的宏观指导，在数量上也不能没有限制。① 有研究者从宏观课程结构体系中分析了地方课程的地位，认为从中央到地方，再到学校，建立起来的是从属关系，国家课程处于最上层，它是教育目标的具体体现与根本保证。地方课程处于中间一层，它是不同地区对国家课程的补充与发展。这其中，国家课程是地方课程的立足点与出发点，地方课程则是学校课程的基本依据，同时又是国家课程的延伸与完善。② 有研究者认为，在课程体系中，国家课程、地方课程和校本课程都具有十分重要的地位，各具独特的功能，它们相互渗透、相互支撑，因此不应人为地把这些课程分主次、从属和先后，课程的地位也不应以课时的多少来确定，而应由所承担的任务和功能，尤其是为实现培养目标所承担的任务来确定。因此，不能简单地视为国家课程的补充或延伸、深化。③ 有研究者认为，国家课程、地方课程和校本课程，是课程管理体制改革的结果，它们本身是融为一体的，并没有真正意义上的三类独立形态的课程。它们之间的关系不是对立的关系，而是"我中有你，你中有我"的有机整体，实质上是课程的统一与多样、标准与特色的关系问题。④ 就笔者所掌握的关于民族地区地方课程研究的相关文献来看，关于民族地区地方课程在民族地区学校课程中的地位问题还没有研究者对此进行专门的研究。

关于地方课程的地位问题，成尚荣教授近期对此进行了较为客观的总结。他认为国家课程、地方课程、校本课程形成了基础教育课程的完整结构，三类课程当然是有联系的，但显然又是有区别的，否则，就没有必要对课程的类型作出这样的划分。但是，长期以来，我们头脑中国家课程的概念及其意识十分强烈，因而，不少人认为，地方课程是国家课程的扩展与补充，甚至认为对国家课程而言，地方课程应处于服从和服务的地位。国家课程固然体现了国家对公民基本素养的规定，对学生基本素养的全面提高起着至关重要的作用，它当然需要加强，也需要补充与拓展。但是，地方课程在课程结构中是一个相对独立的系列，有着独特的不可替代的作用。它更强调课程的地方适应性，更强调课程的区域特点和特色，它强调

---

① 赵志军：《地方课程建设应把握的几个关键问题》，《中国教育学刊》2002年第3期。
② 徐冰鸥：《关于地方课程及其开发原则的思考》，《教学与管理》2006年第3期。
③ 成尚荣：《地方课程的开发与建设》，《中国教育学刊》2005年第12期。
④ 李森、王宝玺：《地方课程政策的本质及意义》，《乐山师范学院学报》2004年第10期。

课程权利的分享。把地方课程置于国家课程的服从、服务的地位,势必会降低它的重要地位和独特功能,进而影响课程结构和目标的完整性。要说服从、服务,所有的课程都应服从、服务于国家的教育方针和培养目标。①

3. 关于地方课程及民族地区地方课程价值的研究

关于地方课程价值的研究,研究者们的侧重点也不尽一致。②有研究者认为,地方课程可以促进学生全面发展;服务当地经济发展;提升地方文化水平。③有研究者认为,地方课程可以传承地方优良传统;完善课程管理体系;④有研究者强调发展地方课程,有助于培养实用型人才;有助于建立民主开放的课程结构体系、课程开发体系与课程管理体系;有助于提高教育资源的利用效率,有助于提高教育活动的实践效率,有助于增强教育内涵的丰富性和强化教育紧跟社会发展、时代变革的适应能力。⑤有研究者认为,地方课程可以促进课程决策和管理的民主化、科学化,进一步推进课程与实际的紧密结合;有利于充分发挥地方教育资源的作用;促进地方人才培养质量的提高。⑥有研究者强调地方课程在学生与社会的联系,培养学生的社会责任感,以及参与社会生活和社区实践的能力中的作用。⑦有研究者认为,地方课程可以促进国家课程的有效实施;弥补国家课程的空缺;加强教育与地方的联系;调动地方参与课程改革与课程实施的积极性。⑧有研究者从对学生发展的角度来强调其价值,认为地方课程可以优化课程结构,完善课程管理体制;突出针对性,增强课程与社会发展的适应性;调动地方和学校的积极性,有助于特色学校的创建和学生个性、特长的培养;有助于提高教师职业的专业化水平。⑨总体来看,关于地方课程的价值主要集中在增强课程的地方适应性;促进教育和课程的地

---

① 成尚荣:《地方课程建设准确定位很重要》,《中国教育报》2008年11月14日。
② 成尚荣:《地方课程的开发与建设》,《中国教育学刊》2005年第12期。
③ 麻晓春:《地方课程的设计与开发》,《上海教育科研》2005年第10期。
④ 赵志军:《地方课程建设应把握的几个关键问题》,《中国教育学刊》2002年第3期。
⑤ 徐冰鸥:《关于地方课程及其开发原则的思考》,《教学与管理》2006年第3期。
⑥ 卓晴君、徐岩:《关于地方课程建设的几点思考》,《中国教育学刊》2002年第4期。
⑦ 郭元祥:《关于地方课程开发的几点思考》,《课程·教材·教法》2001年第1期。
⑧ 许洁英:《国家课程、地方课程和校本课程的含义、目的及地位》,《教育研究》2005年第8期。
⑨ 方宏常、陈章顺:《论地方课程的开发与建设》,《郴州师范高等专科学校学报》2002年第6期。

方特色的形成；促进地方经济、科技的发展和社会的进步，为地方发展服务等几个方面。

关于民族地区地方课程的价值，有研究者认为开发民族地区地方课程是尊重本土多元知识的重要性和基础教育课程改革的需要。① 有研究者论述了民族地区地方课程在文化保护中的作用，即文化的选择、传承、创新功能。并强调要正确看待多元文化时代的民族文化，注重民族心理和地方课程的生活性。② 有研究者用文化价值论的视角从社会价值和个体价值的两个方面对西北民族地区地方课程的价值进行了研究，强调民族地区地方课程传承民族文化的重要意义。③ 从关于民族地区地方课程价值研究的现有文献来看，大多数研究都强调民族地区地方课程在保护、传承民族文化、服务地方经济中的作用和意义。相对来说，强调民族地区地方课程在民族地区学生发展中的重要性的研究较少。

4. 关于民族地区地方课程内容的研究

地方课程的内容丰富而宽泛，科学的、人文的、政治的、经济的、社会的、自然的、现代的、传统的均在开发之列。但是，开发应坚持一条准则，即"从地方实际出发"，"从地方实际出发"的基本含义包括：①从地方的文化传统出发。通过对地方、民间、民族文化传统的梳理和选择，帮助学生积淀文化传统，培育民族精神，培养热爱家乡的情感。②从地方经济、社会发展的需求出发，内容体现时代性和前瞻性，培养学生的现代理念、创新精神和实践能力。③从地方自然环境和生态发展的特点出发，关注人与自然、社会的整体和谐发展，以积极、健康、向上的精神状态去改造人的生存环境。④从地方实际出发，尤其要关注农村，结合现代农村经济和社会发展需求，把现代农业技术、经营、管理等纳入地方课程内容，发挥课程在传播科学文化知识、推广农业科技成果、促进社会主义精神文明建设中的积极作用。④ 从大的方面来说，地方课程应该涵盖两个方面，一是地方文化，二是地方问题。地方文化就是地方的历史与文化传统。地方问题是指地方在现代化建设中的问题，是对地方经济、科技发展

---

① 王鉴：《我国民族地区地方课程开发研究》，《教育研究》2006 年第 4 期。
② 刘先强：《论民族地区地方课程文化功能的实现》，《康定民族师专学报》2005 年第 4 期。
③ 吕红日：《西北民族地区地方课程价值研究》，硕士学位论文，新疆师范大学，2008 年。
④ 成尚荣：《地方课程的开发与建设》，《中国教育学刊》2005 年第 12 期。

和社会进步过程中问题的审视与提炼，是对发展愿景的展望与期盼。地方问题进入地方课程，使地方课程更具时代性，引起学生对身边问题更多的关注与思考。[①]

民族地区的地方课程应该强调和注重民族性，应当针对当地各少数民族的文化背景差异，在课程内容上尽可能全面地介绍各少数民族的悠久历史及其优秀文化，如语言、文字、风俗习惯、宗教、建筑艺术、服饰、音乐、舞蹈、戏剧、绘画、医学、生活方式、体育、节日庆典等。将这些内容合理地融入地方课程教材中，只有这样才能有效进行各民族优秀传统文化的传承、发展与创新。[②] 有研究者以藏族地区地方课程开发为例进行了广泛的调查研究，认为藏族地区的地方课程内容应该包括生态环境、生产生活、民风民俗、社会历史、传统科学、民族艺术和语言文学七个方面，具体如下。生态环境：山川、江河、草原、动植物、矿产、民族、政治、经济、教育、社会福利、社会建设等；生产生活：饮食、生产方式、劳动工具及其制作、节庆等；民风民俗：婚丧嫁娶、服饰、礼节、饮食、勤劳勇敢等传统美德等；社会历史：寓言、历史名人、名胜古迹、军事、姓氏、逸事等；传统科学：天文、历算、医学、建筑工程等；民族艺术：绘画、建筑、戏曲、陶瓷、器具、民歌等；语言文学：诗歌、传说、民谣、故事、格言、地理、俚语、谚语、笑话与幽默、小说等。[③] 从已有的关于地方课程内容的研究成果来看，理论研究相对较多，深入地方挖掘地方文化使之成为地方课程内容的实践研究比较少。虽然近年来，以中央民族大学、西南大学、西北师范大学、内蒙古师范大学等大学的硕士、博士论文选题也关注了地方课程的内容问题，但研究的都不够深入。

5. 关于地方课程及民族地区地方课程开发的研究

（1）开发理念。有研究者认为以学生发展为本，是地方课程开发必须坚持的基本理念。还应必须处理好促进学生发展与增强课程地方适应性的关系；促进学生发展与形成课程地方特色的关系；促进学生发展与为地方发展服务的关系。[④] 有研究者认为，地方课程开发必须从地方实际出发

[①] 成尚荣：《地方课程建设准确定位很重要》，《中国教育报》2008年11月14日。
[②] 宝乐日：《地方课程——少数民族地区实施多元文化教育的载体》，《民族教育研究》2006年第2期。
[③] 王鉴：《我国民族地区地方课程开发研究》，《教育研究》2006年第4期。
[④] 成尚荣：《地方课程的开发与建设》，《中国教育学刊》2005年第12期。

（从地方文化传统出发、从地方经济、社会发展需要出发、从地方自然环境和生态发展的特点出发），为地方经济、社会发展服务。① 有研究者认为，地方课程开发必须把培养学生创新精神和实践能力作为灵魂；把为地方经济、社会发展服务作为突出特色。② 有研究者认为，必须首先关注学生发展、学生的生活、学生的个性特色。③ 有研究者认为，地方课程开发必须与国家课程、校本课程有机衔接；必须以一线教师积极、主动参与为前提；必须加强理论工作者与实践工作者的合作、必须充分满足学生个性发展的需要、必须充分体现本地的课程资源优势。④ 关于民族地区地方课程开发的理念，有研究者认为，必须关注以下几个方面的问题。①重视学生民族知识的培养，传承优秀民族文化；②培养学生多民族与多元文化共存的理念，帮助学生从不同的角度理解兄弟民族文化；③培养学生跨文化的适应能力和处理民族、文化多元发展问题的知识、技能和态度；④课程内容与学生的生活相联系，培养学生的创新精神和实践能力；⑤多元一体课程应考虑少数民族学生的学习风格，从内容、方法到评价体系建立一套公正、合理、科学的标准。⑤ 有研究者认为，民族地区地方课程开发还应关注少数民族学生的学业成就增进问题。⑥

（2）开发原则。关于地方课程开发的原则问题，研究者的讨论主要集中在以下几个方面。即认为地方课程开发应具有教育性原则、适应性原则、实践性原则、开放性原则、⑦ 因时制宜原则、资源共享原则、⑧ 学生利益优先原则、独立性和协调性原则、地域性和本土性原则、选择性和灵活性原则、简约性和通俗性原则、时代性和先进性原则、⑨ 学以致用原则和优化配置原则。⑩

---

① 成尚荣：《地方课程管理与地方课程开发》，《教育研究》2004年第3期。
② 赵志军：《地方课程建设应把握的几个关键问题》，《中国教育学刊》2002年第3期。
③ 辜伟节：《略论地方课程开发的基本思路》，《教育发展研究》2002年第11期。
④ 徐学俊、周冬祥：《地方课程资源的开发与优化配置的探索》，《教育研究》2005年第12期。
⑤ 王鉴等：《我国民族地区地方课程及其政策研究》，《民族教育研究》2006年第2期。
⑥ 孟凡丽：《多元文化背景中地方课程开发研究》，博士学位论文，西北师范大学，2003年。
⑦ 麻晓春：《地方课程的设计与开发》，《上海教育科研》2005年第10期。
⑧ 文可义：《地方课程资源的开发和利用》，《教育导刊》2003年第8期。
⑨ 徐冰鸥：《关于地方课程及其开发原则的思考》，《教学与管理》2006年第3期。
⑩ 谭娟晖：《关于地方课程资源开发的几点思考》，《基础教育参考》2004年第12期。

（3）开发模式。课程开发模式不但在宏观上表达了课程开发的原理，而且对于课程开发者具有重要的指导作用。因此课程开发的基本理论不同，课程开发的模式也会不同。有研究者认为，地方课程的开发模式可以归纳为两种：附加模式和转型模式。附加模式以主流课程为主，只是补充一些地方性知识和地方文化内容。转型模式则是从整体上改变这个学校课程的结构，凸显地方性知识及其相关事件的重要性。[①] 孟凡丽教授在其博士论文中，通过对国外多元文化背景下地方课程的研究，认为民族地区地方课程开发应注意培育多层次、动态开放的课程开发机制系统；就地方课程开发机制的运行而言，无论哪一种模式，地方教育行政作为课程开发的主体之一，都充分履行国家赋予的课程开发权利，在具体业务上给予充分的指导，对地方课程开发、管理、监督、评价负有重要责任。[②] 有研究者认为，长期以来，以"补充模式"为主的课程模式是民族地区地方课程的唯一选择。这种模式下开发的民族语言课程、地方史、乡土课程等对进行多元文化教育起到了一定的作用，但这种模式过于单一，不能充分体现民族文化课程资源在学生发展中的价值，有其固有的局限性。[③] 并进一步认为地方课程以省一级为单位而开发地方课程，不符合我国民族地区的实际。对我国民族地区而言，应从省一级设置地方课程的模式改为多省区联合开发民族地方课程的模式。在深入分析民族地区文化、地理位置及其特殊性的基础上提出了民族地区的地方课程开发的一般模式，"国家专门机构统一协作、多省区联合开发、不同层次民族自治区共同使用"。[④]

6. 关于地方课程及民族地区地方课程政策的研究

课程政策规定着课程的性质，关系到课程的决策，制约着课程的设计和实施，对整个课程改革有着重大影响。研究地方课程政策，对地方课程的实施和推广有着重要的意义。有研究者从现象形态和本体形态这两个维度分析了地方课程政策的含义。从现象形态上说，地方课程政策就是政府关于课程领域政治措施的政策文本的总和。从本体形态看，地方课程政策

[①] 陈伯璋：《新世纪教育发展的回顾与前瞻》，五南图书出版公司1999年版，第317—331页。

[②] 孟凡丽：《多元文化背景中地方课程开发研究》，博士学位论文，西北师范大学，2003年。

[③] 王鉴等：《我国民族地区地方课程及其政策研究》，《民族教育研究》2006年第2期。

[④] 王鉴：《我国民族地区地方课程开发研究》，《教育研究》2006年第4期。

是课程利益的分配，它主要指国家教育行政部门对地方课程权力的规定，从本质上说，地方课程政策是对谁可以拥有课程权力，拥有多少课程权力的规定。它关注的核心问题是地方在课程决策过程中的权力分配问题。它是地方教育行政部门在一定社会秩序和教育范围内，为了调整课程权力，调控课程运行的目标和方式而制定的行动纲领和准则。地方课程在本质上就是一种政策。地方课程政策的目的：第一，让所有的地方都"动起来"；第二，让地方所有的教师都"站起来"；第三，让教育行政人员、教师、学生、家长、校长、校外课程专家和学科专家等各方面人员彼此"沟通起来"。地方课程政策的意义：第一，促进课程决策与管理的民主化和科学化；第二，顺应世界各国课程管理改革的趋势；第三，有利于地方课程资源的开发。[1] 有研究者从历史的角度论述了地方课程政策的产生及其发展过程，认为地方课程政策必须建立必要的保障机制，如监督机制等，否则，地方课程政策就会偏离预期的政策效果。[2] 有研究者通过对我国少数民族课程现状的深入分析，认为现行的我国少数民族教育课程与教材存在许多问题，不能适应民族地区经济社会的发展和民族地区现代化的要求，主要表现在：①少数民族地区各级各类学校课程模式照搬国家统一的课程标准，缺乏针对性；②少数民族的课程内容很少反映少数民族的文化传统和生活生产方式；③现行少数民族课程设置和教学内容单一，不能适应民族地区发展的需要。并根据存在的问题提出了民族地区课程政策改革的具体措施。有研究者从民族地区地方课程的推广、执行与建设角度分析了民族地区地方课程政策与民族地区地方课程实施的相互促进的关系。

7. 关于地方课程及民族地区地方课程管理的研究

有研究者从概念出发认为地方课程管理是一个管理的概念，即地方对基础课程的全面管理。其含义是：其一，地方课程管理是国家、地方、学校三级课程管理中的一个重要组成部分、重要环节。其二，国家赋予地方更多的权力，提升了地方的地位。其三，地方课程管理廓清了课程管理的范围。并认为地方课程管理的最高形态是服务；最高境界是鼓励创新；最大的挑战是能力和职权的匹配问题。[3] 有研究者分析了以往课程管理的弊端后认为，地方应该成为基础教育课程管理的能动的主体，履行自己独特

---

[1] 李森、王宝玺：《地方课程政策的本质及意义》，《乐山师范学院学报》2004年第10期。
[2] 王宝玺：《地方课程政策研究》，硕士学位论文，西南师范大学，2003年。
[3] 成尚荣：《地方课程管理与地方课程开发》，《教育研究》2004年第3期。

的职能作用。并提出了地方课程管理的三种策略：完善市场机制，实施间接管理；重视"课程创生取向"，促进课程实施与师资培训的一体化；建立必要的联系审查制度，促进三级课程管理之间的协调沟通。① 有研究者分析了地方课程存在的问题：教育行政部门角色转变不到位；合理分权尚未形成；课程管理方式过于单一；课程管理制度不健全；参与课程改革的机构和组织力量过于分散；教师培训难以满足现实需要。② 有研究者反思了过去课程管理中的问题，通过对地方课程管理的概念、特点、基本模式和职能的理论探讨，提出了完善机制；协调统一；优化资源；创生课程；三级沟通的地方课程管理的有效策略。③ 有研究者认为，地方课程管理中"地方"不等于"省"，它可以是省一级，也可以是地（市）级和县（市、区）级。地方课程管理应该是交叉的、立体式的，而不应该是线性的、平面式的。④

8. 关于地方课程及民族地区地方课程实施中存在的问题研究

随着地方课程理论不断走向实践和学者们对地方课程认识的不断深入，一部分研究者开始总结和反思地方课程理论及实践领域中出现的问题。有研究者认为，当前地方课程存在着开发宗旨不清；开发过程不明；开发主体错位。⑤ 有研究者认为，地方课程开发存在理论认识缺失；热情很高但力不从心；对当地地方课程资源认识不足等问题。⑥ 有研究者认为，地方课程实施中存在课程价值取向的唯地方化；课程开发主体的单极化；课程形态的学科化；课程资源的文本化；课程教学的课堂化、课程评价的单一化问题。⑦ 还有研究者认为地方课程实施中存在教师认同课程与教学新理念，但观念和行为并非一致；地方课程教学课堂化倾向严重；教师"专业素质"方面的缺乏等问题。⑧ 学者们关于地方课程实施中存在问题的研究进一步廓清了地方课程的内涵和外延，并将地方课程的研究引向一个新的起点。

---

① 柳夕浪：《地方课程管理：地位、作用与策略》，《课程·教材·教法》2001年第11期。
② 张斌：《地方课程管理：问题与建议》，《江西教育科研》2004年第1期。
③ 邓友平：《基础教育地方课程管理研究》，硕士学位论文，吉林大学，2004年。
④ 王义君：《走出地方课程管理的误区》，《人民教育》2006年第12期。
⑤ 姜丽静：《地方课程开发：误读与反思》，《中国教育学刊》2006年第11期。
⑥ 徐冰鸥：《关于地方课程及其开发原则的思考》，《教学与管理》2006年第3期。
⑦ 曹石珠、张传燧：《地方课程开发实施值得关注的几种倾向》，《中国教育学刊》2005年第3期。
⑧ 姚文峰：《地方课程实施中教师教学适应性分析》，《辽宁教育研究》2006年第3期。

9. 关于国外地方课程的研究

有研究者分析了美国地方课程开发与管理的含义，论述了联邦和州对地方课程的开发和管理，学区在地方课程开发与管理中的作用，以及学校在地方课程开发与管理中的功能，归纳、分析了美国在地方课程开放与管理中的经验和特色。①鲜明而独特的哲学观是美国地方课程开发中的基本理念。②分级管理是美国地方课程开发的权利保障。分级管理的地方课程开发模式使美国在地方课程设置上有四个明显的特点：一是从地方实际出发确定课程目标，并与国家课程目标要求一致；二是课程内容和形式具有多样性与灵活性；三是课程实施操作具有实践性和综合性；四是具有鲜明的地域文化特色。③依法管理是美国地方课程开发的法律保障。④民主决策是美国地方课程开发的显著特色。[①] 有研究者通过对美国、加拿大、日本等国地方课程开发模式的梳理，总结了国外在不同背景下地方课程开发的几种模式，即共创模式、整合模式、补充模式、桥梁模式。并总结了国外地方课程开发的共同特征和我们的借鉴之处，地方课程开发主体应体现多元化；开发机制应注意培育多层次、动态开放的开发机制体系；应关注我国课程文化的制约作用；应建立一套行之有效的课程开发、管理监督机制。[②] 有研究者在全面考察国外地方课程的基础上，从宏观上总结了其基本特征：课程管理多极化；课程设置地方化；课程实施个性化；课程标准多样化。[③] 国外地方课程展现了一种宽松、民主、多元的开发理念，较成熟、多样的开发模式，及开发、管理的民族特色，它对我国地方课程的开发有极大的启示作用。

国外地方课程对我国地方课程研究的启示主要包括三个方面：第一，树立一个鲜明而正确的价值观念是地方课程开发的重要前提。虽然各国政治制度和基本国情不同，但是通过课程反映价值，达成课程目标的基本原理是相同的。第二，要重视地方课程促进个体发展的价值，把发挥师生主体性作为地方课程的重要目标之一。第三，地方课程开发要立足于地方社会具体的文化现实和问题。把诊断地方社会和社区的需要作为地方课程开发的第一步，把实践者的问题而不是外界的理念当作变革的逻辑起点，这

---

① 徐辉、辛治洋：《略论美国地方课程的开发与管理》，《教育研究》2002年第3期。
② 孟凡丽：《国外地方课程开发机制的几种模式及其启示》，《外国教育研究》2003年第11期。
③ 张传燧、王双兰：《国外地方课程开发透视》，《当代教育论坛》2005年第8期。

样的课程才能调动教师、学生参与的积极性、主动性，使课程开发富有针对性，照顾到具体的特殊区域的要求。

（三）关于地方性知识和民族地区地方课程已有研究的反思

1. 关于地方性知识已有研究的反思

综观国内外关于地方性知识的研究文献我们发现，重视并深入研究地方性知识的学科领域越来越多，而且出现了多学科交叉研究地方性知识的繁荣状况。但我们同时也发现，无论是国内还是国外，教育学科关于地方性知识的研究偏少。教育作为人类文化传承的一种手段，按理来说，教育是最应关注地方性知识的才对。然而，为什么我们这种假设没有变成现实呢？考察课程政策我们就会找到答案。西方国家以分权制为主，他们的课程其实质就是地方课程，只是在地方课程中融入了国家精神方面的内容，所以，国外的教育领域没有在地方性知识理论提出以后予以高度重视和大量研究也是理所当然的。再看看我们国家，长期以来实行国家"一元化"的课程政策，基本上没有考虑地区差异和民族差异性问题，如果说有考虑的话，也只是将统一的课程文本翻译成民族语言而已，由于课程翻译水平不高，实质上翻译成民族语言的课程文本对学生来说还不如直接学习统一的课程文本。可以说，我国在课程政策上几乎没有体现出差异性。这样一来，关于民族地区地方课程的研究受整个课程政策导向的影响就自然不会去关注地方性知识了。当然，这并不是说国家不重视这方面的研究。相反，无论是国家民委还是教育部都特别重视关于民族地区学校课程的研究，曾委托多家研究机构对此进行深入研究，并在西南大学和西北师范大学专门设立了关于民族教育和课程问题研究的人文社会科学重点研究基地。就目前关于民族地区学校课程的研究现状而言，虽然理论上取得了一定的突破，但深入的、有针对性的个案研究还是比较缺乏。鉴于此，我们认为，在今后的关于民族地区学校课程的研究方面一定要突破传统的课程设置思维，在地方性知识理论的指导下深入挖掘民族地区地方性知识，并将其以适当的形式纳入学校课程，融入地方性知识的学校课程会更有利于少数民族学生的健康成长，这种课程也会对他们未来的生存问题予以提前关照。

2. 关于地方课程及民族地区地方课程已有研究的反思

随着基础教育课程改革的深入和三级课程的实施，关于地方课程的理论研究也在不断丰富，各省（市、自治区）都在不同程度上对地方课程的开发实施进行了大量的探索，从正反两个方面为我们今后更加深入地进行地方课程研究积累了宝贵的经验。但实践中也暴露出了许多问题，主要表现在以下几个方面。

（1）地方课程的概念界定不清晰。目前，关于地方课程的含义不仅一线教师理解有差别，就是学术界的认识也存在很大的分歧。有的研究者把地方课程的讨论集中在了对国家课程的实施和对学校课程的指导两个方面上，把地方课程理解为是国家课程在地方的落实，具有浓厚的管理色彩；有的研究者则强调了地方课程是地方在国家课程计划范围内由地方开发的课程；有的研究者则强调地方课程的地方本位性，把它理解为是地方自己开发并实施的课程，具有浓厚的专业化色彩。这种关于地方课程理解上的分歧，使地方课程的研究陷入了概念外延不清、内涵不明的境地，以致出现无限扩大外延或缩小内涵的状况。这种状况导致了地方课程开发、管理、实施和评价的主体比较混乱，使得实践中出现了研究范围不明、责任不清，影响了地方课程理论体系的构建。当然地方课程作为我国学校课程领域的新"事物"，研究者们在认识它的过程中，由于各自的理论基础和价值判断的差异，出现这种理解上的分歧现象也是不可避免的。但作为研究者我们有责任去研究它的本真含义并尽可能地准确界定它。因此，我们认为，在今后关于地方课程的相关研究中，应该首先厘清地方课程的概念，准确把握它的内涵和外延等基本问题，明确地方课程的研究范畴及其责任主体。这样才会使地方课程的研究不断取得新的进步。

（2）地方课程的目标不明确。许多关于地方课程的价值研究都比较认同保护地方性知识、传承民族文化、服务地方经济、完善课程体系。这种关于地方课程的研究又人为地建构了一种二元化的结构关系，使地方课程成为独立于人的实体存在，这种二元化的研究范式永远解决不了课程的"无人"化的问题。这种非此即彼的二元化的分析方法使地方课程变的冷漠、枯燥、缺乏人性，往往容易使地方课程蜕变为统治人、压迫人的工具。又一次使人沦为"文化传承的工具"、"经济服务的工具"，忽视了人作为自我的存在。我们认为，地方课程的首要目标是关注人的成长，其次才是文化的传承和服务经济。只有地方课程的设置真正把关注学生作为整体人的全面发展放在首位，才会改变地方课程二元对立的研究局面，也才能实现地方课程保护地方知识、传承民族文化、服务地方经济、完善课程体系的目标。

（3）地方课程"专家预设"倾向明显。由于地方课程开发主体的错位，致使现实中的许多地方课程成为一种专家预设的课程。课程内容缺乏与本地人息息相关的本土知识，使地方课程失去了它的价值和意义，处在名存实亡的境地。在一项关于彝族家长和学生主要选择以彝语为主要教学用语的学校还是以汉语为主要教学用语的学校的调查中显示，他们主要看那个学校"更有利于学生和家庭未来生存与条件的改善"和"跨越彝汉语言文化障碍"，而不是保护彝民族文化。[①] 因此，我们认为，作为"局外人"的课程专家在进行地方课程的开发中，一定要借助"文化持有者的内部眼界"，尽可能地使课程开发者与课程消费者达成一致，最直接、最本真地反映地方性知识，避免"局外人"所带来的强势文化对地方课程的"殖民"。地方课程不仅仅在于地方文化的保护和传承，更在于使学生健康成长。

（4）地方课程的实施途径单一。从地方课程的性质来看，地方课程更多的是探究性、实践性、体验性的课程，需要学生从生活和活动中去认识周围世界，从地方课程的内容来看，地方课程更多的是一种生存教育、生产教育、生活教育。地方课程的设计应该特别强调学生与生活的联系，注重发挥地方和社区资源的教育作用，其内容应充满生活性、境域性而非纯学术性、逻辑性。从地方课程的目标来看，他应强调课程与学生生活、当地社会发展实际的联系，是关注生活世界的一种课程形态。然而，受传统课程观念的影响，不少学校地方课程仍然强调知识的逻辑性、系统性，关注知识的普适性。地方课程在实施过程中，把课堂教学当成唯一的途径，而且教学方式依然是"满堂灌"、"填鸭式"，这种地方课程的内容和教学方式实质上已经背离了地方课程设置的初衷。为此，我们认为，地方课程的实施不能囿于传统的"教师、教材、课堂"的教学范式，而应当走向"田野"，走向生活，成为一种灵活自由、生动活泼且具有自主性、开放性、实践性和探究性的活动。正因为地方课程资源的广泛性、反复性、异质性和散在性，它的教学方式也应是多元化的。

（5）对民族地区地方课程的特殊性关注不够。前文已经反复提到民族地区地方课程与其他地区的地方课程相比，有其特殊的价值和意义。这种价值和意义主要源于民族地区地方课程的特殊内容——民族地区的地方性知识。民族地区地方性知识是一个完整的体系，与民族人的生产、生活息息相关，有自己的历史渊源和发展轨迹，有自己独特的类型和呈现方式。民族地区地方性知识是民族地区地方课程开发过程中必须深入研究的

---

① 滕星：《文化变迁与双语教育》，教育科学出版社2001年版，第147页。

问题。从已有研究文献中我们发现，当前关于民族地区地方课程的研究还是在汉族地区地方课程研究的思维模式下进行，没有体现出民族地区地方课程应有的特殊性，如果说有的话，也仅仅是理论上的呼吁。我们认为，如果不关注民族地区地方课程的特殊性，按照汉族地区地方课程的开发模式去开发民族地区地方课程的话，只能使民族地区地方课程成为学生的负担。进而发生"上面扎扎实实喊落实，下面踏踏实实搞应付"这样的现象似乎显得理所当然。因此，我们认为，研究民族地区地方课程必须关注它的特殊性，要关注它的特殊性就必须研究地方性知识。研究它对地方人生存、生产、生活的特殊价值和意义，研究它特有的呈现方式，并研究哪些地方性知识能进入地方课程和以什么样的方式进入地方课程。

第五节 研究框架

地方性知识和民族地区地方课程是本项研究的两个关键词，围绕这两个关键词，本书主要从以下几个方面进行了研究（如图1-1所示）。首先运用文献研究的方法，考察了地方性知识的研究现状和地方课程及民族地区地方课程的研究现状，通过对文献分析的归纳和整理，汲取了学者们在地方性知识和民族地区地方课程研究中取得的成绩，同时也廓清了学者们在该问题研究中存在的不足。其次，从理论上探讨了知识与地方性知识的关系；地方性知识产生的背景、内涵、特点及价值。最后，以甘南藏族地区为个案，从以下两个方面展开了研究：

第一，在地方性知识理论的指导下，运用人类学田野研究的方法，深入藏族的村落和学校，进行了为期三个月的田野研究。研究内容主要包括：首先，藏族地区地方性知识形成的自然环境、精神内涵；其次，深入挖掘了藏族地区地方性知识的内容，并在此基础上探讨了藏族地区地方性知识与藏族人生活的关系；最后，藏族地区地方性知识面临的困境与危机。

第二，以"泰勒原理"为依据，以藏族地区地方性知识为课程资源，运用观察法、问卷调查法、访谈法、文献法，对民族地区地方课程进行了研究。研究内容及思路为：首先，运用观察和访谈的方法对藏族地区学生的学校生活进行了研究；其次，运用观察、访谈和问卷调查的方法对藏族

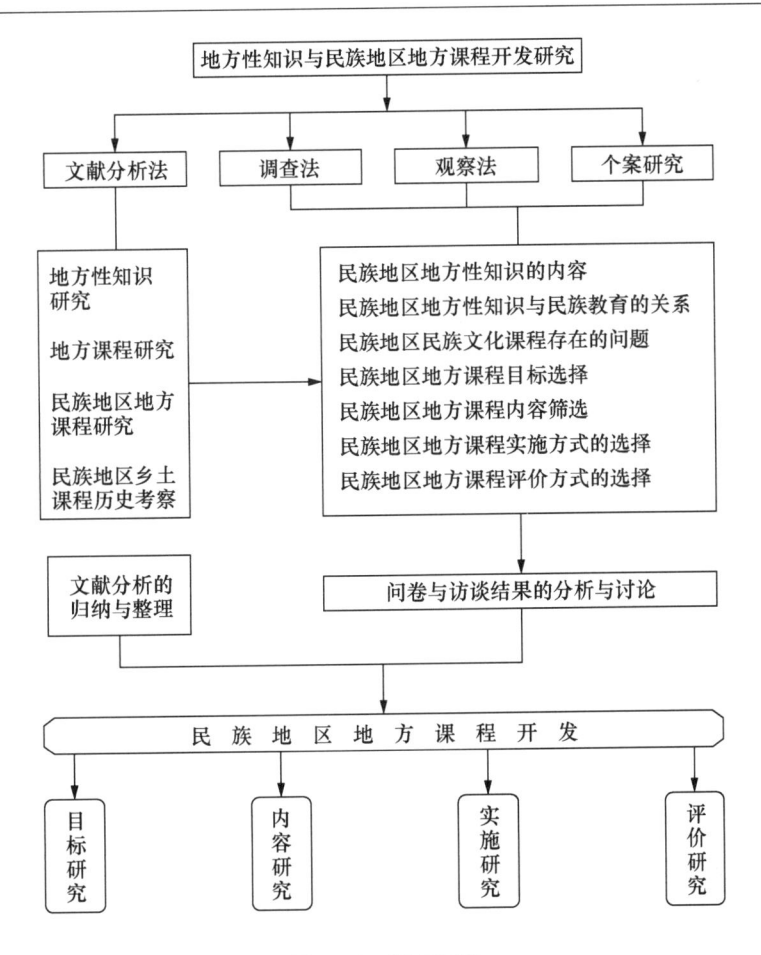

```
                    ┌─────────────────────────────┐
                    │ 地方性知识与民族地区地方课程开发研究 │
                    └─────────────────────────────┘
         ┌────────────┬──────────┴──┬────────────┐
     ┌───┴────┐   ┌───┴───┐    ┌───┴───┐    ┌───┴────┐
     │文献分析法│   │ 调查法 │    │ 观察法 │    │个案研究 │
     └────────┘   └───────┘    └───────┘    └────────┘
```

图 1-1 研究框架

地区学校民族文化课程进行了研究；再次，运用文献研究的方法对民族地区地方性知识未能进入民族地区学校课程的原因和民族地区地方性知识应该是民族地区学校课程的重要资源的依据进行了研究；最后，以"泰勒原理"为依据，以藏族地区地方性知识为课程资源，综合运用观察法、问卷调查法、访谈法、文献法等研究方法，在深入了解学生学习需求、广泛征求教师、家长、民族文化精英、课程专家等意见的基础上，对民族地区地方课程的目标、内容、实施、评价四个方面进行了研究。

第二章 知识与地方性知识

第一节 知 识

一 知识的含义

自人类进入文明时代以来，关于"什么是知识"的追问和研究就开始了。古往今来，无数学者为之呕心沥血，可时至今日，关于"知识是什么"的问题，人们仍然未能获得统一的认识。但凡有关于知识的定义出现，都会遭到学者们的非难和诘问。

1979 年出版的《辞海》将知识定义为："人们在社会实践中积累起来的经验。从本质上说，知识属于认识范畴。"

1985 年出版的《中国大百科全书·教育卷》关于知识的定义是："所谓知识，就它反映的内容而言，是客观世界在人头脑中的主观印象。就它反映的活动形式而言，有时表现为主体对事物的感性知觉或表象，属于感性认识；有时表现为关于事物的概念或规律，属于理性认识。"

1987 年出版的《中国大百科全书·哲学卷》中将知识界定为："人类的认识成果。它是在实践的基础上产生又经过实践检验的对客观实际的反映。人们在日常生活，社会活动和科学研究中所获得的对事物的了解，其中可靠的成分就是知识。"

1992 年出版的《教育大辞典》中把知识定义为："知识属于认识范畴，是人类认识的成果。经验是知识的初级形态；系统的科学理论是比较完备的知识形态。"

2002 年出版的《现代汉语词典》中知识的含义为："知识是人们在改造世界的实践中所获得的认识和经验的总和。"

2004 年出版的《逻辑学大辞典》中将知识定义为："人类认识的成果

或结晶。包括经验知识和理论知识。"

从上述工具书关于知识的定义中我们可以看出,这些定义更注重认识的结果,而忽视了认识的过程。另外,还存在将知识作为一种静态的东西去认识的问题和倾向。因此,也就没有很好地阐述知识的复杂内涵。但从另外一个侧面也反映出给知识下一个大家比较认同的定义的确不容易。考察人类关于知识的认识历史,我们发现主要经历了以下几个阶段。

(一)柏拉图的"三元定义"

哲学史上关于知识是什么的探索最早可以追溯到古希腊的苏格拉底。苏格拉底和智者朋友泰阿泰德讨论了知识的本性问题,并运用诘问法对泰阿泰德的每一个关于知识的定义进行了反驳,以求满足知识构成的条件,认为知识是指关于事物的普遍定义。这就是哲学上有名的"泰阿泰德问题",即知识的定义问题。柏拉图认为知识是对理念的认知,并在《泰阿泰德篇》中试图"把许多类别的知识归之于统一的定义之下"。这就是西方知识文献中所说的传统的知识的"三元定义"或称为"柏拉图定义"。在这个定义中,知识被看作是一种确证了的、真实的信念,也就是说,知识是由信念、真与确证这三个要素组成:①命题 P 是真的,②S 相信 P,③S 的信念 P 是确证了的。因此,在传统知识论看来,当且仅当以上三个条件都得到满足时,我们才能说"S 认识(know)P"。这一定义是西方传统知识论中的经典定义。[1] 按照这一定义,知识首先必须是真的,"真"是构成知识的必要条件。但是,仅仅"真"还并非知识,还必须相信它。当我们把某个观念当作知识看待时,我们已经把它当作真的了。因此,信念也是知识的必要条件。"真"和"信念"是知识的两个必要条件。因而,要成为知识还需要另外的条件,那就是"确证"。由此得出结论,知识是经过证实了的真的信念。这种定义的方法和条件曾得到不少哲学家的赞同。

(二)知识定义中的"葛梯尔问题"

知识的"三元定义"一直没有受到严重挑战,直到"葛梯尔问题"提出。1963 年,美国麻省理工学院哲学系的葛梯尔(Edmund L. Gettier)教授在《分析》杂志上发表了一篇题为《经过辩护的真信念是知识吗?》的文章,文章中举出了两个反例对柏拉图的"三元定义"提出了质疑。

---

[1] 陈嘉明:《知识与确证:当代知识论引论》,上海人民出版社 2003 年版,第 31 页。

第一个反例为合取反例（conjunctive case）

"假定史密斯和琼斯一起申请一个工作，并假定史密斯对下述的合取命题有强的证据：

（a）琼斯将得到这份工作，并且他的口袋里有十个硬币。

史密斯有关（a）的证据，可能来自公司总裁断然地告诉他说琼斯将被录用，以及他十分钟之前曾数过琼斯口袋里的硬币。

命题（a）蕴含：（b）那位将得到工作的人，口袋里有十个硬币。

假定史密斯了解（a）到（b）的蕴含关系，并且在具有强的证据（a）的基础上接受（b）。很显然，在这种情况下，史密斯是有理由相信（b）是真的。

然而，让我们进一步设想，史密斯并不知道，是史密斯自己，而不是琼斯，将得到这份工作；并且，他同样不知道，他的口袋里有十个硬币。因而，尽管史密斯推论出（b）的命题（a）是错误的，然而命题（b）却是真的。因此，在这个例子中，下列所有的陈述都是真的：①（b）是真的，②史密斯相信（b）是真的，而且③史密斯有理由相信（b）是真的。然而，同样清楚的是，史密斯并没有认识到（b）是真的，因为（b）真是由于史密斯口袋里硬币的数目，而史密斯实际上并不知道自己口袋里硬币的数目。他对（b）的相信，是基于对琼斯口袋里硬币的数量，同时，他错误地相信琼斯将是得到那份工作的人。"

第二个反例为析取反例（disjunctive case）：

"假定史密斯对下列命题有强的证据：

（a）琼斯拥有一辆福特轿车。

史密斯的证据可能是：在他过去的记忆中，琼斯一直拥有一辆小轿车，这辆小轿车是福特牌的，而且琼斯刚刚还用福特轿车接送过他。让我们进一步设想，史密斯有另外一名叫布朗的朋友，他现在在哪里，史密斯完全不知道。于是史密斯随意选择了三个地方，并构造了如下三个命题：

（b）要么琼斯拥有一辆福特轿车，要么布朗在波士顿；

（c）要么琼斯拥有一辆福特轿车，要么布朗在巴塞罗那；

（d）要么琼斯拥有一辆福特轿车，要么布朗在布雷斯特—列陶维斯克。

这三个命题都被（a）所蕴含。假定史密斯知道他构造出来的这三个命题中的每一个都为（a）所蕴含，在（a）的基础上接收了（b）、（c）、 (d)。史密斯是从一个有强证据的命题中正确地推出上述命题的,因此,他完全有理由相信它们,尽管史密斯并不知道布朗在哪里。

现在让我们进一步想象两种情况。第一,琼斯不拥有福特轿车,他现在所开的福特轿车是租来的。第二,由于纯粹的巧合,(c)中所说的地址,真的是布朗的所在地,而对这个情况史密斯并不知道。如果这两个条件成立,那么史密斯并不知道①(c)是真的,②史密斯相信(c)是真的,③史密斯有理由相信(c)是真的。"①

葛梯尔提出的两个反例对传统的三元定义构成了严峻的挑战,揭示了传统知识定义方法的缺陷。"葛梯尔问题"对知识研究的重要意义在于,它使后来的研究者在知识的研究中除了关注人的认识能力、认识对象、认识标准、认识范围这四个主要问题外,又把认识条件与知识的确证纳入到知识研究的核心问题之中。

(三) 知识就是力量

"既然人们研究哲学是为了摆脱无知,那就很明显,人们追求智慧是为了求知,不是为了实用。这一点有事实为证,因为只有在生活所必需的东西有了保证的时候,人们才开始研究这类知识。所以很明显,我们追求这种知识并不是为了别的什么好处。"② 从亚里士多德的这段话可以透视出,在古代社会,人们关于知识对人类生产生活的意义还不够重视,至少可以说对知识的实用价值比较忽视。这种忽视主要有两方面原因,一是古代人的生产生活相对来说比较简单,依靠容易获得的自然资源就可以生存;二是古代人相信有神秘的力量主宰人类的命运。但我们也不能因此就否认古代学者关于知识问题的思考和探索,他们只是不关注具有实用价值的知识而已,他们更关心的是知识之所以为知识的原则等基础性的问题。

与古代社会相比,近代社会更强调知识给人类带来的利益。笛卡尔把知识比作一棵大树,形而上学是树根,物理学是树干,各门具体科学是树枝。培根坚信"人的知识和人的力量合二为一",知识是支配自然的力量,知识是变革社会的力量。知识可以给人带来利益和促进社会进步。培根认为,科学的发展可以促进社会进步。野蛮人、文明人的分野是以对知

----
① Edmund L. Gettier, Is Justified True Belief Knowledge. in Michael D. Roth & Leon Galis (ed.), "Knowing: Essays in the Analysis of Knowledge". New York, 1970: 37-38.
② 北京大学哲学系外国哲学史教研室编译:《西方哲学原著选读》(上卷),商务印书馆1981年版,第119页。

识掌握、运用的程度为标志，知识是人类文明的基本要素和社会发展的基本标志。虽然培根当时不知道四大发明源于中国，但是他指出印刷、火药、磁石"这三种发明已经在世界范围内把事物的全部面貌和情况都改变了：第一种是在学术方面，第二种是在战争方面，第三种是在航行方面。任何帝国、任何教派、任何显赫人物对人类事务的力量和影响都仿佛无过于这些机械性的发现了。"① 培根把知识视为推动社会发展的力量。

培根"知识就是力量"著名论断中的"知识"的力量实质上是指"人"的力量。培根就是想改变"人没有力量"的局面。过去，"人的力量"在上帝那里寄存，从而成为"上帝的力量"。"上帝的力量"造成两个后果：疯狂和顺从。培根要把人的力量从上帝那里夺回来，人的力量要借助于人发现的知识体现出来。人的力量来自于知识，而不是来自于上帝。培根应时代呼唤，喊出的"知识就是力量"的口号，迎合了新兴资产阶级的要求。他激烈地反对脱离实际的空洞烦琐的经院哲学，大声疾呼要发扬人类的理性，大力颂扬科学知识和技术发明。他认为，知识是以对事物及其发展规律的研究、发现和解释构成的。但我们也应该看到，培根的"知识就是力量"口号是一把"双刃剑"，一面斩断了神学和宗教的禁锢，另一面则拨开了大自然的面纱。它使人们从对上苍诚惶诚恐、对自然敬畏懦弱、对神祇顶礼膜拜、对权威盲目迷信的传统束缚中解放出来。不仅开展了对外界自然知识的一大革命，而且对人类内心、人类思维、人类主体意识和价值观念的进一步认识也是一次开创性的变革。然而，培根关于知识的论断一开始就把知识等同于科学知识，认为所谓的永恒不变的知识就是科学知识。但无论培根的言说多么有缺陷，他关于知识的界定使近代知识的面貌和人的面貌都发生了巨大转变这一事实不可否认。

（四）知识等于科学知识

如果说培根关于知识的言论仅仅是一种主张，或者说是一种理论阐释的话，那么牛顿力学的诞生则使人们普遍接受培根的观点。随着牛顿力学和万有引力理论反复地被验证，并表现出巨大威力从而成为知识的楷模，最终获得了独尊的地位。客观、普遍、价值中立成为这个时代知识的本质特征。发展能够被精确验证的知识日益成为人们的向往，19世纪后半叶人们的世界观开始受实证科学的支配。相对于形而上学绝对自明的知识观

---

① ［英］培根：《新工具》，许宝骙译，商务印书馆1984年版，第103页。

念，孔德（Comte，1798—1857）主张经验证实的知识观念。他感到自然科学之所以称为科学就在于它始终坚持贯彻"以被观察到的现实为基础"的实证精神。所以，孔德把"观察优先于想象"作为实证哲学的基本原则。他认为想象力虽然必要，但只能在观察的支配下起完全从属的作用。随着实证主义的实证原则的提出和逻辑经验主义的意义标准的制定，只有可证实、可检验的才能被看作是知识，否则只能是形而上的假设和非科学的东西。科学成为知识的王者，科学话语成为裁判其他知识的标准和元话语，其他知识只有以科学的面貌出现才被认同、被接受。受自然科学的影响，人文知识努力把自身塑造为关于"事实"的知识。诸多知识形式以科学的姿态纷纷亮相。哲学的逻辑实证主义、逻辑经验主义，社会学的实证化，心理学的行为主义等，都是在实证科学观的影响下发生重要变化的结果。在孔德的影响之下，迪尔凯姆、韦伯（Max Weber，1864—1920）等人进一步揭示社会制度、社会结构、社会变迁与宗教的关系，开辟了一条宗教知识科学化之路。教育学也受到自然科学研究范式的影响，特别是在以牛顿力学为代表的经典科学思想方法的影响下，教育学在发展中失去人文关怀的品格。它把其内部的一切异质因素扫荡出门，把外来的一切异己力量拒之于门外，简单照搬工业的技术和方法，致使自身的文化批判性逐渐被弱化，突出表现在对于教育概念的某种理性化、单一化的理解与限定，失去了它原本的生机和活力，成为仅仅以传授教育学知识为旨趣的记问之学，教育学不再是一门以研究提升人的价值的力量为旨趣的学问，而是训练和加工人的工具。[①] 科学知识霸权地位的确立，被迫其他知识向它看齐，导致了其他知识形式失去了自我理解的能力，更严重的问题是工具理性的扩张和泛滥已经威胁到了人类自身。

（五）知识不是一个实体的概念，而是一种关系的范畴

近代以来，科学知识逐渐成为西方全部知识的典型，成为裁判其他知识的标准。这种关于知识的认识对科学的发展，尤其人文社会科学的发展产生了极其不利的影响。对此，许多哲学家开始思考并反驳这一命题。利奥塔反对把全部知识归结为科学，认为知识并不等于科学。[②] 他指出，科学主要同"知道什么"相关，但知识不仅意味着"知道什么"，而且也意

[①] 安富海：《中国教育学的当下使命》，《国家教育行政学院学报》2009年第7期。

[②] 利奥塔：《后现代状况：关于知识的报告》，岛子译，湖南美术出版社1996年版，第74页。

味着"如何知道"、"知道如何生活"、"知道如何倾听"等。知识是一种"能力"（competence）。它不仅决定和采用什么样的真理标准，而且也决定和采用什么样的效率标准、正义标准、幸福标准和美学标准等。就是说，知识应该具有各种各样的样式，而科学仅仅是其中的一种。独尊科学知识贬低其他知识是错误的。他认为，知识（法文 savoir；知道、理解、学识、本事……）是不能被简化为"科学"的，更不能简化为学问（learning，法文 connaissance）。学问是一套陈述排斥另一套陈述。"科学是学问的一种，也是由一套定义性的陈述所组成的，但是这套陈述必须有两个补充附属的条件才能被接受：①所指涉的事物必须是经得起反复验证的。也就是说，在一定条件下的观察研究绝对可以重复验证。②它必须能够确定，在书写陈述时，必须使用相关专家所能接受并能通用的内行术语。"① 如果认为"知识"仅仅是"科学"，那就太褊狭了。"知识"还包括了"如何操作的技术"、"如何生存"、"如何理解"等观念。因此，知识是一种能力问题。这种能力的发挥，远远超出简单的"真理标准"的认识和实践，它还进一步扩展效率领域，考察技术是否有效；扩展到伦理道德领域，判别是否公正、判别幸福与否；扩展到审美领域，判断声音是否优美、色彩是否协调等，一系列标准的认定和应用。唯有这样，我们才能了解知识不但使人有能力发挥"良好的（健全的）"定义性言论，同时也能发挥"健全完善的"指令性和评价性言论。知识能力不是一个只能与一套特殊层次的陈述有关，而排除其他陈述的能力。相反，这种能力使得从各类事物中产生的说法都能"健全完善"地和谐发挥：这种能力可以认识事物，可以下结论判断，可以评价也可以转化。由此衍生出一种知识的主要特征："知识的形成与一系列'能力建立的标准法则'是相呼应的，由'各个领域里的能力'所组成的主题或主体中，唯一能以具体形式出现的就是知识能力。"② 福科也认为，"知识已经不是一种静止的东西、一种符号化的陈述，而是一系列的标准、测验、机构和行为方式；已经不是一种理性沉思的结果，而是一系列社会权力关系运作的结果。"③ 1991 年出版的《新编哲学大辞典》已将知识定义为："表征人类认识结果

---

① 利奥塔：《后现代状况：关于知识的报告》，岛子译，湖南美术出版社 1996 年版，第 74 页。
② 同上书，第 75 页。
③ 石中英：《知识转型与教育改革》，教育科学出版社 2001 年版，第 19 页。

的范畴。指人们对世界的各种现象、过程及其属性、关系和规律反映的结果，是人类社会实践经验的总结。"这时关于知识的认识已经不仅局限于结果的呈现，还包括了过程、属性、关系等内容。我国学者昌家立认为，"要揭示知识的本质，必须把知识作为关系范畴来理解。知识所反映和包含的最根本的关系无不是主体与客体之间的关系。然而，任何现实展开的主体与客体的关系都不是静态的，而是动态的。主客体动态关系表现为认识活动。知识与认识是同一过程的不同方面。认识是认识着的认识，知识是认识了的认识，它们的本质是一致的。"[1] 陈洪澜认为"所谓'知识是认识了的知识'只能算是阶段性的暂时的结论，只要人们的认识活动还在继续，知识也仍然是认识着的认识"。[2]

总之，关于知识是什么的问题，是一个自人类有认识活动以来就不断地追问、探讨并尝试解答的问题。然而，关于"知识是什么"的解答至今仍然不能令人满意。在这里，笔者并不是要指责古代的先贤们不够智慧，也不是要批评今天的学者们不够努力。而是想要说明这种去情景式的提问本身就是一个问题。它省略了知识生成的语境，不是期望得到一个具体的人带着个人的认知和经历来回答这个问题，而是期望一个具体的人能够超越任何语言和文化背景的限制，直接切中"知识"的唯一"本质"。按照维特根斯坦的解释，关于"这是什么？"的追问，起决定作用的是一种认识关系，而被追问的对象必然以实体的、本质的、认识的并与追问者毫不相关的面目出现。然而，知识与追问者之间则不仅仅是一种认识关系，更重要地表现为一种意义关系。知识定义中存在的这些问题足以说明，作为人类认识或定义的知识，只是一种阶段性的认识结果，不是一个过去式，不是认识的终结。因此，我们应该把对知识的认识看作是一项正在进行着的活动。只要人类的社会活动存在，人类的认识就会继续。知识在不间断的实践与认识活动中就有可能得到更正、补充、完善和增长，有关知识的定义将会不断得到更新和发展。

二 知识的特性

（一）主体性

在认识论中主体是与客体相对应的一对范畴。按照辩证唯物主义的观

---

[1] 昌家立：《知识本质与知识形态新探——兼论几种知识的界定》，《求是学刊》1995年第4期。

[2] 陈洪澜：《知识分类与知识资源认识论》，人民出版社2008年版，第21页。

点，主体是指具有自我意识、从事认识和实践活动的人或人们。主体具有自觉的能动性、自我意识机能和社会性等基本特征。客体是相对于主体而言的，它是主体认识和活动的对象。主体性是人类与动物的本质区别。在社会生活中，人们的主体性主要表现为主观能动性，人们并不是被动地反映或接受外界事物的影象，而是有意识地、积极主动地运用概念、判断、推理等思维工具去探索自然和社会以求得知识。"知识的主体性，指的是知识体系中的主观知识部分，其首要特性是主体的创造性。没有主体的创造性，就没有知识，因为所有的客观知识都是由主观知识转化而来的"。[1] 知识的主体性强调个人的思考对于知识产生的作用。

（二）社会性

"知识社会学之父"舍勒认为，对于个体而言，外部世界先于内部世界而被给定；属于我们所共同拥有的外部世界先于个体所认识或拥有的外部世界被给定；属于我们所共同拥有的内部世界，也先于我们自己的内在世界被给定。因此，"我们"先于"我"而在，没有"我们"就没有"我"。"我们"所共同拥有的内部或外部世界是"我"的所有知识、所有思想形成的条件，它决定了"我"的知识以及对"我"的知识的理解。因此，"我"的知识包含着许多"我们"的知识。我们讲知识具有社会性，主要是从知识的产生、传播与运用等环节来说明知识是人类的一种社会现象。知识的社会属性是由人的社会关系所决定的。虽然知识最先是由个体产生的，但任何个体都无法脱离社会关系。知识是人类思想观念的产物，而人的思想观念正是在一定的社会环境、社会物质条件、社会实践活动和社会教育中产生的。即便是个体的隐性知识，也常常是以社会中出现的各种问题为诱因，对其进行观察、思考、访问或学习而形成的。知识的表达与交流有很强的社会性。罗素认为，"语言，这个我们借以表达知识的唯一工具，在其起源及其主要功能方面，基本上是社会性的"。[2] 丹尼尔也强调"知识是动态的，而且无法摆脱与社会的变化发展的联系"。[3] 总之，知识是人的知识，人是社会中的人，人在本质上是一切社会关系的

---

[1] 陈洪澜：《知识分类与知识资源认识论》，人民出版社2008年版，第27页。

[2] ［英］罗素：《人类的知识——其范围与限度》，张金言译，商务印书馆1983年版，第10页。

[3] ［美］丹尼尔·坦纳、劳雷尔·坦纳：《学校课程史》，崔允漷等译，教育科学出版社2006年版，第354页。

总和。从这个意义上说，知识必然具有社会性。

（三）建构性

知识是客观的还是建构的，这是客观主义和建构主义的主要分歧所在。客观主义认为知识是对外部客观世界的被动反映。建构主义认为，客观主义知识观的最大问题在于忽略了世界的无限复杂性以及认识主体的巨大能动性。建构主义（constructivism）是综合了心理学、神经生理学以及其他科学的大量成果，在20世纪兴起的西方哲学学派。波普尔和库恩被认为是建构主义的肇始者。在建构主义的影响下，人们逐渐认识到，知识不仅有自然维度，而且也有社会维度。20世纪中后期，一些学者从社会学的角度对知识中科学知识的生产和传播进行了研究，认为科学知识的内容与真理性都是由社会因素所决定的。科学不仅是表达和观察世界的方式，也是一种操作或干预自然的活动，科学家是参与者而不是观察者。[①] 建构主义认为，知识的获得是人们根据原有的知识建构新知识的过程。强调科学知识是暂时的、主观的，也需要不断修正和发展。

在建构主义看来，知识不是有关绝对现实的知识，而是个人对知识的建构，亦即是个人创造有关世界的意义而不是发现源于现实的意义。知识是由认知主体积极建构的结果，建构需要通过新旧经验的互动才能实现。"从本质上讲，知识是内在于人的主观创造，是建基于客观之上的主观构建；是一个开放的生态系统；是一个动态的发展过程。从价值上讲，知识是多维的、互补的。从获得过程来看，知识的获得是一个积极内化的过程；是一个主动的生成过程。"[②]

（四）动态发展性

"知识不是主观对客观的镜像摹写，也不是主体对客体的静态反映，而是主体在实践的基础上对运动、变化和发展着的客体的动态认识。知识是一个动态发展的过程。"[③] 知识的动态发展性主要是指主体在实践过程中对无限发展着的客观世界的动态认识来说的。仅从知识的定义来看，不管人们是用概念还是用范畴来定义知识，都无法使知识的意义保持不变。

---

① 蔡仲：《后现代相对主义与反科学思潮》，南京大学出版社2004年版，第102页。
② 潘洪建：《当代知识观及其对基础教育课程改革的启示》，《课程·教材·教法》2003年第8期。
③ 潘洪建：《知识本质：内在、开放、动态——新知识观的思考》，《教育理论与实践》2003年第2期。

知识的动态性还可以从认识对象的变化来体现。如果我们把知识作为人类共同的认识结果，在人类历史实践的过程中根据实践对象的发展变化与人们对其不断地检验、补充和发展，使知识体系或理论一直处在变化之中。这个变化来自两个方面，首先是随着人类认识过程的变化——实践、认识、再实践、再认识——循环往复以至无穷的过程，不断地深化着人们的认识，由此使知识的确定性被限定在一定的阶段之中，对特定的实践者和实践要求来说，其知识是一种完成与确定，但对于人类总体来说则只有相对的稳定性，随着认识水平的提高，知识的内涵和外延就会发生变化。其次，客观世界和人们的实践活动对象每时每刻也在发生变化，同样的事物或事务会随着自然的运动或社会的变化而产生变异、分化，出现许多新现象，如果我们对以往得到的知识不再进行变化或修正，就无法对新现象作出合理的解释。知识的动态发展性正是随着人类认识水平的变化与客观对象的发展而变化的。①"总之，由于客观世界的不可穷尽性、社会实践的不断发展、人们的潜在思维能力和创造能力的无限可挖掘性，科学的发展不会在某一个点上终止，知识的发展也就不会终结"。②

三 知识的类型

关于知识的类型，依据的标准不同，关于知识的分类就有所不同。历史上，不同的哲学家往往因为知识观的不同，提出了不同的知识分类标准和分类原则，因而划分出不同的知识类别。哲学家的知识分类主要是一种认识论的视角，考虑更多的是知识的来源和本质问题。其实，各个学科内部都有自己独特的关于知识的认识，它们都会从各自的学科视角对知识进行独特的类别划分。亚里士多德是最早对知识进行系统分类的哲学家。他把知识分为理论的知识、实用的知识和制造的知识；孔德从人类知识的发展阶段的角度将知识分为宗教知识、形而上学知识和实证知识。英国社会学家、哲学家、近代西方科学教育思想的倡导者斯宾塞（Herbert Spencer，1820—1903）以人的活动为基础将知识分为：①生理学、解剖学；②读、写、算，逻辑学，几何学，力学，物理学，化学，天文学，地质学，生物学；③心理学，教育学；④历史学，社会学；⑤雕刻，绘画，音

---

① 陈洪澜：《知识分类与知识资源认识论》，人民出版社2008年版，第41—42页。
② 潘洪建：《知识本质：内在、开放、动态——新知识观的思考》，《教育理论与实践》2003年第2期。

乐,诗歌。① 心理学将知识分为陈述性知识、程序性知识和策略性知识。本书拟从以下几个方面对知识进行分类。

(一) 发展历史的角度

人类的认识方式始终引导着人类的生活方式。基于人类认识的不断发展和对知识本身的不同理解,形成了不同的知识范式:原始的知识、古代的知识、现代的知识和"后现代"的知识等。

1. 原始的知识

关于原始的知识考察,"很难找到直接的或充分的证据来分析,只能从文明社会以来所记录的有关原始社会的社会结构和人的行为方式中去推论。考察发现,原始人是有知识的,尽管他们所拥有的知识与我们今天所拥有的知识不能同日而语,但从类型上看,原始人几乎有着我们今天所拥有的一切类型的知识,如自然的知识、社会的知识、自我的知识等,只是非常简单、非常粗略而已"。② 我们不能明确地指出人类所产生的第一种知识是什么?但我们可以肯定人类最早的知识产生于人类的生活实践。实质上,纵观人类认识的发展史,我们发现在文字出现之前,知识就已经存在于人们的生产生活实践之中。根据原始社会的已有研究材料间接推论,我们认为原始的知识大致分为两大类,一类是生产生活的知识,如传说中的神农氏教人拓荒耕种、伏羲氏教人织网捕鱼、燧人氏教人钻木取火等都是关于生产生活知识的传授;另一类是原始宗教知识。在原始人的生产生活过程中,遇到一些在当时的条件下无法解释的自然现象,在他们看来,这种超越自身认识范围的自然现象被某种与人同形同性的神所掌握,为了使他们的生产生活不受这种超越自身认识范围的自然现象的影响,他们便用祭祀的方法来祈求神灵的呵护,这样便有了原始宗教知识及其相伴随的礼乐知识、音乐舞蹈知识等。在原始社会,人们对知识的理解就是关于生产生活的经验和宗教的知识,这些知识可以使人们在当时的环境中能顺利地生存下去,传授和掌握这些知识就是为了生存、为了生活。

2. 古代的知识

文字的发明,不仅打破了人们思想活动的时空界限,而且给人类带来了新的生产生活方式和文化式样,人类也从此进入了文明时代。借助文字

---

① [英]斯宾塞:《斯宾塞教育论著选》,胡毅、王承绪译,人民教育出版社2005年版,第60—81页。

② 石中英:《知识转型与教育改革》,教育科学出版社2001年版,第41页。

这一工具，人们开始用新的方式去认识世界，在现实世界之上建构起一个独立于人类主体和客观世界的符号体系。在这个世界里，似乎一切都是未知的，所有事物都需要认识和界定。随着人类认识的发展，探知世界的能力也在不断增强，人类的理性以否定神性的方式理直气壮地登上了历史舞台。神学的阴影逐步从人类理智的中心退出的同时，人类认识的注意力开始转向了自然界与人类社会。自然哲学、伦理学、宗教哲学开始成为人类理智活动的中心。随着经济的发展和社会的进步，人们基本的生存条件得到满足以后，希望更多地了解世界，希望创造丰富多彩的生活世界。许多哲学家和教育家也从不同角度对知识进行了阐释，在西方，苏格拉底以前的古希腊哲学所讲的知识是从对自然现象的直观中得来的，主要是指事物的运动变化方面。苏格拉底则不同意这种浅层次的认识，他通过对概念的探讨，逐步确立了"知识是对普遍必然性的本质的把握"。而在柏拉图看来，知识存在于我们内心深处，是绝对真的和具有普遍必然性的观念系统。知识的存在和知识的本质是可能的和合理的，他对理念世界和现实世界进行了划分，得出了知识是永恒的，意念则是变化不居的著名论断。亚里士多德则根据对形式和质料的研究进一步把知识分为理论性知识、实践性知识和创造性知识，并且认为理论性知识高于创造性知识。[①] 在中国儒家传统中，知识被认为是自我认识与通向澄明和智慧的途径。在孔子看来，知识是关乎人生、增进修养、认识自身的智慧之道，而非低俗的具体技艺。总之，古代知识的主要形态是"形而上学"的知识。这种形而上学的知识改变了人们理解世界的方式，改变了知识的生产方式，摧毁了原始的神话知识。古代学者认为知识是思维的成果，强调知识在提高人的修养、净化人的心灵、增进人的智慧中的突出作用。

3. 现代的知识

近代社会是资本主义迅速崛起的时代。新兴的资产阶级为了冲决封建的羁绊，摆脱传统思想的束缚，迫切需要先进的思想和理论来帮助他们建立资本主义的政权。培根应时代呼唤，喊出了"知识就是力量"的口号，迎合了新兴资产阶级的要求。他激烈地反对脱离实际的空洞烦琐的经院哲学，大声疾呼要发扬人类的理性，大力颂扬科学知识和技术发明。他认为，知识是以对事物及其发展规律的研究、发现和解释构成的。若是人们

---

① 罗素：《西方哲学史》（上），商务印书馆2000年版，第18页。

熟悉了规律，掌握了规律，就能在极不相同的实体中，抓住自然的统一性。培根著名的"知识就是力量"的观点，也是近代西欧最主要的知识观。这种知识斩断了神学和宗教对人们的禁锢，揭开了大自然的面纱。但这种知识观最大的缺陷是从一开始就把知识等同于自然科学知识，认为所谓的永恒不变的知识就是自然科学知识，近代知识观的产生必须维护自然科学知识的合法性，为自然科学知识的本性，即普遍必然性和客观有效性寻找终极论证和解释。总之，现代知识的基本特征主要表现在：首先，知识是确定性、客观性的，其含义是指知识应该是"正确地反映了事物的本质属性或事物与事物之间的本质联系……是事物或事物之间的本来联系相符合，而不是一种主观臆造的产物。"① 其次，知识是普遍性的。知识的普遍性是指"普遍的可证实性"（universal verifiability）以及建立于其上的"普遍的可接纳性"（universal acceptability）。② 认为知识一经证实，对所有人来说都是绝对意义或真理，具有普遍的可接纳性，它不会随个人意识形态、价值观念、生活方式、性别以及种族等的不同而变化。知识特别是科学知识不受我们与实践关系的制约，并超越一切具体的"社会场景"。最后，知识是价值中立的。知识是客观事物或"实在"的正确反映；知识是以人的感觉经验为基础，以人的理性原则为形式；知识是得到了普遍的经验证实或逻辑证明的，而证实的证据和逻辑规则都是超越个体和社会的；知识陈述所运用的一些规则、概念、符号、数字、关系等都是价值中立的。尽管自然科学知识和技术对人类社会的进步有着突出的贡献，但我们为此也付出了沉重的代价。马克思曾对此精辟总结道："在我们这个时代，每一种事物好像都包含有自己的反面。我们看到，机器具有减少人类劳动和使劳动更有成效的神奇力量，然而却引起了饥饿和过度疲劳。……技术的胜利，似乎是以道德的败坏为代价换来的，随着人类愈益控制自然，个人却似乎愈益成为别人的或自身的卑劣行为的奴隶。甚至科学的纯洁光辉仿佛也只能在愚昧无知的黑暗背景上闪耀。"③

4. "后现代"的知识

科学的知识将人类的精神生活从形而上学和宗教神学的桎梏中解放出来，促进了人类知识和文明的进步，但同时又将人们陷入科学知识的牢

---

① 石中英：《知识转型与教育改革》，教育科学出版社2001年版，第133页。
② 同上书，第137页。
③ 《马克思恩格斯全集》（第12卷），人民出版社1962年版，第4页。

狱，给人类社会带来了巨大的危机。后现代学者对此进行了深刻的反思和批判，认为科学知识就像历史上曾经出现的神话知识和形而上学知识一样，一旦形成就染上了偏执的、霸道、唯我独尊的毛病，开始谈论知识与权利（福柯）、知识与利益（哈贝马斯）、地方性知识的合法性问题。后现代学者认为知识不仅仅是一个由可判断真伪命题构成的体系，也不可能仅凭逻辑来描述和论证。在知识经济时代，知识总是与获得者和使用者的能力和素质相伴随的。纵观人类文明史，根本不存在纯粹的是理性或是经验，仅就理性而言，理性也不是单一的，而是多元的。理性不是孤立存在的，它与文化、社会之间也存在密切的关系。知识总是受社会价值需要引导而生成。不仅所有的知识都是受着价值引导，就是知识本身也体现着一定价值要求，无论是社会和人文知识领域还是自然科学领域都是如此。这一点在人文社会领域表现尤为明显，因为在该领域，不存在纯粹的事实与观察，有的只是价值建构的事实和价值引导的观察。即使在自然科学领域，知识与价值也是不可分离的，只不过它们之间相对比较隐蔽一些。此外，在知识传播过程中，知识的传播总是受到社会总体权力的限制，体现知识的价值关涉性。人们不再相信知识的永恒性，更愿意把它理解为一种行为、一个动态的过程。总之，后现代学者关于知识问题的基本观点是："①知识不仅是文化的要素，而且是文化的产物。人类文化形态的多样性决定了人类知识形态的多样性。②在知识与认识者的关系上，不存在纯粹的和抽象的认识者，有的只是在具体的社会历史文化环境中生存的认识者"。[①] 因此，所有认识结果都不能不打上社会历史文化的印记。总之，在后现代学者看来，"知识已经不是一种静止的东西、一种符号化的陈述，而是一系列的标准、测验、机构和行为方式；已经不是一种理性沉思的结果，而是一系列社会权力关系运作的结果。"[②]

（二）认识对象的角度

从认识对象的角度可将知识分为自然科学知识、社会科学知识和人文科学知识三种。但也不是没有分歧，如河南大学的陈洪澜教授就将知识分为"宇宙学知识、自然科学知识、社会科学知识和人文科学知识"[③] 这样四大类。按照人类认识对象进行知识分类既考虑了认识对象的不同，又考

[①] 石中英：《知识转型与教育改革》，教育科学出版社 2001 年版，第 81 页。
[②] 同上书，第 19 页。
[③] 陈洪澜：《知识分类与知识资源认识论》，人民出版社 2008 年版，第 97—100 页。

虑了认识方法的差异,是一种相对比较全面和合理的分类形式。自然科学知识主要反映的是人们对自然界的认识,即人们关于自然界各种物质现象的本质及其运动规律的认识。社会科学知识是指人们关于社会世界的认识。人文科学知识是指人类关于信仰、情感、道德和美感等方面的认识,是关于人类精神现象的知识体系。自然、社会、人文这三种世界的构成要素不同,因此,对这三种世界的认识方法也必然要有所区别。自然科学知识主要通过对纯粹物质事实与事件的观察和试验的方法获得;社会科学知识主要是通过对渗透着价值的社会事实与事件的观察、个案分析、价值研究的方法获得;人文科学知识则主要通过对各种具体价值规范及其历史实践的总体批判与反思获得。[1] 也正是由于这种对象与方法上的不同,在相当程度上就决定了三种知识在性质上的基本差别。

(三) 知识的主体角度

从本质上来说,知识是人们对客体的能动反映。但在特定的时空背景下,每个人实际上都具有相对于其他人的某种优势,每个人都掌握着其本人可以利用的独一无二的经验和信息,而基于这些经验和信息的决策以及行动只能由其本人主导,或只能由其本人积极参与实施,这些经验和信息才能被有效地利用。那么,个人的经验和信息与整个社会的知识体系究竟是一种怎样的关系呢?在《人类的知识》(Human Knowledge)一书中,罗素将知识分为"个人的知识"与"社会的知识"并对其进行了深入细致的考察。[2]

在罗素那里,个人知识是指个人从自身的亲身经历中所得到的,带有主观因素的,有着个人独特理解、感受和体验的知识。英国20世纪著名的物理化学家、思想家波兰尼(Michael Polanyi)指出"所有科学知识都是个体参与的。或者说,所有科学知识都必须包含个人系数",[3] 知识一方面具有个体性、私人性;另一方面知识又具有主体间性、交互主体性,即公共性。公共知识是实践主体交往活动的主观化结果,是交往实践主体对于同一问题所达成的共识,是交往实践主体认识成果的社会(化)承认。当我们谈论个人知识时,更主要的是在强调知识的主观性、个人性、

---

[1] 石中英:《知识转型与教育改革》,教育科学出版社2001年版,第281页。
[2] [英]罗素:《人类的知识——其范围与限度》,张金言译,商务印书馆1983年版。
[3] Michael Polanyi, *Persnal Knowledge: Toward a Post - Critical Philosophy*, London and Henley: Routledge & Kegan Paul, 1958: 17.

私人性和个体建构性，旨在从心理、精神、意义、价值的层面上来阐发知识的不确定性、相对性、特殊性和差异性。当我们谈论公共知识时，更主要的是在强调知识的客观性、社会性、开放性和社会建构性。个人知识与公共知识都具有其自身的多种存在形态和基本特征。如果说，个体知识具有其文化性、境域性、价值性的话，公共知识则具有其客观性、普遍性、中立性等特征。同样，如果说个体知识因其主观、感性、动态鲜活而具有个（私）人性、内隐（在）性、自主性的话，公共知识则因其理性、客观、静态固化而具有社会（开放）性、外显（在）性、依赖性等特征。①

（四）呈现方式的角度

从知识呈现方式的角度，我们将知识分为隐性知识和显性知识。在罗素看来"知识是一个远远不及通常所想的那样精确的概念，它在不用文字表达的动物行为中扎根之深超过了大多数哲学家愿意承认的程度"。② 1958年，波兰尼在《人的研究》一书中明确指出："人类有两种知识。通常所说的知识是用书面文字或地图、数学公式来表达的，这只是知识的一种形式。还有一种知识是不能系统表达的，例如我们有关自己行为的某种知识。将后一种知识称为隐性知识或缄默知识。"③ 他曾举例说我们可以在成千上万张脸中一眼认出我们所认识的那张脸，但我们通常说不出究竟根据什么符号来认识的，不能言说但又实实在在存在的这种知识就是隐性知识。事实上，"隐性知识在我国古代的儒、释、道、禅等各派的学说中已有大量的论述：如《周易》中的'书不尽意、言不尽意'；老子的'道可道、非常道，名可名，非常名'；孔子的'默而识之'；庄子所说的'书不过语，语有贵也。语之所贵者，意也，意有所随。意之所随者，不可以言传也。'等说的都是隐性知识"。④ 只是在现代科学知识的强势霸权下，它很难发出自己的声音而已。波兰尼进一步研究认为，与显性知识相比，"隐性知识有以下几种特征：第一，不能通过语言、文字或符号进行逻辑说明；第二，不能以正规的形式加以传递；第三，不能进行批判性反

---

① 余文森：《个体知识与公共知识——课程变革的知识基础研究》，博士学位论文，西南大学，2007年。

② ［英］罗素：《人类的知识——其范围与限度》，张金言译，商务印书馆1983年版，第8页。

③ Michael Polanyi, *The Study of Man*, London: Routledge & Kegan Paul, 1957: 12.

④ 陈洪澜：《知识分类与知识资源认识论》，人民出版社2008年版，第32页。

思";①第四，是一种不能脱离认知主体的思维和实践智慧。新近的研究又把"隐性知识分为技术性的隐性知识和认识性的隐性知识。技术性的隐性知识是指主体已意识到自己拥有但限于表达能力而难以说清楚的知识。认识性的隐性知识是指平时深藏于我们的潜意识中，却在不知不觉地使用的知识"。②这些研究充分说明了隐性知识存在的现实性和合法性。与隐性知识相对，显性知识是指能够通过教育传播、能够用语言文字等加以说明和能够进行批判性反思的知识。

（五）影响范围的角度

从知识的影响范围角度来看，将知识分为普适性知识和地方性知识。普适性知识，就是普遍认可的知识，它是人类知识中"公约"的知识，具有客观性、真理性和价值中立性等特点。在知识发展的长河中，人类总在追求一般、普遍和整体性的知识，并通过概念、命题、真理及规律等来表达这种知识，这就形成了普适性知识的盛行。③地方性知识是与普适性知识相对应的一种知识形态，是指个别的、特殊的、多样的和不断生成的知识，它表现为感觉、知觉、现象及意义等，差异性与多样性被视为地方性知识的应有属性。

地方性知识往往是主体参与的、在特定人文情境和范围内生成、确认并得到辩护的知识，它具有民族性、地方性、情境性及缄默性等特点，同时也存在着"场域合法性"问题。它否认放之四海而皆准的、普遍主义的知识。地方性（local）不仅是在特定的地域意义上说的，它还涉及在知识的生成与辩护中所形成的特定的情境（context），包括由特定的历史条件所形成的文化与亚文化群体的价值观，由特定的利益关系所决定的立场和视域等。地方性知识理论认为，知识的生成总是在一个局部的地方性的文化语境下实现的。所以对知识的辩护只能伴随着知识的生成过程来进行，任何独立于知识生成过程的辩护都是无效的。地方性知识来源于地方人对自身所处的自然、人文、社会环境的认识，是地方人长期总结出的处理人与自然、人与人、人与社会之间关系的一些规则和策略，也可以说地方性知识是地方人的一种实践智慧，它有效地解决了地方人所面临的自然环境和人文环境中存在的问题，对地方人的生存和发展有着不可替代的价

---

① 石中英：《知识转型与教育改革》，教育科学出版社2001年版，第224页。
② 陈洪澜：《知识分类与知识资源认识论》，人民出版社2008年版，第66—67页。
③ 王鉴、安富海：《知识的普适性与境域性：课程的视角》，《教育研究》2007年第8期。

值。鉴于此，本书认为，首先，地方性知识首先应是一种本土性知识；其次，地方性知识还是一种主体参与的知识；再次，地方性知识对地方人的生产生活具有不可替代的价值和意义；最后，地方性知识以整体的方式融入地方人的生活之中。也就是说，哪里有地方人的生活，哪里就有地方性知识。

第二节 地方性知识

> 就实践而言，人都是地方性的。
> ——霍姆斯

一 地方性知识提出的背景

（一）对普遍主义知识观的怀疑与批判

普遍主义知识观是一种以抽象人性论为依据，以绝对的普遍性为方法论的唯心主义知识观；是一种忽视文化因素和时空条件的霸权主义知识观。20世纪以来，启蒙的理性主义和科学主义屡屡受到人们的质疑：工具理性、科技异化、环境危机、冷战、核威胁……人们不仅意识到科学技术是一把"双刃剑"，而且20世纪70年代兴起的"知识社会学"和80年代盛行一时的后现代主义更是深深地动摇了传统科学在人们心目中作为真理化身的地位。从理论上说，知识产生于客体与一定主体发生关系的过程中。因此，我们不可能抛开主体去空谈知识特别是普适知识。人的主体形态又不是抽象单一的，而是具体的、多层次的、多样化的。每一个个体（包括个人以及团体、民族、国家等共同体），都以一定的方式存在并成为独立的主体。这些主体在生存环境、意识形态和文化传统上存在的差别，以及其生活方式和活动内容的不同，构成了主体多样化的现实。而尊重、确立多样化、多层次性的主体地位，肯定他们的文化传统与现实利益的差别，承认特色和不同，是文明社会的基本准则。也就是说，这些特定的主体并不能简单地靠某种强力"统一"起来。

事实上，对于普遍主义知识观的怀疑和批判并非始于今日，早在普遍主义知识观形成时就有人提出质疑。18世纪法国著名启蒙思想家卢梭就曾对科学的进步能否促进道德的进步做出了否定性的回答。19世纪下半叶,当普遍主义知识观从自然科学领域向其他知识领域扩展的时候,德国的思想家狄尔泰提出了"精神科学"或"人文科学"的概念。从历史理性的角度出发,探讨精神科学或"人文科学"的方法论,以便阻止自然科学的研究范式向历史、文学等人文社会科学领域扩张。格尔兹不无讽刺地把一元化知识时代的社会科学称作"社会物理学",旨在警示人们,社会生活和文化现象本来就不能像物理现象那样用机械的因果模式去处理。对普遍主义知识观的质疑伴随着20世纪自然科学的革命性发展不断展开,在20世纪下半叶达到高潮。人们进一步认识到,所谓"知识",是随着我们的创造性参与正在形成中的东西,而不再是什么既成的,在任何时间、场合都能拥有并有效的东西。人们同时也认识到,知识的主体也既不是单一的个体,更不是什么普遍的人类性,而是特定时间和场合中具有连带关系的共同体。知识在本质上不是一系列既成的、被证明为真的命题的集合,而是活动或实践过程的集合。活动不只是在思维中进行,更主要的是在语言交往、实验,乃至日常生活中进行着的。知识的有效性问题归根结底是一个主体间性的问题。

20世纪首先对普遍主义知识观进行质疑和批判的是知识社会学。在知识社会学代表人物舍勒看来,人远非抽象的、纯粹的认识主体,而是具体的。社会的认识主体,如果离开了社会条件,人所有的知识都是不可能的。所有的知识都是受到认识者所处的社会条件,特别是社会阶级和意识形态的制约,从来就没有哪一种知识能超越这种社会条件。如果忽略了社会条件,任何形式的思想和知识都不能得到充分的理解。一个人处于不同的历史和社会情境就会获得不同的视角,从而深刻地影响到他的思想过程,影响到他所产生的知识范畴与形式。

知识社会学主要从知识与社会历史条件的联系出发对普遍主义知识观进行质疑和批判。而科学哲学则主要是从自然科学内部对科学知识观进行了深入的批判。其代表人物波普尔和费耶阿本德认为,所有的知识,不仅仅指科学知识,一切知识都是"猜测性知识",都是人们对于某些问题所提出的暂时回答。都需要在以后的认识活动中不断地加以修正和反驳。普遍主义知识观所谓的"终极解释"、"一劳永逸"没有现实依据。那些宣称科学知识是客观的、确定的和终极解释的人制造了认识论上的权威主义。这种普遍主义知识观从"认识论的角度把社会分为两部分:一是拥有真理或发现真理能力的高贵的部分,一是只能分享真理缺乏发现真理能力的低贱的部分"。① 科学哲学就是通过结构近代以来形成的科学知识观来将认识的权力从少数知识精英那里解放出来，归还给个人。除了知识社会学、科学哲学、现象学、分析哲学等都参与了这场对人类发展具有重要意义的斗争。维特根斯坦、利奥塔、哈贝马斯、福柯等都是这方面的主要代表。虽然他们是从各自的领域出发对普遍主义知识观进行批判的，但他们都认为："我们"的知识体系是"我们"生存和发展历史的产物，和我们的社会历史结构有着密切的联系。

（二）文化多样性意义的重视

文化的多元并存是人类社会得以存在和发展的根本要求。人类社会同地球生命体系一样，都是具有自组织能力的复杂体系。对于这种复杂体系而言，其间构成的层次越多，构成单元越复杂多样，越能保持稳态延续。中国改革开放以来的经济高速发展是以生态环境严重破坏为代价的，这一观点已被社会所广泛接受。然而，中国社会高速发展的经济与社会一体化的进程，也导致了中国民族文化多样性的迅速丧失。民族文化多样性不仅是中国几千年历史形成的一笔巨大财富和资源，而且，也是整个人类的财富和资源。民族文化的多样性应被视为人类进步的象征。但是，中国民族文化的趋同化和多样性的丧失，却没有像生物多样性保护那样引起政府和社会的普遍重视。特别是人口处于 10 万人以下的 22 个小民族如西北的多项、撒拉、保安；西南的基诺、傈僳、水族；东北的赫哲、鄂伦春、鄂温克等民族。其传统文化的丧失正在呈加速状态。大家也都同意，文化的多样性对于人类就像生物的多样性对于人类一样重要和必不可少。生物学研究早就告诉我们，内涵基因之类型越多的生物，就越能适应各种环境的变异，越有生存和发展的机遇。"只有在文化上是多样的，才可能是可行的；一致性在人类领域里可能像在自然领域里一样是有害的。"②

中国是一个由 56 个民族组成的中华民族的大家庭。每个民族都有其由历史形成的独特的文化背景。包括不同的语言、文字、风俗习惯、宗教、建筑艺术、服饰、音乐、舞蹈、戏剧、绘画、医学、生活方式、体育、节日庆典等。保护好我国民族文化的多样性，在我国的政治、经济、文化、社会生活中有极其重要的意义。①从政治角度看，可以反击西方某

---

① 石中英：《知识转型与教育改革》，教育科学出版社 2001 年版，第 73 页。
② ［美］欧文·拉兹洛：《决定命运的选择》，李吟波等译，生活·读书·新知三联书店 1997 年版，第 121 页。

些媒体的政客鼓吹的汉族正在同化少数民族的谬论。②从经济角度看,旅游将成为一项巨大的产业,民族文化多样性正是开放国内外旅游产业的丰富资源。应将保护民族文化多样性与国家西部开发战略有机结合起来,这样既可以避免西部少数民族地区在经济现代化过程中自然生态环境遭到进一步破坏,又可以利用民族文化多样性的资源优势形成具有发展潜力的新兴旅游产业。③从法律角度看,可以真正落实《民族区域自治法》,形成各民族政治上平等、文化上繁荣、经济上共同进步,各民族安居乐业、族群不分大小和睦相处的社会政治局面。④从文化上看,每个民族独具特色的传统文化的形成都经历了数百年或上千年,人类文化的多样性的丧失和生物多样性的丧失一样,人们很难加以复制。因此,保护好中华民族大家庭中的各族群文化的多样性,不仅是对中华民族的贡献,更是对整个人类社会的贡献。① 2001年11月2日联合国教科文组织大会第31届会议通过的《世界文化多样性宣言》认为"文化多样性是交流、革新和创作的源泉,尊重文化多样性、宽容、对话及合作是国际和平与安全的最佳保障之一"。②

(三) 地方性知识价值的彰显

地方性知识价值的发现应该归功于早期人类学的研究。地方性知识研究的兴起主要有两个方面的原因。一是地方性知识内在价值的发现,与地方社会对地方经济社会发展重新思考有关。地方性知识构成了地方社会文化传统的核心,在地方社会的各方面建设中都起着基础性作用。普遍主义知识观使地方性知识一直处在被压迫的状态之中,地方性知识不断丧失或边缘化必然导致地方社会文化价值体系的崩溃和传统生活方式的解体。这就从根本上破坏了地方社会综合发展和可持续发展的条件,使地方社会成为一种最终不可能获得实质性发展的单纯经济或政治过程。地方社会要想获得真正意义上的发展,必须首先深入了解地方社会所面临的问题及其深层次的根源,这些问题及其根源只有地方人将其放在地方文化的框架内才能得到正确的认识和合理的解释。地方社会的发展相对滞后不是单纯技术方面的原因,而是有着深刻的观念或文化因素。人们逐渐认识到,只有地方性知识真正被利用和发展起来,地方人才可能成为自己发展的主人,地

---

① 滕星:《族群、文化与教育》,民族出版社2002年版,第349—350页。
② 范俊军:《联合国教科文组织关于保护语言与文化多样性文件汇编》,民族出版社2002年版,第99—100页。

方社会也才能获得真正意义上的发展。当然,这并不是说地方性知识对于地方社会的发展已经足够了,不需要甚至反对外来的共识性的知识,只是在强调地方性知识在发展地方社会的不可替代的重要作用。二是地方性知识外在价值的发现。近年来,地方性知识能够受到国际社会尤其是西方社会的重视,与地方性知识的商业价值有很大的关系。"在全世界各个地区不同的地方性知识传统中,保存了大量的对于西方社会来说有很大商业价值的东西。这种价值体现在两个方面:一方面,地方性知识可以使西方社会更好地了解作为西方商品市场的地方社会,从而为他们制定更为有效的商业生产或营销战略提供前提条件。另一方面,地方知识中包含了大量的可以进行商业开发和利用的东西。"① "从发展中国家所采集的15种主要农作物的基因平均每年单为美国就带来了超过500亿美元的巨额收入。有人粗略地估计,美国医药收入的四分之一直接或间接地得益于本土栽培或生长的药用植物。20世纪90年代初,全球每年医药销售收入平均每年至少高达130亿美元。根据保守估计,其中至少共有320亿元来自本土人民的传统医药。"②

二 地方性知识的内涵及特点

地方性知识最常用的英文表述是"local knowledge",但与之互用的词很多常见的有:"indigenous knowledge"(本土知识),"folk knowedge"(民间性知识),"native knowledge"(本地知识),"aboriginal knowledge"(土著知识),"traditional knowledge"(传统知识)等。学者们普遍认为,"local knowledge"较全面地概括了地方性知识的丰富内涵,也有反对意见。③ 在许多学者看来,"地方"(local)是以祖先领地(ancestral territory)和共同文化(common culture)为核心内涵的,这就把地方性知识(local knowledge)的概念植入了"地方"复杂的历史和文化多样性背景之中,难以简单界定。长期以来,对地方性知识的把握,存在两种相反的取向:一是把地方性知识概念泛化、政治化;二是忽视、压制地方性知识,认为地方性知识在科技时代已经死亡、终结。学术界大多走的是第三条道

---

① 石中英:《知识转型与教育改革》,教育科学出版社2001年版,第334—335页。

② Viergever, M, *Indigenous Knowledge: an Interpretation of Views from indigenous Peoples*, New York and London: Falmer Press, 1999: 338.

③ Paul. D., Sillitoe, "The Development of Indigenous Knowledge: A New Applied Anthropology", *Current Anthropology*, 1998, 39 (2): 223 – 235.

路,即主要从肯定地方性知识的实践价值出发,力图在政治中立的层面上去理解和把握地方性知识的含义。然而,这种理解方式不可避免地淡化了地方性知识的权力维度,掩盖了地方性知识的历史负荷。

本书认为,应从知识、权力与发展相互关联的视角去理解和把握地方性知识,这样既能反映出地方性知识在当代兴起的历史根源和时代背景,又能顾及地方性知识的应用价值。因为从认识论的角度讲,地方性知识不仅是后现代知识转型的产物,同时也推动了后现代知识的转型,促进了人们对于"知识"和"文化"关系的深入思考,最终确立了"知识境域化"(contextualization of knowledge)观念。知识并不是由科学家们在纯粹、客观、价值中立的理想状态中"发现"并且"描述"出来的绝对真理,而是在文化、社会等特殊环境因素的影响下"建构"出来的。这就是说,普适知识是不存在的,存在的是特殊条件下的具体的科学知识。鉴于此,我们将地方性知识界定为:在一定的情境(如历史的、地域的、民族的、种族的等)中生成并在该情境中得到确认、理解和保护的知识体系,"地方性"或者说"局域性"涉及在知识的生成与辩护中所形成的特定情境(context),包括由特定的历史条件所形成的文化与亚文化群体的价值观,由特定的利益关系所决定的立场和视域,由特定的认知偏好对外部事物的解读等。我们不同意普遍主义知识观,但承认一定范围内、一定时空和文化背景中的普适性知识。一定时空和范围的普适性知识不是脱离个体而独立存在的抽象共相,而是在人类发展的过程中逐渐形成的对某些问题或事物的一致性认识。需要说明的是:这些一定时空或范围内的普适性知识也是不断变化和发展的。

在一个多民族、多元文化的国家中,地方性知识常常是和多元文化分不开的,相对于一个国家中的主流文化而言,各少数民族的文化基本都成了地方性知识,是各少数民族在某一地区与自然的相互作用过程中所形成的认识和实践智慧,必须在各民族的文化框架内才能得到理解。从地方性知识的实践价值出发,可以归纳出地方性知识的一些基本的特征:①地域性。地方性知识是特定地理区域内原住民处理人与自然的关系,创造生存手段,获取生存条件的知识。②整体性。地方性知识根植于原住民社区的社会理想和实践、制度、关系、习惯和器物文化之中,是传统文化的重要组成部分。③授权性。地方性知识对地方人的活动有一定的约束和规范,这种约束和规范使得地方人的生产生活秩序井然。④实用性。地方性知识与地方人的生产生活、社会活动等融为一体，是地方人的实践智慧。地方性知识能使地方人更有效地进行农业生产、生物多样性保护、自然资源管理等活动。

三 地方性知识的价值

从广义上讲，地方性知识是一定地域的人民在长期的历史发展过程中通过体力和脑力劳动创造的，并不断积淀、发展和升华的物质和精神的全部成果和成就，包括物质文化和精神文化。它反映了当地的经济水平、科技成就、价值观念、宗教信仰、文化修养、艺术水平、社会风俗、生活方式、社会行为准则等社会生活的各个方面。狭义的地方性知识专指地方的精神文化。作为一种经过长期创造、积淀和传承的宝贵的精神财富，地方性知识有其鲜明的地域特色、独特的价值和丰富的内涵，生存其间的每一个个体总是天然地与本地域的文化有着千丝万缕的内在联系。人种学的研究表明，社会化意味着个人适应社会及其文化，而且这种适应过程也是受社会文化影响的。[1] 个体疏远了自身存在的文化形态，必然影响其社会化进程。因此，不管是从一个地方乃至一个民族的延续，还是个体的生存、发展的需要出发，保护、传承地方文化都非常重要。事实上，任何民族的文化传统都包含两个方面，一方面是精英文化，或称典籍文化；另一方面就是民间文化。我们所说的地方性知识不仅包括民族文化中的精英文化，还包括民族文化中的民间文化。地方性知识不同于经史子集、皇家经典、宗教精华等中国的格致和阳春白雪，它存在于地方人的生活起居中，是一种生活的文化、百姓的文化、世俗的文化。这种地方性知识是中国文化的源头和根基，是原生态的文化，是民族个性特征与独特精神的表征。它蕴含着民族本源文化、本源哲学、本源艺术的基因和多姿多彩的具有极强生命力的民族语言，属于全人类文化遗产，对地方人生存生活、地方经济社会的发展乃至整个人类的生存和谐地、持续地发展均具有重要意义。

（一）生态保护价值

人与自然的关系是从一种两分式的结构方法入手，将世界各民族的文化建构理解为生物性与社会性的结合。从生物性角度出发，人类作为地球上的一种生物物种，其民族文化建构的初衷必然要与所处的自然生态系统建立物质、能量和信息交流的关系，使该种文化所维系的个人或群体不断

---

[1] ［奥］茨达齐尔：《教育人类学原理》，李其龙译，上海教育出版社2001年版，第71页。

地与自然生态系统相适应。一切地方性知识都是特定民族文化的表露形态，相关民族文化是在世代调试与积累中发育起来的生态智慧与生态技能，都完整地包含在各地区的地方性知识之中。从这个意义上说，地方性知识必然与所在地区的生态系统互为依存，互为补充，又相互渗透。相比之下，普适性知识则不可能具备如此强的针对性。若能凭借生态人类学的理论与方法，系统发掘和利用相关地区的地方性知识，一定可以找到对付生态环境恶化的最佳办法。如果忽视或者在无意中丢失任何一种地方性知识，都意味着损失一大笔不可替代的生态智慧与技能。① 发掘和利用一种地方性知识，去维护所处地区的生态环境，是所有维护办法中成本最低廉的手段。地方性知识并非孤立地存在，而是与当地社会的生产和生活有机地结合在一起。当地人在其日常活动中，几乎是在下意识的状况中贯彻了地方性知识的行为准则，地方性知识中的生态智慧与技能在付诸应用的过程中，不必借助任何外力推动，就能持续地发挥作用。② 由于不必仰仗外来的投资，而是靠文化的自主运行去实现目标，因此这是一种最节约的生态维护方式。

  中国不同的乡土社区或族群社会在长期的社会实践中根据各自的生态特点创造了丰富的生态保护的相关知识。这些知识在保护生态环境，维护生态安全上能够发挥重要的作用。中国少数民族多具有人与自然和谐相处和生态平衡的观念与认识，在生态制衡上有许多有效的乡土措施。如藏族的禁忌在制止和预防潜在的危险，保护人类生存中发挥着举足轻重的作用。藏区牧民全民信仰藏传佛教，亦留有苯教的精神内容，其大多禁忌与宗教信仰有关，主要表现为对神圣物的禁忌。①神山禁忌。禁忌在神山上挖掘、采集、砍伐、打猎，禁忌伤害神山上的兽禽鱼虫，禁忌以污秽之物污染神山，禁忌在神山上打闹喧哗，禁忌将神山上的任何物种带回家去。②神湖禁忌。在藏区，山神作为自然的最高神之外，其下方的河或湖泊都存有神灵。神湖的禁忌体现了藏区对水资源的珍视。河泉湖泊是高寒干旱地区的珍贵物，为了保持水的纯净和神圣，禁忌向湖水、泉水、河水中便溺、倾倒脏物和污秽之物，禁忌捕捞水中的动物。③"活地"的禁忌。高原牧人信念中，土地草山养育着一切生灵，凡未被挖掘的草地是"活

---

① 古川：《民族生态：从金沙江到红河》，云南教育出版社2003年版，第26页。
② 尹绍亭：《人与森林：生态人类学视野中的刀耕火种》，云南教育出版社2000年版，第128页。

地"、"健康之地",是有生命力的土地;被挖掘了草皮的土地则变为"死地"。因为一挖即"破",剥去了大地的皮肤,破坏了自然的圆满与完整,所以在藏族游牧区严守"不动土"的原则,严禁在草地上胡乱挖掘。④神鸟神兽禁忌。在藏区多有天葬的习俗。因为鹫鸟类是天葬中的主要角色,被视为帮助人灵魂升天的神鸟,所以禁忌打杀鹫鸟、神鹰等,其他飞禽也因身处神圣的自然界亦受到禁忌保护。牧民一般禁忌捕捉飞禽,甚至禁忌惊吓鸟类、拆坏鸟窝、驱赶飞鸟,禁忌食用鸟类及其禽蛋。广西有些地区以蚁除蛀养柑已传承了数百年,他们观察到柑子树无蚁者多蛀或黑蚁食柑的现象,投黄蚁于树上,以黄蚁食黑蚁,保护了柑子树。① 有些民族关于树种繁育与动物采食关系的知识,显示了社区或族群生态保护的智慧。我国甘肃和宁夏的毗邻地带生长着一种苦杏树,落地的苦杏果往往被猪采食。由于杏核十分坚固,因而在猪的消化道里不会被消化,而是随猪粪排出体外。这些杏核中的杏仁会在猪粪中发育成苗,移栽这些杏苗就能扩大苦杏林面积。当地居民早就认识到了这一现象,并在早期一直采取这种办法繁育和移栽苦杏树,在当地的生态保护中发挥了重要的作用。生息在青藏高原和云贵高原连接地带的彝族是一个农牧兼营的民族。他们的农田和牧场均实行轮歇交替使用,在同一地段实施混合耕作。他们的畜群也实行多畜种混群放牧。由于他们的生息地山高谷深,因而放牧要随季节变化上下转场。夏天在山顶放牧,河谷种植作物,冬天则转移到河谷滩地放牧,山顶种植越冬作物。这一套地方性知识和技能能确保当地长出的各种草本植物或灌木均能得到有效而均衡的利用,并在任何时候都能保证地表的植被覆盖率不低于80%。这里的水土流失十分严重,但凭借这一套知识体系的运作,可以做到高效产出和生态稳定两全其美。② 20世纪60年代以后,由于一些汉族居民为了追求短期的经济利益,从猪粪中拣出苦杏仁核,剥出杏仁出售,供作药材和食品,使苦杏林大大减少,给当地的生态保护带来了重大压力。有研究者以西南苗族和瑶族的石灰岩山区"石漠化"生态救治为例,分析了生态恶化的原因,深入研究了当地苗族和瑶族的传统文化中对生态资源的利用的特点。认为只有利用地方性知识才

---

① 柏贵喜:《南方山地民族传统文化与生态环境保护》,《中南民族学院学报》1997年第2期。

② 杨庭硕:《地方性知识的扭曲、缺失和复原》,《吉首大学学报》(社会科学版)2005年第2期。

能有效保护石灰岩山区"石漠化"生态。只有不适应的文化，没有天生脆弱的生态系统。关键在于，只要我们能够有效地排除当地民族传统文化中被扭曲的那些内容，同时发掘并归纳总结他们的生态智慧和生态技能，让这些民族的传统文化尽快地实现调适重构，适应改变了的内外社会环境。文化中暂时被抑制的生态调适潜力就会被激活，重新适应这里的特定生态环境，就能完成具体的生态救治措施。① 近年来，这方面的个案研究越来越多。2004年5月在贵阳还召开了"传统知识与社区林业"为题的研讨会，对相关问题进行了集中的讨论。至于利用轮歇与游耕、建造梯田、兴修水利乃至通过栽种女儿杉等将生态保护纳入民族仪式的文化行为不胜枚举。虽然地方性知识在生态保护上不是全能的，但它可以弥补生态环境保护过程中现代技术、法律、经济或行政等手段的不足。②

据此，可以作这样的总结：外来力量或外部社会环境对文化各层面所施加影响的位置越高，相关民族文化的传承受到的破坏越大。事实证明，我国自然背景与生态背景复杂多样，只有凭借多样并存的生态知识，去分别利用不同的生态资源，才能确保资源利用与生态维护的协调，可持续的发展才会成为可能。生态环境蜕变的原因并不单是利用过度的问题，更多的是利用方式上的失误。传统生态知识、地方自然资源管理系统长期对保护和可持续利用自然资源提供了更加有效的策略和环境效益。地方性知识在开发地方生态系统以发展低投入的可持续农业，具有不可替代的作用。

(二) 医学价值

地方性知识在医药学方面也具有极高的利用价值。RAFI估计，大约有1/3的世界人口缺乏支付现代医药的基本能力，对这些人而言，享受现代医疗是不现实的。相反，传统医药具有广泛的有效性和可支付性，使处在边远地区的大多数平民受益，估计约有80%世界人口在不同程度上使用地方性知识提供的医疗手段。③ 乡土社区或族群社会在长期的社会实践中总结了许多关于生命病理、生物药用及其两者对应关系的知识体系与经验，形成了大量独特的关于疾病诊断与治疗的土方、单方、验方、民间疗法与疗技，以及妇幼保健、儿童养育与营养等方面的乡土办法与习俗。

---

① 游俊、田红：《论地方性知识在脆弱生态系统维护中的价值》，《吉首大学学报》（社会科学版）2007年第2期。
② 杨庭硕：《论地方性知识的生态价值》，《吉首大学学报》（社会科学版）2004年第3期。
③ http://www.etcgroup.org.

这种基于生存环境和文化传统的乡土医药知识千百年来一直在乡土社区或族群社会的医疗保健中发挥着积极的，甚至是难以替代的作用。我国各民族都有自己独特的不同于西方医学的传统医学知识，大致包括三个组成部分，一是古今居主流地位的中医学，二是各个少数民族的传统医学（称为民族医学），三是既无医学理论体系又无民族文化背景的民间草医草药。这些传统医学知识有的已形成完整的知识体系，有的仅是民间的习俗与经验，有的甚至与宗教观念与祭祀仪式相互渗透，但它们都是中国乡土社会关于医药智慧的结晶。如蒙古族的安代舞蹈在治疗妇女的精神疾病中发挥着重要作用，这一事实在蒙医学史上都有记载，在运动—发汗—饮茶—舞蹈等活动中，发泄出心中的苦闷，达到治疗的效果。① 西方医学人类学对地方性的医学知识一直比较重视，许多跨国医药公司或科研机构也大量地利用乡土医药知识开发药物或生物制剂。过去，我国对中国传统医学的开发主要在中医方面，近年来，随着对民族医学价值认识的深入，民族医学的推广越来越普遍。由于民族地区具有多样性的生物资源和丰富的生物，特别是植物的药用传统，民族医药的研发及其因简便、廉价、灵验与生态性、天然性等特点被用于地方病与常见病的治疗渐成热点。据初步统计，我国民族药材品种达 8000 余种，其中有藏药材 1908 种，蒙药材 1342 种，维药材 600 余种，傣药材 1200 余种，彝药材 1000 余种，苗药材 500 余种，壮药材 1986 种，瑶药材 1392 种（其中植物药 1336 种），土家族常用药材 600 余种等。虽然，国内已研发了诸如云南白药（彝药）、舒洁药物文胸（壮药）、仁青常觉（藏药）等特效药，但民族民间医药仍有巨大的利用空间。② 民族医药知识的地方性特征不仅表现在其自然属性方面，更表现在其社会属性方面。民族医药用自己的语言进行表达，用自己的哲学进行思维，用自己的信仰进行规范，因此民族医药内含着各民族的"文化语法"，负荷着各民族的"文化逻辑"，表达了"文化持有者的内部眼界"。在语言表述方面，各民族人民独特的感知方式形成了许多独特的概念词汇，如藏医中的"龙"、"赤巴"、"培根"，蒙医中的"赫易"、"希日"、"巴达干"等。

---

① 王军、董艳：《民族文化传承与教育》，中央民族大学出版社 2007 年版，第 230 页。

② 柏贵喜：《乡土知识及其利用与保护》，《中南民族大学学报》（人文社会科学版）2006 年第 1 期。

（三）调节人口与资源平衡的价值

一些地区的地方性知识还可以对人口和自然资源的平衡起到一定的调节作用。侗族的地方性知识就使得侗族所在区域的人与自然实现了和谐发展。每年的农历二月初一和八月初一，侗族人都要聚集起来举行剩余许愿仪式。仪式上寨老要讲述祖先的"法规"："祖先的地盘好比一张桌子，人多了会垮掉；一棵树上只能有一窝麻雀，多了一窝就会挨饿；山林树木是主，人是客；占里是一条船，有树才有水，有水才有船；树结果多树翻根，船载人多会翻船……"古老的"法规"被编成侗族大歌由寨老在前领唱，每唱一句，青年男女就应答一句，气氛十分庄重，寨老和青年都是一脸的严肃与虔诚。青年男女们向祖先许愿也用侗歌唱出，向祖先保证，向神灵起誓：终生只生两个孩子。侗族还有一种叫"换花草"的药，专门用来调节生男生女（一般第一胎不用服药控制，第一胎如果是男孩，则第二胎必须通过服药生育女孩；反之，如第一胎是女孩，第二胎也要通过服药生下男孩）。用这种方法控制生育。另外，他们还有专门用来避孕的草药。孟小军博士研究发现，2005 年占里村全村 168 户家庭只有 3 户人家因病或家境贫困只有 1 个男孩外，其余 165 户家庭均是生育 1 男 1 女。从 1952 年的 729 人降为 1990 年的 659 人。占里村长期以来人口一直保持在 700 人左右，生育水平处于一个恒定状态。另外，占里村从清代中叶以来，300 余年刑事案件发生率为零。[1] 地方性知识在侗族社会中的这些调节和约束作用，是国家政策和法律都望尘莫及的。

（四）调解民间纠纷的价值

乡土社会都有自己一套关于罪与罚、纠纷边界与纠纷方案等的知识，特别是在婚姻、财产与地权等方面，乡土"法"知识或民族习惯法的纠纷规则往往具有合理、入情的社会效应。美国文化人类学家克利福德·格尔茨（Clifford Geertz）在《地方性知识》（*Local Knowledge*, Basic Books, 1983）一书中所讲述的瑞格瑞格（Regreg）的故事，就是从法律的角度去研究地方性知识的价值的。这个生活在巴厘岛的不幸的人，因为妻子出走引起的愤怒而拒绝在社区中应尽的义务，最后导致被所在村庄、家族和直系亲属遗弃和驱逐，甚至一位来自正式权力系统、同时在当地信仰系统中

---

[1] 孟小军：《占里侗族和谐发展的教育实现方式及其启示》，《当代教育与文化》2010 年第 2 期。

兼具神圣性的高级地方官员的干预也未能改变当地人们对他做出的裁决。① 在中国民间，同样存在具有一定社会效应的合理、人情的纠纷规则及其实践传统。费孝通曾据孔子的语录认为，中国汉族民间社会具有"无讼"的特点，"在乡村里所谓调解，其实是一种教育过程"。② 这些用于教化之礼俗和纠纷之知识至今仍在中国乡土社会中被使用，发挥着不可或缺的功能，在部分少数民族的民间社会甚至发挥着主导功能。然而，在西方法律移植或法律现代化的过程中，由于对法理一致性的追求或对西方法理的推崇，中国法学界尚来不及思考法律本土化的有效途径或根本表现出对地方性知识的排斥，以致国家制定的法律呈现了对民间法完全替代的倾向。但在司法实践上，中西法文化和城乡法观念的矛盾不断展开。近年来，一些具有人类学知识背景的法学家和一些具有法学知识背景的人类学家开始重新思考乡土知识的纠纷价值，乡土调解文化传统已成为我国多元化纠纷体系中的重要一环，③ 还是实现中西法文化的整合，实行自上而下的法制安排，要使国家权威变成民众的真正需求，都不可避免地要关注并利用地方性知识在调节民间纠纷中的智慧。

四　生存论视角下地方性知识的教育价值

（一）认识论视野下知识与学习者关系的异化及其批判

认识论④向来是哲学领域关注的重要问题。"自17世纪开始，特别是18世纪以来，认识论在哲学中占了中心地位。认识论研究的内容越来越集中于知识及其确定性的问题，提出了寻找绝对可靠知识的任务，并试图把这种知识作为一切知识的出发点"。⑤ 这种知识就是自然科学知识。近

---

① ［美］克利福德·格尔茨：《地方性知识》，王海龙、张家瑄译，中央编译出版社2004年版，第232页。
② 费孝通：《乡土中国生育制度》，北京大学出版社1998年版，第56页。
③ 邓红蕾、胡海洋：《乡土社会调解的法律文化学思考》，《贵州民族学院学报》2004年第6期。
④ 在哲学上，"认识论"（epistemology）与"知识论"（theory of knowledge）两个范畴并无严格区分。有时"epistemology"也译作"知识论"，而"theory of knowledge"也译作"认识论"。如果说做一个相对区分，则前者"主要是指对认识活动的发生学考察所形成的相关理论学说，它包括对认识的来源、阶段、机制、方法等问题的研究"，而后者"主要是指对作为认识成果形态的知识的反思性学说，它包括对知识的本性、知识的标准、知识与其所指向的对象的关系、知识明证性的基础等问题的讨论"。黄颂杰、宋宽锋：《对知识的追求与辩护——西方认识论和知识论的反思》，《复旦学报》（社会科学版）1997年第4期。
⑤ 陈新汉：《我国认识论研究的几个生长点》，《复旦学报》（社会科学版）2000年第4期。

代以来，自然科学获得了突飞猛进的发展，为人类创造了巨大的物质财富，也因此取得了独尊的地位。自然科学知识成为人类知识的典范，它的方法也迅速地扩展成为一种形而上学，从而主导自身之外的心理学、教育学乃至哲学等领域。哲学成为自然科学的附庸，哲学认识论也只是围绕自然科学认识而展开，最终窄化为"科学认识论"。

　　科学认识论的问题域产生于主体和客体二元分立的思维框架和提问方式中，也是在这样的思维框架中来解决的。主客分立的二元思维框架存在明显的缺陷，主要表现在：第一，对认识活动的把握是直观的、机械的，即认识主体与客体、心与物、思维与存在之间是直接的二元关系。诸如"映象"说、"白板"说、先验论、第一性与第二性、决定与被决定、反映与被反映、可知或不可知等问题的提出和解决，无一不是在这二元分立的构架的两端来回梭巡，而且总是在这两端的某一端寻找一个最终的根源和答案。显然，这种把握方式没有深入到认识发生、发展的内在机制、中介环节、背景条件等更为复杂的结构，因而无法回答诸如对象是如何被嵌入心灵的、认识的客观有效性和普遍必然性的根据何在等问题。第二，对认识活动的把握不仅是直观的，而且是抽象的、思辨的，即在一种纯粹无差别的主客体二元结构的条件中来考察认识现象，并试图从中抽象出普遍的认识规律和程式，而不是把认识活动和现象放置于具体的生活和实践的存在境域去考察它的生成和发展，它的具体历史性的意义和标准。第三，在思维取向上具有绝对性的特征，即在主客二分的认识构架中追求认识的绝对基础、绝对本质、绝对来源、绝对标准，致力于探究认识（知识、真理）的绝对普遍性、客观性、必然性、可靠性和明证性的方法和途径。[①] 可以说，"科学认识论的共同倾向是主体和客体之间的对立，即认识者的心灵和它所面对着的并试图加以认识的外部世界之间的对立。"[②]

　　从科学认识论的角度来理解知识的最大问题是容易导致知识的外在化。斯普朗格（Spranger E.）明确地指出：与人的生活和个体精神没有关联的知识是无生命的知识，知识必须转向人的内在精神才有意义。[③] 然而，科学认识论把人引向物，它专注于对自然的分析，以提高人征服自然的力量为最终目的。在科学认识论的视野里，知识是客观的真理，是一个

---

① 林默彪：《认识论问题域的现代转向》，《哲学研究》2005 年第 8 期。
② 穆尼茨：《当代分析哲学》，复旦大学出版社 1986 年版，第 4 页。
③ 邹进：《现代德国文化教育学》，山西教育出版社 1992 年版，第 70 页。

"被使用的世界",而非马丁·布伯所提倡的"我们与之相遇的世界",因而知识与"人的意义"毫无关联,知识只是人类征服世界的一个"在手的"工具。① 课程领域对知识的把握如果也只落在认识论的视域里,课程知识也就成了一个死的符号,然后被"打包装运"。儿童的心灵是这条"运输线"的终点,他的任务就是接受这些知识符号,以使自己变得更有"力量",不可思议的是,人们在用锻炼肌肉的方法来对待人的心灵。

科学认识论有以下几方面的特点。首先,它认为认识的目的就是获取关于客观对象世界的客观知识。其次,它把认识当成人生活的工具,而不是生活的内容,人凭借这种认识获得关于对象世界的知识,便于人类占有自然,改造世界,过上美好的生活。最后,它不是把主客体关系视为生活关系,而是视为处于一个二元对立的外在认识关系。

在科学认识论的影响下,知识与学习者的关系主要表现为一种二元对立的认识关系。认识关系是自启蒙运动以降,人与世界主要的甚至是全部的关系。在这一关系中人作为认识的主体,而世界则被作为认识的客体。二者之间构成了一种认识与被认识、改造与被改造、利用与被利用的关系。作为认识主体的人,为了达到对客观世界的所谓本质认识,而把自己抽象化,剔除了自己的情感和欲望,跳出了自己的具体生活情境,抽身于自己所处的生活历史、社会位置、价值主张之外,以"理性人"自封。而作为认识客体的世界,则被课题化了,课题化了的世界是从我们的生存境域中分离出去的世界,它是外在的、建立在机械论之上的死的物质,它处在我们的对立面,等着我们技术性地去操弄、去敲打、去研究。这种科学认识论"强行造成了人与周围自然界、自我与他人、身体与心灵之间的破坏性断裂。"② 人在不断推进对外部世界认识的同时,自己的精神世界却荒芜的一塌糊涂。人与世界的认识关系模式推演到教育领域,课程知识与学习者间的基本关系也主要被框定在认识与被认识的关系中。在这一关系中一端的是课程知识,它是一种被认识性存在,它外在于儿童,是供儿童认识、掌握的对象,其最基本的价值就是认识价值,即通过对它的学习可以提高儿童认识世界,改造世界的能力;而处在这一关系中另一端的

---

① 俞吾金:《超越知识论——论西方哲学主导精神的根本转向》,《外国哲学与哲学史》(人大报刊复印资料)1990年第1期。
② [美]查伦·斯曾瑞特奈克:《真实之复兴——极度现代的世界中的身体、自然与地方》,张妮妮译,中央编译出版社2001年版,第6页。

儿童，则主要是一个认识性存在。如布鲁纳（J. Brunet）的结构课程论、瓦·根舍因（M. Wagenshin）提出的范例教学法、沙塔洛夫的纲要信号学习法、布卢姆（B. S. Bloom）的掌握学习理论，等等。不难看出，这些教学理论虽然主张各不相同，但它们都有一个共同的前提假设，即都自觉不自觉地把儿童与课程知识之间的关系定位为一种认识关系，都是在这个大的框架中考虑如何让学生有效地掌握课程知识，而很少有跳出这一框架，去关注课程知识与儿童之间意义关系的。在考试理性的裹挟下，知识与学习者之间的这种认识关系更是明目张胆和名正言顺。学校所学知识没有把学习者和他的生活境遇有机地联系起来，知识与"我"仍然是分离的。而这种分离不仅使得"我"的心灵成了一个"口袋"，失去了来自人类文化精神的滋养，而且也使得知识成了一个"物"，失去了其作为一种人类文化形式而关照个体心灵的可能。以至于出现了"我在我不在的地方思想，因而我存在于我不思想的地方"（弗洛伊德）的尴尬局面。

（二）生存论视野中知识与学习者的关系

1. 什么是生存论

当代哲学正在发生着一场整体性的转向，这一转向被人们称为"生存论转向"（existential turn）[1]，它不仅被认为是超越传统认识论哲学主客二分思维模式的主要力量。而且也被普遍认为是现代哲学深化和发展的路向，诸如人学、马克思主义研究以及中国传统哲学的创造性转化都不同程度、不同侧面地体现着这一生存论转向。这一转向所蕴含的深刻含义是："哲学存在论的当代转换，就是从超验的、实体性的抽象存在论向感性的、历史性的生存存在论的转换"[2]，那么这一转换又意味着什么呢？它意味着对人的生存意义的发现和关照。雅斯贝尔斯曾把西方古代的本体论哲学、近现代的认识论哲学和当代的生存论哲学归结为三种情感状态：惊讶、怀疑、震惊。古代人对外部世界充满着好奇与惊讶，努力追求世界的原初构成，如德谟克利特（Democritus）的"原子"、毕达哥拉斯（Pythagoras）的"数"、柏拉图的"理念"等，而这些原初构成往往都是抽象的、超验的。近现代认识论哲学不再停留于对外部世界的惊异，而是开始怀疑自身与世界沟通的可能性，提出"认识何以可能"的疑问，实现

---

[1] 孙正聿：《生存论转向的哲学内涵》，《哲学研究》2001年第12期。
[2] 邹诗鹏：《生存论研究》，上海人民出版社2005年版，第335页。

了哲学的认识论转向。但它仍然和传统本体论哲学分享着同一个前提,即主客二分——存在和本体在认识之外存在着。而人仍然是一种知性意义上的实体人,其生存意义要么由外在的、超验性的力量来说明,要么被一种机械论的生命观等同于动物性的实存。而进入19世纪下半叶,人们开始对自身生存境域产生了迷茫和困惑,哲学研究也整体性地开始了"生存论转向"。因此,"当代哲学的生存论路向,是就哲学在其根本性质上之彻底的'改弦更张'而言的。"[①] 这一改弦更张实际上是对自柏拉图至黑格尔(G. W. T. Hegel)的西方整个超验的、理性主义的知识论哲学传统的反叛和易辙。从发展的源泉上看,当代生存论的产生和发展直接受惠于存在主义(existentialism)的思想成果,是存在主义开启了生存论取向哲学研究的先河,其中克尔凯郭尔(Siren Kierkegaard)则是肇始者,他把真理从客观性中剥离出来,使真理成为生存者的体现形式,使人们第一次看到,知识问题应被提升到人的"生存"的高度来理解。此后如狄尔泰(Wilhelm Dilthey)的生命哲学、胡塞尔(Edmund Husserl)的生活世界理论、舍勒(Max Scheler)的哲学人类学都体现了一种生存论路向。从当前的发展来看,生存论哲学更多地吸收了海德格尔(M. Heidegger)和伽达默尔(H. G. Gadamer)的哲学解释学和马克思的实践观。哲学解释学将"理解"视为人的基本存在方式,而非仅仅是人的认识方式,从而超越了传统哲学的精神与存在、主体与客体的二元分裂,并导向了关涉人的生存意义的本体论的方向。而马克思的实践观则超越了客观唯心主义的超验生存观与直观唯物主义的自然主义生存观,通过"实践"这一概念把感性个体与人类主体统一起来,使得生存主体的历史性得以确立。

"生存论"之所以能成为研究知识与学习者关系问题的哲学基础,主要有两方面的原因。第一,人的"生存问题"从逻辑上来讲永远先于"认识问题"。人首先是一个追求生存意义的存在者,而后才是一个认识者。虽然从个体发展的时间上看,个体的认识活动和生存活动并无发展的先后之分,但从逻辑上看,生存意义之建构却是先于认识活动的。因此对知识的把握就不能仅仅停留于认识论领域,不能只关心如何更有效地"掌握"知识、如何"占有"更多知识,而必须提升到生存层面,进一步关心为何要掌握知识等问题。[这里须特别提请注意的是,生存论哲学所

[①] 吴晓明:《当代哲学的生存论路向》,《哲学研究》2001年第12期。

讲的"生存"不能被理解为人的自然生命的延续。赫舍尔在《人是谁》一书中已清楚地为我们区分了"存在"(being)与"生存"(living):前者指人的自然生命的保有,是人和动物都有的问题;后者则是"做人"(being human),即"如何成为人"的问题,是人所特有的。] 对人而言,生存的问题是一切问题中最根本的问题。用海德格尔的话说,"生存"是作为"存在"的人对"在"的追寻,因而"人生在世"的全部使命、全部意义和全部过程尽在"生存"之中。而"认识"和"求知"仅仅是人的存在方式之一,因而它们都必须服从于和服务于人的"生存"的理想;反过来说,知识和认识都必须拿到"生存"的面前来审视才能取得存在的依据。一切知识的学习都必须上升到"生存论"层面来理解才意味着知识的真正获得。总之,在生存论视野中"认识的目的已不是获取一种确然性的知识,而是对生存意义的领悟,认识论的意义不是对自然科学的认识,而是对生存意义的领悟。"[1] 第二,生存论不排斥价值论和认识论,而价值论和认识论的所有问题却只有拿到生存论的框架下才能最终得以解决。就知识问题而言,狭义认识论只解决"如何求知更为有效"的问题。知识论和价值论进一步解决"什么知识最有价值"的问题(在学校是"何种知识更应被传授"的问题),即从"应然"的角度审视知识,但这种应然往往与实然产生对立。生存论则在"生存—生命—生活"的解释框架里,进一步将知识纳入到对生存的自我理解中来,从生存的高度把握知识与人的精神生命和意义世界的关系,关注知识获得的意义标准。可见,生存论具有很强的包容性。它不否定认识论的某些积极结论(如知识具有某种客观性、科学揭示相对真理等观点),但不承认认识论对待知识的整体态度,要求将知识提升到人如何"成人"的高度来反思。总之,只有在生存论的高度,我们才能理解知识的意义性,才能理解"知识获得"的"意义标准",才能理解将课程视为"知识与人相遇的可能情境"的重要性。[2]

2. 生存论视野下知识与学习者的关系

在科学认识论的视野下,目的与手段的二分使知识本身成为目的,知识与学习者的关系是一种二元对立的认识关系。学习者一旦"占有"知

---

[1] 李龙:《认识论的先验转向和生存论转向——以生存论维度重新理解认识论》,博士学位论文,吉林大学,2004年。

[2] 郭晓明:《课程知识与个体精神自由》,教育科学出版社2005年版,第99页。

识，知识与学习者的关系就走向终结。在生存论视野下，知识的历史性、理解性以及知识与个体的内在关系得到了彰显。知识被看作是人的生存方式和关联世界的方式，是作为生存在具体社会境遇中的人与其所处的世界建立起来的一种生存关系。具体到教育领域，知识与学习者之间的关系也面临着重新定位的时代需求。这种重新定位了的关系模式，我们将其称为意义关系。与认识关系模式将知识与学习者之间的关系单向化地、狭义地理解为"镜喻式"的被动反映不同，意义关系模式将知识与学习者之间的关系理解为"双层双向"的意义关系。"'双层'是指心理意义层和精神意义层。心理意义层是知识与学习者之间意义关系的浅表层。它主要强调的是知识的心理层面上的意义性的建构和生成。在这一层面上，知识与学习者走出了认识关系模式中所体现的两者之间二元对立的误区，以当代知识论所确立起的生成性思维方式为指导思想，充分吸收了当代建构主义学习论的研究成果，关注学习者对知识之意义性的主动建构。它认为，学习者对课程知识的学习不是简单地把知识由外而内地转移和传递，不是简单地占有，而是儿童头脑中已有的经验和当前外部新信息的反复的、相互的作用过程。从这一层面上看，意义关系取向并没有武断地否认知识与学习者之间的认识活动，而是从一个新的视角来理解这一认识活动。精神意义层面主要强调的是知识对学习者个体精神层面上的意义性的实现。从这一层面看，知识要对学习者体验、建构有意义的生活给予照料、滋养、护持。"[①]"双向"是指在意义关系模式中，学习者对知识的学习应是在精神上"走出自身的局限性而获致普遍性，同时又返回自身的双向历程"。[②]

（三）地方性知识的教育价值

1. 内含地方性知识的学校教育使"教育与生活"相遇成为可能

近代科学及整个知识世界秉持本质主义及还原论的思维方式，用"知识"来抽象和切割"生活"，事实上导致了对"生活"的遗忘，对人的超越性的遗忘。[③]"在文明人那里，随着知识的不断增长和积累，一切都颠倒过来了。认识、知识成了第一性东西，欲求和意志则成了认识的仆

[①] 李召存：《课程知识论》，华东师范大学出版社2009年版，第90—98页。

[②] 郭晓明：《知识与教化：课程知识观的重建》，《华东师范大学学报》（教育科学版）2003年第2期。

[③] 李文阁：《遗忘生活：近代哲学之特征》，《哲学原理》（人大报刊复印资料）2000年第9期。

从。仿佛人一诞生下来他的全部生命就是认识世界,对他来说似乎从来就没有一个生存问题……他们受的教育越多,他们的思想就越被包裹在一层坚实的知识硬壳之中。"[①] 科学同人的存在相分离,人也在对知识的迷信中与生活世界相分离。教育只管如何有效地将学科专家眼中的"科学知识"教授给学生,理智以外的学生当下的生活领域被一个个取消。近代以来,人类教育的问题大多根源于此。教育与生活脱离在学校教育中主要表现在两个方面。

第一个方面是对教育目的的扭曲。将教育的手段视为目的本身,如教育评价中的考试的作用无限地放大,以至于将其视为孩子发展的唯一尺度。考分数遍布孩子生活的各个角落,学校重视分数,教师关注分数,家长们之间也时常谈论分数。正如一位诗人所说:"因为走得太远,忘记了为什么出发。"当教师为了学生的"前途"殚精竭虑、呕心沥血,而孩子却似乎越来越不喜欢学习、越来越不喜欢读书了。当我们对学生表示不解、无奈,甚至激愤的时候,我们是否应该反思教育到底给了孩子们些什么?要弄清这个问题其实很简单,那就是问问孩子们:接受了这么多年的教育,现在,你们最看重的是什么?孩子们嘴上回答可能会给足教育面子,但一定有一个惊人的相似的答案藏在很多孩子的心里,那就是:分数!正如一位语文教师对此发出的感叹。他女儿3岁时,拿着煮裂的鸡蛋,突然惊奇地大喊:"爸爸,鸡蛋发芽了。"因为在鸡蛋长长的裂缝中挤出的蛋白形状酷似芽。他惊异于女儿的想象和表达。然而,随着孩子年龄的增长,读到3年级,学校的作业要用"考"字组6个词,她组了"考试、考卷、考题、考场",就组不出了,向父亲求救。父亲让她好好想想,她想了一会儿说:"考分"。父亲让她再想想并特意把想想两个字加重,意在启发她想出"思考"、"考虑"这样的词,可她认真想了一会儿说:"月考"。这位父亲只能表示无奈。

美国实用主义哲学家、教育家杜威认为,生活和经验是教育的灵魂,离开生活和经验就没有生长,也就没有教育。脱离现实生活而孤立地和抽象地训练记忆力和思维力,就好像不饮不食而空着肚皮去训练消化力那样

[①] 俞吾金:《问题域外的问题——现代西方哲学方法论探要》,上海人民出版社1988年版,第14—16页。

荒唐。① 陶行知先生在其"生活教育"理论中指出："没有生活做中心的教育是死教育。没有生活做中心的学校是死学校。没有生活做中心的书本是死书本。在死教育、死学校、死书本里鬼混的人是死人。"针对这一现象，鲁洁先生也曾明确指出教育领域中一直以来存在把学生培养成为"知识人"前提假设，这是一种把人视为"认识着的东西而存在，他的第一使命是向他之外的客观世界索取知识"，这完全颠倒了教育与生活的关系。而且这种"知识人"假设中所指称的知识是科学主义范式下的"知识"，是价值无涉的知识。其后果是，这种假设使得"知识人"的世界成了一个意义缺失的世界。知识失去了它的根本意义——人之生活的意义。知识学习为完善和提升自我、为人与世界的和谐发展的美好诉求也荡然无存。②

　　第二个方面是学校课程知识与学生生活实际脱离。学校课程知识作为一种天天与儿童发生着关系的存在，理应对儿童的现实生活予以关注，使儿童感到生命的充实性和意义性。因为儿童的世界是一个具有他们个人兴趣的人的世界，而不是一个事实和规律的世界。但长期以来，我们总是倾向于把教育定位为儿童将来的生活做准备，在这种情况下，课程知识也主要是指向由概念、规则组成的科学世界，而忽视了对儿童有意义生活的关照，知识的学习成了"就是坐在教室里听那些自己根本不感兴趣也不理解的事，努力记住一大堆毫无意义、零零碎碎的知识，而这样做的理由就是将来有一天可能会用到这些知识，尽管老师和学生对是否真会有这样一天都持怀疑态度。"③ 这种与学生生活相脱离的课程知识的学习使学生渐渐失去了学习的兴趣，进而产生了去意。一位教育行政官员到某中学考察，想借此机会作一点调查，就随机问一位男同学最喜欢上什么课。这位男同学回答得很干脆，只是答案出人意料，他的回答是——最喜欢不上课。针对这一现象，奎洛兹很早以前就提出"普通学校辍学率居高不下的一个最主要的因素就是学校中所教授的东西彼此之间以及它们与实际生

---

① ［美］约翰·杜威：《民主主义与教育》，王承绪译，人民教育出版社2005年版，第14—17页。
② 鲁洁：《一个值得反思的教育信条：塑造知识人》，《教育研究》2004年第6期。
③ 郑毓信、梁贯成：《认知科学、建构主义与数学教育》，上海教育出版社1997年版，第89页。

活之间没有任何关联。"①

长期以来,我们将偏远农村地区和少数民族地区的辍学问题的根源预设为"贫困",也就是说这些地区的孩子上不起学。针对这一问题,国家出台了一系列政策措施。主要表现在两个方面:一是实行"两免一补"和农村义务教育经费保障政策;二是通过"输血"的方式发展偏远农村地区和少数民族地区的经济,减轻农民其他生活压力,以提高教育的负担能力。这些政策措施对于减缓我国偏远农村地区和少数民族地区的辍学问题发挥了一定的作用,但不能从根本上解决这些地区的辍学问题。以至于在藏族地区曾经出现了"雇读"的现象。后来,通过对辍学学生的深入观察和访谈发现,辍学的学生有相当一部分并不是因为"贫困",而是自己"厌倦"了学校生活。在他们看来,学校所学的知识与他们的生活几乎没有关系。由于升学的希望不大(笔者调查的几所民族中学,上大学的学生仅占7%左右)。所以在我们看来是"自毁前程"的"辍学",但在他们看来,早早地离开这种给不了他们生存智慧和生活力量的学校教育,却是为了"寻找前程"。因此,教育必须以学生的生活为立足点,必须在学生与现实生活关系中展开。"学生与知识的相遇"不能以牺牲"学生的生活世界"为代价,而要使学生更好地"进入"自己的生活世界。"学生与知识的相遇"不能以知识为出发点,而必须以学生的生活为出发点。鉴于此,"学校所教授的学科应该更密切地与学生的社会或文化环境联系在一起,以便尽量减少他们彼此之间所可能产生的冲突。"②

人类知识在教育中的传递,本是知识的"再生",即知识的生命化过程,但在当前的学校课程中,知识的传递只意味着知识存在空间的生硬迁移,知识本身一点也没有改变,它仍然是"孤独的",它没有找到任何真正的"对话者"。最主要的原因在于这些知识与学生当下的生活没有关联。地方性知识与学生的生活紧密相连。可以说,学生既是地方性知识的"剧作者",又是地方性知识的"剧中人"。他们和地方性知识的关系不再

---

① Quiroz, C., Local Knowledge Systems and Vocational Education in Developing Countries, see Semali, L. M. & Kincheloe, J. L. ed., What is Indigenous Knowledge? Voices from the Academy. New York and London: Falmer Press, c1999: 307.

② Quiroz, C., *Local Knowledge Systems and Vocational Education in Developing Countries*, see Semali, L. M. & Kincheloe, J. L. ed., *What is Indigenous Knowledge? Voices from the Academy*, New York and London: Falmer Press, c1999: 307.

是一种静态的、主客二分的"镜式反映"关系,也不仅仅是一种科学认识论视野下的认识关系,而是一种"人在其中",与生存生活直接相关的意义关系。他们与地方性知识的关系绝不终止于知识的掌握,而会自然而然地延伸到他们的意义世界,致力于改善他们的精神命运,增强他们的生存能力,关切他们的幸福生活。地方性知识不是被人理解的,而是它本身就参与着人的理解。地方性知识也不是一种外在于人的、被动的"客体性存在",而是一种内在的、主动的"动态化存在",学生与地方性知识的关系由主、客二分的认识关系变成了一种开放的、平等的对话关系。如果说地方性知识是一个与人有关的世界,它的特殊性就在于,它不是一个"静态的世界"和"无言的世界",而是一个"主动的世界"和"开放的世界"。地方性知识产生于特定的场域和情景之中,因此它还是一种境域化的知识。任何知识要具有生命力,都必须作为一个过程存在于一定的生活场景、问题情境或思维语境之中。"境域化"赋予地方性知识以生存的空间,只有在这种空间里,知识才可能是动态的。地方性知识的这种特性和与学生的特殊关系,使地方性知识更容易主动"走进"学生,更容易激发学生学习的积极性,因为学生生长于这种知识环境中,这种知识对于学生来说是"先在的",也就是说他们对这种知识的认同和接受是先于他们存在的。正如马克思·范梅南所讲的"就文化和传统而言,每个人都是迟到者,因此都处在以前事物的影响之下"。[1] 因此学生在进入学校后不会出现因文化中断而产生认知冲突,进而产生"厌学",最终离开学校的现象。内含地方性知识的学校教育有助于消除教育与生活、学生与家长、知识与实践的隔阂和对立,有助于提高学生的生存、生活能力和培养他们的自信心和独立自主的精神。

2. 内含地方性知识的学校教育使"学校与社会"相映成为可能

"教育对社会所发生的作用,如果站在社会全局的和历史的高度,并且主要从教育的正向功能这个角度来考察的话,它主要表现在民族人口素质的提高和社会所需人才的造就这两个方面"。[2] 一般来说,教育包括家庭教育、学校教育和社会教育三个方面。鉴于研究的需要,本书主要探讨学校教育与社会的关系问题。任何社会都是"本土社会",都有着自己形

---

[1] [加]马克思·范梅南:《教学机智——教育智慧的意蕴》,李树英译,教育科学出版社2001年版,第23页。

[2] 胡德海:《教育学原理》,甘肃教育出版社2001年版,第362页。

成和发展的独特历史。而任何学校也都是"本土社会"的学校。因此，任何学校与社会的关系也只能指学校与某一具体的"本土社会"的关系。任何社会建立学校的目的都是为了保证它所在的本土社会能延续和发展。从这个意义上说，学校教育的一个最主要的职能就是要传递"本土社会"日积月累起来的文化知识，以使青少年一代能够熟练掌握和应用这些知识，理解本土社会的生产生活过程，并在此基础上通过发展和创新地方性知识，形成更高、更圆满的生产生活智慧。但当前地方学校却没能担负起这种责任，学校作为普适性知识体系的传播机构，对地方社会的习俗和地方性知识体系的宰制，使习俗和地方性知识只能从公共机构中退缩到个人领域，并且造就了一批文化上的"不适应者"。用当地人的话说，"学校已成为地方社会的负担"。（访谈中，一位主管教育的副县长无奈地告诉笔者，他们县财政的40%多都用在了学校，但学校培养出来的优秀人才和比较优秀的人才都离开了本地，稍微有点能耐的也因进城打工而暂时地离开本地，学校教育留给我们的大多数"种地不如老子、喂猪不如嫂子"，带有几分矫饰和浅薄，并且不愿意过和看不起农村生活的"愤懑"青年，他们中相当一部分会整天游离于各个集市中，偶尔也会打架斗殴和行窃。）

　　从世界范围来看，学校与社会关系的异化是伴随着近代以来欧洲的殖民统治开始的。在长达500年的殖民统治时期，殖民者一方面坚信自己的知识是真正客观和普遍有效的知识。另一方面为了巩固自己的统治，有意压制地方性知识的发展，特别是有意削弱本土青少年对本土社会传统的认同。带着这种认识论的傲慢和对殖民利益的贪婪，他们在本土社会建立了"西式学校"。学校所使用的语言完全是西方式的语言，学校中所教授的内容也完全是西方的知识，甚至连学校中的教师都是从欧洲直接派遣过去的海外教师。[①] 这里的学校尽管仍然"矗立在"地方社会较为显要的位置，而且也受到统治者高度重视，但它却已经不是"地方的学校"，已经被某种外来的知识权力"异化了"，不再能够承担起传承地方社会知识与文化传统的功能，也不能培养从感情上和理智上认同、接纳、思考和献身于本土社会的人才，而是蜕变为压迫地方人民、结构地方社会的工具。关于这一点，赛玛力的殖民教育经历充分地证明了"地方学校"对"地方

[①] 石中英：《知识转型与教育改革》，教育科学出版社2001年版，第350页。

社会"的结构和对地方学生造成的认知冲突。

> 我出生在坦桑尼亚的吉力马扎罗山脉。我成长在一个大的农民家庭里，家里有我的父亲、母亲和十几个兄弟姐妹。……我清楚地记得哪些伴随着父母一起在玉米地里劳动的日子。我听他们说他们年轻时的故事以及他们所遭遇到的种种挑战。我的母亲有机会就提醒我注意那些不同形状的植物，告诉我哪些能够用来处理蛇咬，哪些能用来对付毒蜘蛛，哪些又可以用来治疗头痛、肚子痛等疾病。我的父亲则时常警告我要记住哪些树和灌木不能砍来喂养牲畜。……作为一种在原始和贫瘠地区的生存之道，所有这些知识我不费吹灰之力就学会和记住了。接下来，我上学了。我上的是一所殖民地学校。在学校里，这种和谐被打碎了。教育所使用的语言不再是我所属的文化语言。……我从小学就开始挣扎，试图在我的母文化中发现与学校课堂中所教授的内容相同的东西。在学校里，我们跟着英国人学习殖民者所规定的教学内容。我所念的书一直是由一位叫莱斯夫人的人写的，有的直接采用英语课本，有的则是从英语课本中翻译过来的。我们所读的故事和所唱的歌都是有关在英国人的花园中喝茶、坐火车旅行、在公海上航行以及在城镇的街道上散步一类的事。这些故事远离我的生活经验。在这种环境中，英语成了衡量和决定一个孩子进步的主要因素，成了决定一个孩子能够沿着正规教育的梯子向上流动的主要标准。[①]

如果我们觉得赛玛力的殖民教育经历离我们的生活比较遥远的话（实质上，我们也有类似赛玛力的殖民教育经历，当时，日本占领东北以后，就建立了很多类似于赛玛力所上的学校，许多东北人也经历了类似于赛玛力认知冲突和认同危机），我们可以通过一位来自我国西北藏族地区的学者对自己教育经历的反省来看当前我国贫困农村地区和民族地区"学校与社会"异化关系。"我出生藏族地区的工人家庭里，相对来说，

---

① Semali, L. M. & Kincheloe, J. L., *Introduction*: What is Indigenous Knowledge and Why Should We Study It? See Semali, L. M. & Kincheloe, J. L. ed., *What is Indigenous Knowledge? Voices from the Academy*, New York and London: Falmer Press, 1999: 10.

我小时候比许多同龄的藏族孩子受的教育要好一些，因为爷爷是我们那儿比较有名的文化人，他对藏族文化可以说有一些研究，能背很多《格萨尔》，所以在爷爷的影响下，我了解了一些藏族文化，也深深地喜欢上了藏族文化，我的小学是在当地一所藏族小学上的，虽然学校里同学和同学之间、老师和老师之间、老师和学生之间的交流都是用藏语进行，学校的广播也是用藏语播放，学校里也经常会听到许多优美的而熟悉的藏族歌曲。但上课后，情形就不一样了，课本上许多知识对于我来说是那么的陌生，虽然课堂交流不会有障碍，因为老师都使用藏语授课，课本上的每句话在老师的教授下都认识，因为文科类的课本都是用藏语写的，但涉及的内容都是诸如大城市夜晚是灯的海洋，因为没见过海洋是什么样子的，所以就无法想象大城市的夜晚到底有多美。其实，当时我们班很多同学家里也没有电。这就更想不来什么是灯的海洋了。中学是在当地一所汉族中学上的，为上这个学校爷爷和我的父母之间发生了许多不愉快的事情。爷爷坚持要我上藏族中学，但最后在父亲的坚持下，我还是不情愿地走进了汉族学校。这里一切对我来说都是陌生的，起初我听不懂老师的课，看不懂书上的内容，曾一度准备离开学校，我身边当时就有辍学的同学。在父亲的严厉训斥下还是继续留在这里，但文化冲突使得我内心非常痛苦，当然当时只是痛苦，不知道是什么原因造成的。但我清晰地意识到课本中没有一点关于我们生活的知识。后来，经过几次复读我考上了一所民族高等专科学校。现在藏族地区的藏族学校和汉族学校差别已经很小了，只是藏族学校加开了藏语文，用藏语授课而已，其他所学内容都差不多。就目前来说，我们那里无论是藏族学校还是汉族学校的优秀学生都离开了本地，像我这样的也离开了。当地学校对地方社会发展的贡献不能说没有，但可以说很小。主要原因还在于学校课程内容的问题以及评价导向的问题。"

地方性知识是一种自然精神的价值存在，它凝结着一定地域人们的生活方式和集体人格，与生活在这个地域的人们的生产生活息息相关。它记录着地方社会发展的历史轨迹，凝结着地方社会发展的智慧和地方特色，是地方社会延续的必备知识，是地方社会发展和进步的智力源泉。将地方性知识纳入学校教育内容之中，不仅是学校教育功能使然，也是地方社会发展使然。当地的学校有责任为当时经济社会建设做出应有的贡献，这种贡献主要是通过提高地方人口素质和培养当地经济社会发展所需要的人才来实现的。从个体发展的角度来说，我们不是让所有优秀的学生都留到本地，这样对一些学生是不公平的。愿意通过升学和能够通过升学走出去的学生，我们尊重他们的选择，而且也有很多畅通的渠道。让地方性知识进入学校的主要目的是让愿意留在本地和没能通过升学的学生首先从情感上认同他们所生活的地方，认同他们父辈所从事的事业，而不是蔑视自己父辈的职业和与他们生活的环境格格不入，让他们熟悉当地生产生活的基本常识和文化传统。这是融入地方社会所必备的基本素质和知识储备。地方性知识是地方社会和地方学校连接的桥梁和纽带。地方学校通过传授地方性知识，培养从情感上和理智上认同、思考和献身于地方社会建设的人才，从而达到关照地方社会发展的目的。地方社会改善办学条件、提高教师待遇等措施为学校发展提供必要的支持。这样，内含地方性知识的学校教育就和地方社会在不自觉的状态中形成了一种相互关照、互为发展的相映关系。

第三章　民族地区地方性知识

——以藏族为例

我 是 藏 族

——藏族青年诗人卓仓·果羌

我是藏族
我的皮肤是古铜色
但是
我喜欢绛红色

我是藏族
我的骨骼镌刻着祖辈的遗训
我的血管流淌着马蹄的声音
我的双眼盛满芬芳的青稞酒
我的身上遍开迷人的格桑花

我是藏族
名副其实的藏族
顶天立地的藏族

记住
不要问我姓什么
我不姓李也不姓王如果你非要问我姓什么
那么
我就告诉你我信佛

  我是藏族
  神灵庇佑的民族
  我的左肩是苍鹰
  我的右肩是牦牛
  我的身躯是佛龛下那盏永不熄灭的长明灯

  藏族地区就是说藏话和有藏族文化的民族聚集区，由东经73°至104°，并由北纬27°至38°。整个中国的藏族区，包括三个文化区：（1）西藏，包括：①阿里（Mnah-ris），在最西部；②后藏（Gtsan），在中部，首府为扎什伦布（Bkra-cis-lhun-po）寺，即班禅（Pan-chen）所在地；③前藏（Dbus），在东部，首府为拉萨（Lhasa），为西藏地方政府所在地；也是达赖（Da-lai）居住的地方。（2）西康（Khams），在西藏东。（3）安多（A-mdo），在西康东北，包括：①青海的藏族地区；②甘肃西南部藏族区；③四川西北部藏族区。在这些藏族聚居区中，只有西藏藏族聚居区是政治体，直属中央，是出现在地图上的。西康则或直属于四川，或在四川以外。安多则分属于青海、甘肃、四川三省，划分为不同的县。

  藏族把自己叫作博巴（Bod-pa）。"博"也是他们的语言的名称，而"巴"则既指职业，也指地方，如藏巴（Gtsan-pa）是指后藏的人，康巴（Khams-pa）是指西康的人，卓巴（Hbrog-pa）是指游牧人，索南巴（Bsods-nams-pa）是农耕人。因为受居住的地理位置的影响，藏族主要是游牧，其次是农耕。①

第一节 藏族地区地方性知识形成的自然环境

  不同的地理环境孕育了不同的民族文化。黑格尔认为，一个地方的自然类型和生长在这片土地上的人民的性格有密切的联系。钱穆通过对人类文化起源的研究，认为"各地文化精神之不同，穷其根源，最先还是由于自然环境有分别，而影响其生活方式，再由生活方式影响到文化精神。

---

① 李安宅：《藏族宗教史之实地研究》，上海人民出版社2005年版，第7—8页。

人类文化，由源头处看，大致不外乎三种类型，即游牧文化、农耕文化和商业文化。游牧文化发源在高寒的草原地带，农耕文化发源在河流灌溉的平原，商业文化发源在滨海地带以及近海之岛屿。三种自然环境，决定了三种生活方式，三种生活方式，形成了三种文化类型。"[1] 赫德在其《人类历史哲学的观念》一书中也指出，不但人民的生存、人民的思想行为，以至于整个历史，都依赖于地理环境。现实中，我们也发现生活在山地、平原、高原、荒漠、森林、草原、河谷、海滨等不同地理环境、气候环境和生态环境的民族都有自己独特的生产方式、生活习惯和精神文化。

藏族传统文化的产生，自然有其思想渊源。但是，藏族地区特殊的自然环境，对其的产生和发展具有根本性的影响。藏族传统文化是藏族人长期与青藏高原特殊的自然环境进行调适的产物，是藏族人为适应高原环境而形成的生存方式、生活习惯、行为规范和价值观念。我国藏学家马长寿明确指出："藏族宗教文化流行于青藏非为偶然，而为藏民自然环境之反映。"[2] 按照英国人类学家泰勒（E. B. Tylor）关于文化的定义，[3] 知识又是文化的一部分。因此我们可以说，藏族地区地方性知识也是藏族人长期与特殊的地理环境、气候环境和生态环境认识和调适的产物。

一 藏族地区地方性知识是藏族人对高原环境的认识和总结

（一）藏族地区地方性知识是藏族人对高原地理环境的认识和总结

除西藏自治区外，我国藏族还分布在川、青、甘、滇。这些地区的藏族成立了地、县两级的民族区域自治政权。四川有阿坝藏族自治州、甘孜藏族自治州和木里藏族自治县，青海有海南藏族自治州、黄南藏族自治州、果洛藏族自治州、玉树藏族自治州和海西蒙古、哈萨克、藏族自治州；云南有迪庆藏族自治州；甘肃有甘南藏族自治州和天祝藏族自治县。四川甘孜、青海玉树、云南德钦藏区，传统上与西藏昌都合称为康区，生活在这里的藏族人通常被称为康巴人，他们所使用的藏语也被称为康区方言。四川阿坝，青海海南、黄南及海西，甘肃甘南等藏区称为安多，生活在这里的藏族人被称为安多瓦，即安多人。从地理空间上来说，这些地方

---

[1] 钱穆：《中国文化史导论》，商务印书馆1994年版，第2页。
[2] 马长寿：《藏事论文集》，西藏人民出版社1985年版，第146页。
[3] 英国人类学家泰勒（E. B. Tylor）认为"文化是包括知识、信仰、艺术、道德、法律、习俗以及包括作为获得的其他能力、习惯在内的复合整体"。参见 E. B. Tylor, *The Origins of Culture*, New York: Harper and Brothers publisher, 1998: 1。

基本上都属于青藏高原这样一个山系之中。青藏高原以它高亢的地势、广袤的幅员、寒冷的气候而被称为"世界的屋脊"。青藏高原南自喜马拉雅山、北昆仑山、阿尔金山和祁连山与塔里木盆地及河西走廊相连。西起帕米尔高原与喀喇昆仑山，东到秦岭与黄土高原衔接。高原东西横跨31个经度，长约2900千米；南北纵贯13个纬度，宽达1600千米，总面积为290万平方千米，在我国境内的高原面积约250万平方千米，占我国陆地面积的1/4强。青藏高原的地貌格局是：边缘高山环绕，内部纵横延伸着许多巨大山系，总的地势从西北向东南逐渐倾斜，海拔由5000米以上渐次递降到3000米左右。高高耸立的雪山，荒凉辽阔的戈壁滩，高山峡谷中奔腾的水流，群山怀抱中绿茵茵的草原，这些都是藏族人生活的自然环境。但这些丰富的自然景观中，最突出的仍然是山，山是藏族人生活的主体地貌。因此，我们可以认为，藏族的文化和知识是从山发源，围绕山而展开。对于藏族人来说，他们看见的只有一个个因高原反应倒在山面前的人，几乎没有见到过自夸能征服大山的人。由于山高挺拔入云端，故而它离天最近，能够接触到天宫天神，是人类通往天宫的梯子。因此，藏族人奉高山为祖宗之山，对神山磕头致敬。为了保护神山，产生了许多关于神山的禁忌。禁忌在山上挖掘、采集、砍伐、打猎，禁忌伤害神山的兽禽飞虫等，这些禁忌都有着深远的历史根源。在甘南藏区，大夏河流域，众多部落祭祀供奉阿米年钦山神。阿米年钦山神属西倾山脉，汉语称太子山，位于甘南州和临夏州相接地带。拉卜楞寺每隔几年在农历六月十五举行一次盛大的祭祀活动，祭拜阿米年钦山神。与此同时，甘南地区的藏汉民族中传说太子山是明代将军胡大海的封山。夏河关帝庙中按藏族风格塑造阿米年钦山神，与关圣大帝并列。这样一来，阿米年钦山成了汉藏两个民族的保护神。不同民族居住在同一地区，便有了相互沟通崇拜的神山。这也表明特定的环境产生了特定的文化。

（二）藏族地区地方性知识是藏族人对高原生态环境的认识和总结

藏族的原始岩画中可以反映出古代藏族人对生态环境变迁的认识过程。西藏北部和西部不同时期的岩画，有一个"树木崇拜"的时空序列，在早期的岩画中树木崇拜的主题并不突出。藏北文部的加林山一带的岩画，共60余幅。画面上有植物、动物。在早期的加林山岩画中，植物、动物和人的组合显得不那么严格，特点不够明确，甚至还带有某种随意性。这说明它所要表达的内容还有一定的模糊性。到了中期的曲噶尔羌岩画（恰克桑岩画）则有了质的飞跃，即出现了明确的"树木崇拜"的宗教观念。而到了晚期纳木湖岩画，树木崇拜观念则更加强烈。在藏北纳木湖岩画中，树、塔与鸟三者结合，塔之顶上有树，树上有鸟，在画面中心显著的地方，人们在舞蹈或祭祀。从早期的岩画中我们可以发现，人们只是泛泛地赞美自然或崇拜自然。而到后期，岩画显示人们已经将树木作为主要的崇拜对象。①

受地势高亢、山原地貌的影响，青藏高原具有典型的高原干旱气候特征。①平均气温低下，日差较大，年差较小，具有长冬短夏、春秋相连的气温特征。在青藏高原腹地（藏北青南地区）和高原北部祁连山地，年平均温度在0℃—4℃，最暖月气温在4℃—8℃，气温低于0℃的天数可达180—250天，牧草生长期只有40—110天。②太阳辐射强，日照时间长。拉萨的太阳总辐射值达195千卡/厘米，这是成都的一倍多（88.6千卡/厘米）；拉萨全年日照数为3021个小时，比成都多1800个小时。拉萨的太阳辐射紫外波段的绝对通量是东部平原地区的2.3倍。这是由于高原空气稀薄、洁净、透明、晴天多的缘故。③空气稀薄，气压低，氧气少。海拔3658米的拉萨市，空气密度是80克/立方米，年平均气压652毫巴，分别是平原地区的62.6%和64.3%。④风多且大。高原的旱季，整个高原都处于高空西风的控制下，风大、干燥。大风一起，飞沙走石。大风对自然环境和当地人的生产生活造成多方面的影响。大风吹起表土，拔起草根，使草原急剧沙漠化，使庄稼干枯而死。大风还会刮倒房屋、卷走帐篷。⑤天气多变、雪灾频发。高原降水大部分集中在5月至9月下旬，而1月至次年4月为旱季。旱季时气候干旱、寒冷、多风，而雨季则多冰雹。多变、速变的气候特征，给高原藏族人胆战心惊的触动。从而使他们对大自然萌生敬畏之心。在藏族的旱季还有一个明显的规律，即每隔几年要发生一次大雪灾：高原旱季（10月至次年4月）一般降水很少，但在每隔一段时间会出现一次较大的降雪天气。据1956—1998年的统计资料显示，青藏高原藏北、青南地区雪灾发生概率为37%，高原腹地一般2—3年一小灾，5—6年一中灾，10—11年一大灾。雪灾发生后，茫茫积雪覆盖草原，1927年的雪灾使藏北那曲地区牲畜大多冻饿而死，安多八部牲畜几乎死绝。1974年春季青南雪灾使玉树州冻死牲畜78.7万头，死亡

---

① 张亚莎：《阿里日土区嘎尔羌岩画分析》，《中国藏学》1999年第2期。

率达16%，49人死亡或失踪，雪盲症患者2000余人，直接经济损失1.5亿元。1985年秋季青南高原发生雪灾，积雪达50—80厘米，积雪面积50万平方公里。降雪后气温降至-42℃——37℃，致使98.5万头牲畜死亡，治多、杂多两县伤残人员达5560余人。① 这些巨大的自然灾害使藏族人对大自然产生了畏惧之感，也滋生了许多诸如神鬼等幻想物。正如马长寿所言，"藏民于穷山恶水之地理上所建树之困苦和畏惧为苯教产生之主要原因。……日与此困苦饥寒之自然环境奋斗，攻之不胜，取之不获，逐思自然之中必有鬼有神为主宰者。"② 事实上，藏族的原始宗教——苯教就是以崇拜自然为主的宗教。苯教信仰可以追溯到迄今一万年前的新石器时代。苯教中无论是自然神还是英雄神，最初都试图与自然沟通、协商、控制，但是越到后来，崇拜顺从的宗教因素越占上风。最初的苯教中有许多仪式是为了控制自然（在藏族宗教经典著作中，把青藏高原比喻成一个仰卧于大地的女魔，她变幻莫测，时而给居住其上的人类带来吉祥，时而有可能带来灾难。为降服女魔，人们在她身体的各个要害部位建寺院，等于钉上钉子使她动弹不得。但是，修完寺院后，人们应该去祈祷她、崇拜她、求她宽恕。处在崇拜自然和控制自然的矛盾中）。后来随着高原的隆起、自然环境的退化，无论是苯教还是佛教，都主张顺从自然，更多的是协调人与自然的关系。

高亢的海拔，巨大的山体，寒冷干燥的气候，使土壤形成发育过程中的生物化学作用比较弱小，物理作用则强烈。土壤发育表现出土层薄，土壤养分差，土壤中沙砾含量多。青藏高原约86%的土地地处海拔3000米以上的地带，约3/4的土地是丘陵、沙漠、山地和荒漠；36.6%的土地为高山冰川、裸岩、盐碱地，根本无法生长植物；只有1%的土地适合农作物生长。那些有限的黑毡土、草甸土是维系高原为数不多的植物的生命基础。③ 藏族人自古以来就知道这一点。所以"土地神圣"是藏族宗教的基本观念，也是民间自然禁忌中较为严格的原则。

草原生态系统是一种复杂的多元系统。一般情况下，牧草为食草动物

---

① 南文渊：《藏族传统文化与青藏高原环境保护和社会发展》，中国藏学出版社2008年版，第6—7页。
② 马长寿：《藏事论文集》，西藏人民出版社1985年版，第146页。
③ 南文渊：《藏族传统文化与青藏高原环境保护和社会发展》，中国藏学出版社2008年版，第4页。

及昆虫、鸟类提供养料，而食草动物又为食肉动物提供养料。草原生态系统中，能量与物质的输出输入相对平衡；生产者、消费者、分解者比例适当，构成完备的营养结构。受干旱、寒冷气候的影响，青藏高原只有在东南部和东北部边缘地带分布着小面积的森林。其他地区都具有植被稀疏、覆盖度小、牧草低矮、层次结构简单、牧草生长期短、含水量少、地表草皮层贫瘠等特点。

高原的植物与动物之间也是互惠互利、互为条件的关系，处于一种相互依存的平衡状态。藏族农牧民很早就从动物行为的变化来预测天气，例如：当鼢鼠从滩地、河谷地迁徙到山阴坡时，人们认为天气可能要干旱；河谷地带人们从春季候鸟飞来的迟早来预测当年天气变化。我国《隋书》中有西北人民依据动物行为来预测天气的记载："西北有流沙数百里，夏有热风，伤毙行旅。风之将至，老驼预知之，则引颈而鸣，聚立，以口鼻埋沙中。人见则知之，以毡拥蔽口鼻而避其患"。马、牛、羊、狗既是藏族人的家畜，也是藏族人的朋友，它们对自然的敏感深刻地影响着人们，所以人处于与自然融合的状态时，尊重自然的生态伦理便应运而生。正如爱因斯坦所言，"把人以外的生命视为神圣就引起了对一切有灵性的东西的尊敬"。[①]

由于藏族人通过一次次的自然灾害认识到大自然的规律只能遵循不能破坏，为了保护生态环境，实质上也是为了保护自身的生存环境，产生了许多禁忌，通过这些禁忌来调整人与自然的关系。但除此之外，为了自身的生存与发展，藏族人在生产生活中，不得不触犯自然，不能不向自然索取生活资料。于是产生了与主管自然界的神协商的习惯。如禁忌将污秽之物扔到湖、泉里；禁忌在湖泉边堆脏物和大小便；禁忌捕捞水中的动物。关于对土地的禁忌，一般牧区与农业区是有区别的。在牧区，人们严守"不动土"的原则，严禁在草地胡乱挖掘，以免使草原的皮肤受伤。同时，禁忌夏季举家搬迁，另觅草场，以免对秋冬季草地的破坏。在农业区，对土地不动是不可能的，但是出于对土地的珍惜，又有另外的禁忌，动土须先祈求土地神的宽恕。必须保持土地的纯洁性，如不能在田野里赤身裸体；在地里不能烧骨头、破布等有臭味儿的东西。在藏族人看来，原始草地都是"活地"、"健康的地"，即有生命力的土地；而被挖掘了的草

[①] 《爱因斯坦文集》（第3卷），商务印书馆1976年版，第103页。

地是"死地"。

藏族人的禁忌产生于对自然的崇敬、感激和敬畏之情。有些禁忌出于对自然的感激：牛羊是藏区牧人的主要食物来源，又是牧人的伙伴；狗忠心耿耿看护牛羊，是牧人放牧的好帮手；土地草山养育着一切生灵；泉水湖泊是高寒干旱之地的珍贵之物。出于对大自然和相依为命的动物的感激，从而产生了对他们的保护禁忌。有些禁忌出于对大自然的畏惧：狂风暴雨、大雪严寒、雷鸣地震，都会使生活于大自然中藏族人感受到极大的震动，他们将自然灾害与人类行为联系起来，于是格外注重人的行为。用禁忌的手段使人们顺从自然、不触犯自然。还有些禁忌是人们对自然规律顺从的表现：如夏季牧民不搬家，是因为夏季是牧草生长季节，不能让牲畜践踏；不在草地山挖水渠，是因为水道易于形成水土流失，破坏草场；挖掘采集山上草木会造成草山沙化；等等。

自然禁忌的核心是不触动自然。正是这些不触动自然的禁忌才使高原的生态平衡得以维持。对藏族人来说，保护自然不是靠法令，而是靠内化于人们行为的禁忌。对于居住在高原的藏族人来说，他们最懂得自然生态环境中每一种生物的价值，他们也深知保持生态和谐对他们生存生活的意义。正因为如此，千百年来，不论出于什么目的，藏族人对高原生物的保护都是全身心的。高原生态系告诉我们，千万不能以人类目前的利益标准来判断自然界生物的"优"与"劣"。生态系统中的每个生物都是独一无二的基因库，它们都有着不可替代的潜在价值。在藏族人心目中没有"害虫害兽"的观念。

从文化人类学的角度看，文化就是一种对环境的适应方式，文化首先是人类适应生态环境的产物，正是通过对适应种类的不断修正，文化才得以进化发展。[①] 高原的地理、气候、生态与人类社会的关系是决定与被决定的关系。假如高原是海洋，生态环境则是一艘船，人类居住在船上，虽然操作着船，但人的命运却系于船。总之，藏族地区地方性知识是藏族人与高原生态环境调适的产物。

二　藏族地区地方性知识的精神内涵及特征

(一) 藏族地区地方性知识的精神内涵

藏族地区地方性知识是长期生活在藏族地区的藏族人对特殊自然环境

---

① [美]普洛格：《文化演进与人类行为》，辽宁人民出版社1988年版，第27页。

的认识和总结。它既包括深层次的心理、价值观念，又包括表层次的节日风俗、文学艺术、诗歌音乐等具体形式，体现在藏族人生产生活过程中。藏族地区地方性知识内涵丰富、形态多样、特色鲜明。

从精神层面上看，藏族地区地方性知识具有天人合一、崇尚自然的宇宙观。这种宇宙观将高原自然环境、生物体系与人文环境巧妙地结为一个统一体，这个统一体可以包括整个青藏高原藏族区，也可分解为基本单位。例如一个部落区域，而神山则是这个统一体中的核心单元，是一个微观的宇宙，是具有生物属性和社会属性的一种完备的生命体系。因而便成为神山，神山的灵魂便是山神。神山又是部落祖先灵魂的归宿，所以又称"祖先之山"。因此，神山既是一个区域众多生物之圣地，又是人类灵魂之山。通过神山将一个区域生物与人类整合为区域生命共同体。宇宙作为一个巨大的生命体系，它的每一处、每一因素都有生命的存在。生命不仅存在于生命体中，而且也存在于无生命体中，生命体和无生命体共同构成生命体系。任何一种生命体它本质上与整个宇宙相互关联，因而维护生存环境便是维护生命体自身。特殊生态环境使藏族人逐渐形成了与大自然谦和相处、永被恩泽的自然观；欲取先予、永续利用的生态观；讲究诚信、崇拜英雄的人生观；顺从自然、遵循规律的生产观；自由豪放、热情好客、能歌善舞、积极乐观的生活观。

就"天人合一"思想而言，应当说"天人合一"是整个中华民族的思想结晶，是中华民族最完美的生态智慧。但作为藏族人的"天人合一"思想与中原文化的"天人合一"思想，却有着明显的不同。藏族人的"天人合一"观念不仅把人当作"天"（自然）的一部分，而且把"天"当作敬奉的对象，以一种敬畏和爱慕的心情崇尚自然、爱惜自然。他们认为人类源于自然，以自然为父母，人在宇宙万物中居于中心地位，但人是与其他生物共同生活于宇宙之山。人应该尊重其他生物的生存权和生存领地，人与自然相互依存、相互融合为统一整体。这种侧重点的不同，直接导致处理人与自然关系上的不同效果。最为重要的是，中原文化由于以农耕文明为基础，很难将"天人合一"的观念贯彻到"行"的层面；藏族人由于以游牧文明为基础，几乎天然地把"天人合一"的理念变成为行动准则，将人与自然和谐相处发挥到极致。文化，实质上体现着一个人如何对待自己，如何对待他人，如何对待自己所处的自然环境。在一个文化厚实的社会里，人懂得尊重自己——他不苟且，因为不苟且所以有品位；

人懂得尊重别人——他不霸道，因为不霸道所以有道德；人懂得尊重自然——他不掠夺，因为不掠夺所以有永续的生命。走进藏族人的生活，我们能明显地感觉到这是一个文化厚实的社会。

（二）藏族地区地方性知识的特征

1. 地域性特征

如前文所述，藏族地区因其自然环境的特殊性，影响其文化的形成，进而也影响了藏族人对其所面对世界的认识和理解，在此基础上形成了许多关于自然、社会和人文的独特认识。如在藏族地区地方性知识中关于高山、树木、河流、湖泉、草原、牦牛、苍鹰等方面的知识非常多，而关于饮食、农业生产、食品贸易等方面的知识相对较少，主要原因在于高山、树木、河流、湖泉、草原、牦牛、苍鹰等在藏族人生活中占据主要位置。他们生活在大山的怀抱中，水资源相对贫乏，草原是他们生存的家，牦牛是他们生产生活的伙伴，苍鹰可以将他们的灵魂带入天堂。这些因素决定了他们必须重视和认识这些事物和事件，也因此形成了许多关于保护山、水、树等方面的知识和与其和谐相处的行为准则。生活在华北平原上的人们绝不会把这些自然之物摆在他们生活的重要位置。

2. 民族性和宗教性特征

每一个民族因其自然环境和历史沉淀，都形成了具有民族特色的认识自然、社会、人文三种世界的方式方法，并在此基础上形成了许多经验和知识。但藏族又是一个全民信教的民族，所以藏族地方性知识具有明显的民族性和宗教性特征。如藏族医药知识，藏族的医药知识是生活在青藏高原上的广大劳动人民与疾病长期斗争实践的产物，具有独特的医药学理论价值和浓郁的民族特色。藏族医生的疾病诊断过程与现代中医学的"望闻问切"基本相同。"一望，即观察患者的神色、体型、皮肤颜色、大小便和痰等，尤其观察其舌苔和尿液的变化；二问，就是询问患者病史，感觉，用药情况，饮食起居习惯等；三触，即切脉和触摸疼痛位置等。"[1]但它的理论基础却带有明显的民族性和宗教性。藏药的制作过程与中药基本相同，但在藏族人眼里，"活佛念过经的药才是好药，吃了就管用"。另外，许多关于生态保护和伦理道德方面的知识和行为均具有很强的民族性和宗教性。

---

[1] 赵永红：《神奇的藏族文化》，民族出版社2003年版，第163页。

3. 崇尚自然的生态特征

脆弱的自然环境，使藏族人选择了以游牧经济为主的生产方式，较之农业，畜牧业对自然的依赖性显然更强。生存的压力，使人们对自然环境的价值认识和理解更为深刻，形成了生态意义上的"天人相谐"思想。他们认为自然是一种完美和谐的秩序、人与自然共生共存的关系，不是势不两立的双方。万物和谐共存就是"天道"，尊重自然就是对"天道"的遵循。"天人相谐"的思想融入了草原民族意识形态的每一个细胞。道德方面，他们谴责和鄙视贪婪攫取自然资源的人，反对竭泽而渔的行为。在宗教方面，藏族人有很多有利于植被保护、动物生长和水源洁净的生产生活的禁忌。

在藏族人的思想观念中，历来崇尚"天人合一"和"回归自然"的大生态哲学，人是大自然的一部分，是自然秩序中的一个存在。"天"在藏族文化中有双重含义，一是精神的存在，是世界的本源；二是广义的自然。自然本身是一个生命体，所有的存在相互依存而成为一个整体。人、动物、植物都是这个大生态系统中不可或缺的有机组成部分。把人类社会放在整个大生态环境中加以考虑，强调人与自然环境的息息相通，和谐一体，这就是生态和谐。把人的存在和自然的发展变化视为相互联系、和谐、平衡的运动，这就是"天人合一"。"天人合一"是藏族人长期生活实践的一种经验总结，并最终把它内化为藏族人的价值取向和行为准则，体现在他们的全部生产、生活过程中。这种生态观，是人们对自然生态系统的本质的反映，是人们根据生态系统的需要和可能，最优化地解决人与自然关系问题所反映出来的思想、观念和意识。进一步说，它是有特定的民族或地区的生产方式、生活方式、宗教信仰、风俗习惯、伦理道德等构成的具有独立特征的结构和功能的文化体系，是人与自然和谐相处、可持续发展的知识和经验的积淀。

4. 开放自由的特征

特殊的自然环境，使藏族人选择了农业和游牧并存的生产生活方式。农业文化的根本特点在于，维持一个安定的社会环境，保障植物生产周期的完成。一旦这个周期遭到破坏，那就意味着灾荒发生，稳定生态是农业社会机制运转的中轴，因此，我们也可以说农业文化是一种静态文化。它尚文、尚德、尚义、不尚力，它爱好和平，反对暴力。而藏族人从一开始就在其生产生活的过程中面临着许多严峻的挑战：大雨、暴雪、山洪、飓风等自然灾害经常光顾他们的生存空间。一场暴雪会埋葬整个羊群，早上还是富裕户，下午就有可能变成穷光蛋，这种生存环境一方面决定了他们认识世界过程中表现出对自然的顺从和敬畏，另一方面则表现出独立进取、自由乐观的精神状态。这种生产生活方式是藏族人顺应自然的选择，也是藏族人长期以来对自然认识的结果。

这种特殊的生产生活方式塑造了藏族人开放自由的文化特征，进而也形成了许多自由开放的生活习惯和知识类型。如在婚姻方面，藏族青年男女多为自由恋爱，他们认为只有情投意合即可心心相印。姑娘长到十六七岁举行成人礼（即"上头"）后就可与男青年自由来往、谈情说爱。各地藏区男女青年进入青春期后，基本都有自由恋爱的经历。上层社会中少数权贵人家子女婚姻由家长包办，主张门当户对。男女青年相互认识，结交朋友，通过对唱"拉伊"表露爱慕的心声，播撒爱情的种子。如果双方通过接触真诚相爱后，则由男方请德高望重的人做媒人促成婚姻。如果双方通过接触发现互相不合适时，就会自然分开，这中间如果女方怀孕，孩子和未婚母亲均不会受到社会的歧视。在婚姻缔结中，男方可以取女方到男家从夫居，男方也可以到女方家从妻居，无论从夫还是从妻都是自然的事，当地社会不会有什么舆论。同时，藏区对离婚、再婚现象也不持非议。这一切都是当事人的自由，部落、家长、寺院都不予干涉。另外，在藏族家庭里，很少有丈夫打骂妻子的现象，父母一般也不会体罚孩子，在育儿方面，也是崇尚自然生长，从不刻意去强求还在做什么或不做什么，而是让他们更早更多地去接触自然。

第二节　民族地区地方性知识的内容

对于地方性知识的研究，正如弗雷泽所说，"我们永远不可能彻底从原始人的角度出发，用它们的眼睛来观察一切事物。……我们在这个领域所能达到的，仅仅是作出一些我们的智慧可以允许的推断而已。"[①] 还要阻止自己不要用远离地方的评价标准去审视地方性知识的价值，而是要尽

---

① ［英］J. G. 弗雷泽：《金枝》（上），徐育新、汪培基、张泽石译，新世纪出版社2006年版，第12页。

可能地融入地方人的生活空间内去理解地方性知识。因为只有"靠种地谋生的人才明白泥土的可贵。城里人可以用土气来蔑视乡下人，但是在乡下，'土'是他们的命根"。①地方性知识在某种程度上可以说就是地方人的生活，因为外来者在没有融入地方人的生活之前，真的很难分清哪里是生活，哪些是知识。美国人类学家克利福德·格尔茨的《地方性知识》使我们真正认识到地方性知识就是地方人的生活。地方性知识在当地人所认可的"文化逻辑"中具有不可替代的作用。

在巴厘岛的一个村庄里，所实行的一种非常像法律的东西把一个当地人逼疯了，作者称这个当地人为"瑞格瑞格"。瑞格瑞格的问题开始于或是他妻子跟别的村子的人跑了或是他们俩一起跑了：巴厘岛上那种打情骂俏的婚姻模式使这类事情在当地人的眼睛里多多少少分辨不清或者根本不值得分辨清楚。恼怒之下，瑞格瑞格要求本村委员会采取行动把他妻子弄回来，虽然村民委员会中每个人都同情他的不幸，但都向他指明自己自然已经明白的事：结婚、通奸、离婚以及诸如此类的事不在全村事务之列。这些是由亲族处理的事情，在巴黎亲族界一般是很清楚的，而且亲族也都很小心保护自己的特权。这一问题不属于村委员所管，他的投诉没有找对地方（巴厘的村庄都有明确的规则，一遍又一遍、一代又一代地写在棕榈叶上，基本上用宗教式来限定各种团体的权利和义务）。委员会的成员们本来会很诚恳地愿意对他有所帮助，因为他们都认为他是受了很大委屈，但他们无能为力。至于瑞格瑞格的亲族只能用一些套话去安慰他罢了：生活就是这样；过去的就让他过去吧；海滩上还有别的鹅卵石。

然而，瑞格瑞格并不是就这样安心了。七八个月以后，正好轮到他作本村委员会五位首领之一的时候，他避而不就任，麻烦也就来了。在这个村子里，首领是主动轮换的，任期三年，轮到你的时候（其实也是相当难得的），你就干脆非服其劳不可。这是属于本村事务的，也是写在棕榈叶上的，而且连同玩忽职守使神将会降临给你灾难，也都详详细细地写在一起；拒绝就任

---

① 费孝通：《乡土中国》，上海人民出版社2007年版，第7页。

（就任何人记忆所及，还是第一遭）不仅相当于放弃了自己的村子，而且也放弃了人类。你就失去了房屋土地，因为那是属于村庄所有的，你也就成了流浪者。你失去进入本村庙宇的权利，如此便割断了与神的联系。你当然也失去了政治权力。此外，你将失去所有社会关系，因为村子里不会有人不顾惩罚来跟你讲话。这并不完全就是死刑，但对巴厘人来说，这是仅次于死刑的惩罚。因为他们有一句谚语："离开一个同心协力的社群，就是躺下来死掉。"为了让他改变念头，村委员会开了6次特别会议，朋友和族人也为此和他通宵座谈，但却一无所获。最后，村委会把他开除了。然后，经过最后一次使他回头的努力之后，他的亲族也把他开除了。最后他自己的家里人也不得不抛弃他。不过，他们有足够的理由认为：是他抛弃了他们。不管怎么说，他被抛弃了。他成了无家可归的人，在村子的街道和院子里游来荡去。虽然人们都不许跟他说话，但他们不时地会扔一些残羹剩饭给他。照样过了几个月，一天比一天不像样子，整个成了一个颠三倒四、语无伦次的人，已经不能再对那些充耳不闻的人叫喊他的冤屈了，甚至连发生什么都记不住了。

然而，就在此时，发生了一件意想不到而又前所未有的事情。巴厘岛最高的王爷，也是当时新共和政府实际的地方首长，来到村里为瑞格瑞格申辩。在巴厘人眼中，他是岛上最神圣的人物，也是政治地位和社会地位最高的人物。在他面前，人们仍然匍匐在地，跟他讲话使用最高的恭敬之词。当这位保护神来到村里时，村委员会为迎接他专门举行了特别会议。在会议上，王爷蹲在委员会所在亭子的地上，以此来表示他无论怎样显贵，在这一场合不过是个客人，不是王爷，更不是神，委员会成员们毕恭毕敬地听他讲话，悉如传统大礼，但他之所言却与传统迥异。他告诉他们，这是一个新的时代，国家已经独立了。他理解他们的感情，但是把人驱逐出去，没收他们的房地，剥夺他们的政治和宗教权利这样的事的确不该再有了。那不是新式的，跟上时代的、民主的、苏加诺的方式。他们应该让瑞格瑞格回来，这样才符合新印度尼西亚精神并向世界表示巴厘岛人不落后。如果他们一定要惩罚他，就用别的方式惩罚吧。他讲完话的时候，他们小心避开话题，缓缓地甚至更恭敬地对他说，请他去放风筝。如他所深知，村里的事务是该他们而不是他操心的，并且，他的权力无论怎样难以想象的巨大并且堂而皇之地行使，却不在这件事上，他们对瑞格瑞格的事所采取的行动自有本村法规为凭。如果他们无视法规，就会生天花，庄稼就会被老鼠吃光，就会地动山摇。这位神圣的王爷加公务员的传统地位已经得到重新认可，现代职责也已尽到，便起身说，祝愿这个村子兴旺发达，又谢了他们的厚待，即告辞了。离去时人们都在他脚前叩头，这个问题再也没人提起了。我最后一次看见瑞格瑞格时，他已全然精神失常，恍惚在一个幻觉的世界里游荡，没有人同情，没有人理会。①

从这个案例中我们可以发现，地方性知识与地方人的生活是一种水乳交融的关系，也就是说哪里有地方人的生活，哪里就有地方性知识；地方性知识对地方人的生活来说具有不可替代性；地方性知识是作为一个整体融入地方人的生产生活、社会活动中的。为了更清楚地说明地方性知识在地方人生活中的意义，本书将从以下几个方面来呈现藏族地区地方性知识与地方人生活之关系。

一　生活中的地方性知识

了解藏族文化的人都知道，酒可以使我们这些"陌生人"顺利地走进藏族人的家庭，当然还需要真诚。一次文艺会演结束后，学校组织教师会餐，上次"供饭"②的"那个人"也被邀请参加，我作为客人和"供饭"的"那个人"并肩坐在了"尊贵位置"。为了和藏族老师，还有"他"打成一片，我主动给他们敬酒，并接受他们任何方式的回敬，后来处于"敬佩"又单独给"他"敬了很多酒，也和"他"聊了很久，那天下午喝了多少酒，我已记不清了，在我的印象中，平生第一次喝那么多酒。这次喝酒和畅谈后，我们成了朋友，并多次被邀请到他家做客，他家住在甘加乡哇代村。每到学校放月假，我都会去他家吃住，同时辅导孩子的家庭作业。家里的这个孩子管他叫"阿米"，是他的外孙。

---

① ［美］克利福德·格尔茨：《地方性知识》，王海龙、张家瑄译，中央编译出版社2004年版，第232—236页。

② 第三节有专门关于"供饭"的论述。

（一）亲属称谓

藏族亲属称谓的民族特色比较明显。在碌曲、玛曲、夏河及合作市将祖父和外祖父统称为"阿米"，祖母和外祖母统称为"阿伊"或"阿妈噶茂"，父亲为"阿加"，母亲为"阿妈"；将叔伯、姑父、姨夫等男性亲属统称为"阿克"，舅父叫"阿样"；将婶母、姑母、姨母等女性亲属统称为"阿奶"；将同辈的哥哥、姐夫、姑表兄、姨表兄等男性亲属统称为"阿噶"；将同辈的姐姐、嫂子、姑表姐等女性亲属统称为"阿切"；男子将比自己小的同辈男性统称为"阿吾"，比自己小的女性称为"商毛"；女子将比自己小的女性称为"哄呀玛"。卓尼地区称父亲的兄弟为"阿古"，称自己的兄为"阿哥"，弟为"丑昂乌"；将儿子称为"不乍"，女儿为"乌母"；将儿媳妇叫"王玛"，女婿叫"马化"；将舅父叫"阿任"。[①]

（二）绘画与雕塑

我是坐着他的摩托车去他家的，他家住在上脚下，远远望去和山连为一体。如果不是随风飘扬的经幡，真的很难发现那里有一户人家，房子外面和山的外表差不多。走进房子，俨然是另一番天地，浓浓的酥油味扑鼻而来，屋内正中的墙上挂着一个用玻璃框装裱的活佛像，佛像上面还搭着哈达，佛像下面是一个木制的佛龛，佛龛上刻着一幅《吉祥天母》的画。屋子的右边放着一张长方形的藏桌，桌子的框架部位雕刻着玲珑精致的龙、凤、虎、狮等图案，平面部分绘有花草、人物、禽兽，特别是象征吉祥长寿的内容，画笔细腻，千姿百态。

绘画和雕塑是藏族人民非常崇尚和喜爱的艺术。普通的藏族家庭都有类似这样的绘画和雕刻。藏族的绘画，题材极为广阔。从佛教的宇宙三界到细致入微的社会生活，从深奥的佛教教义到百姓生活琐事无不涉及。其主要包括岩画、壁画、唐卡、堆绣、刺绣五种类型。在没有文字之前的远古时代，岩画是藏族先民们最初的美术作品和"历史文献"。"藏区是我国岩画的博物馆，不论走到哪里，只要有藏族人生活的地方就有岩画。"[②]藏族岩画所反映的内容广泛而丰富，它记录了高原古代先民们的各种物质生产和精神活动。壁画，藏族称"叠热"或"罗合热"，俗称"迥塘"。

[①] 石为怀：《甘南藏族民俗》，甘肃文化出版社2007年版，第79页。
[②] 赵永红：《神奇的藏族文化》，民族出版社2003年版，第86页。

藏族早期的壁画基本上是以佛教内容为题材的绘画艺术,绘制的目的也是宣扬佛教教义,体现佛经所说的修行功德。到明清逐渐开始出现反映世俗生活、反映自然风光的画,同时壁画艺术开始走进百姓生活。传统的藏族壁画,按其所表现的题材可分为教义性壁画、人生性壁画、知识性壁画。教义性壁画包括画传、偶像、佛教神话故事图、宗教活动图、佛教的宇宙观等。人生性壁画又分为肖像画（如历代藏王、贵妃等）、历史故事画（如《西藏的由来》、《文成公主入藏》等）、建筑画（如《布达拉宫》等名寺的全景图）、民族风情画（如《民族歌舞图》、《竞技比赛图》等）。知识性壁画包括藏医草药图（如《胚胎发育图》、《脉络图》、《矿物药图》等）、天文历算图（如《天文星相图》、《绘画量度经图》等）。唐卡,意为用彩缎织物装裱而成的有精神膜拜和艺术欣赏两种功能的卷轴画。具有鲜明、独特的民族风格和浓郁的宗教色彩,是藏族特有的一种绘画形式。根据制作材料,唐卡可分为两大类。一类是用丝绢制成的唐卡叫"国唐",另一类是用颜料绘制的唐卡叫"止唐"。唐卡的题材是多方面的,涉及政治经济、历史文化、工艺技术、天文医学等内容,藏传佛教的各种活动、宗教人物、历史故事,以及高原的风情习俗、水光山色等尽收卷内。唐卡画面展现的各类人物形象,没有千篇一律概念化的痕迹,如果没有高超的技艺和丰厚扎实的生活积累,是很难做到的。藏区现存的许多唐卡不仅具有很高的艺术观赏价值,更具有很高的学术研究价值。堆绣和刺绣都属于寺院文化艺术,藏传佛教六大寺院之一的塔尔寺的堆绣和刺绣作品较多。

雕塑也是藏族文化中重要的组成部分。藏区的山口路旁、峭壁悬崖、江边湖畔、村头屋前,随处可见一件件石雕泥塑,遍布藏区的"嘛呢堆"可谓是藏族石雕艺术的奇观。藏区的雕塑主要以表现和反映佛教人物为主,但也有相当一部分是在反映世俗生活。藏族的雕塑可以分为木雕、石雕、泥塑和酥油花塑四种类型。木雕主要包括人物雕像、生活家居器物雕刻、建筑装饰花纹雕刻和印刷模板雕刻。石雕是藏区的一大风景,无论是山口道旁,还是寺院周围,均有经信徒不断添加、日久成堆的石雕艺术杰作。酥油花塑是青藏高原上一朵绚丽多彩的艺术奇葩,是一种油酥工艺技术。酥油花的塑造工艺极为复杂而独特,多在冬季三个月间进行。酥油花表现的艺术形式多样,题材内容广泛,多属佛教故事、历史故事、人物传记、花草树木、飞禽走兽等。

(三) 藏式建筑

我去的地方是他自己以前用石头砌成的房子,离他房子大约3千米远的地方,有政府为他们建造的砖混结构的平顶房,可他不愿意住在那里,只是在那里堆放了一些杂物。"因为那里是河滩,原本是一个牧民的牧场,因为新建村子还闹了许多矛盾,所以大家都不愿到那里去住。最主要的原因还是房子不避风,冬天太冷,放牧不方便,而且也不能与天地融为一体。"

由于藏族人所居住的青藏高原,气候对建筑影响较大。所以,人们在修房造屋时,主要考虑的是保暖和避风。一般来讲,建筑物多建在背风向阳的地方。房屋开窗、开门的方向都必须是顺风向,而不是逆风向。住房要建在山坡上、山顶上或山脚下,不能将房屋直接建在河流冲击过的河滩上,因为河滩土地肥沃,可以做牧场、农田,故尽量不要去占用。藏族建筑最明显的特征就是依山而建石头房,无论是大型建筑群如西藏拉萨的布达拉宫,甘肃夏河的拉卜楞寺,还是普通的民房大多都是依山而建。藏族人为什么要依山而建房呢?因为他们认为天界、人界、地界(天、地、地下)为空间构成的层次,天、人、地是连为一体的,自然和人是和谐的统一体。依山而建的房子远远看去似乎和天连为一体,房子好像从山上长出来一样。在审美视角上给人一种与自然融为一体的整体感。而用石头作为建筑材料,主要是避免对草地植被的破坏。藏族人的建筑还要讲究与周围自然环境的色彩、形状相协调。如寺院屋顶及民居屋顶上的五彩风幡,各种颜色都有各自的寓意。顶端蓝色幡条象征蓝天,第二层的白色代表白云,第三层的红色表示火,第四层的绿色代表水,最下方的黄色为土。这种排列体现大自然的顺序和规律,也表示藏族人对自然顺序的尊重与顺从。

藏族人生活区域非常辽阔,各地自然环境、地理位置、气候特点、生产方式、生活习惯、建筑材料以及建筑目的、审美情趣均存在不同程度的差异,反映在建筑方面就千姿百态、各具风韵,但这些独具个性的建筑中能折射出藏族文化、审美的共性。藏族的建筑分为民居和寺院建筑。藏族民居又包括石砌碉楼、土夯房、木制房和帐篷等。碉楼是古代藏族人就地取材、因地制宜所采用的建筑方式和习俗。碉楼的产生与藏族人早期生产、生活、宗教以及身居高山峡谷、交通不便、社会动荡不安有密切关系。土夯建筑是农区普遍采用的建筑形式,具有就地取材、夯筑简便、冬暖夏凉、造价低廉等特点。藏传佛教的建筑，是藏族历史、政治、经济、文化、艺术的集中体现，是佛教艺术中最令人叹为观止的一部分。一座座红墙金顶的寺院，在蓝天白云和雪山的映衬下，辉映着神秘的光芒。

（四）藏茶

走进屋刚坐下，他爱人就从一个柜子里取了碗为我斟了一碗早已准备好的茶，双手躬身微笑着端给我，然后又从桌子上的茶碗盘里拿起了一个碗给他也斟了茶。藏族人饮茶有很多讲究。平时在家里喝茶也是各用各的碗，喝茶时，碗中的茶不能随便喝干，而是喝一半或一大半，斟满后再喝，最后结束喝茶时也要留下少许，表示茶永远喝不完。斟满的茶要双手端碗躬身献给客人。来客一般需饮茶三碗，只喝一碗就会认为不吉利，藏族有"一碗成仇"的谚语。

"一日无茶则滞，三日无茶则痛"。藏族人可能是世界上最喜欢喝茶的民族了，很多人特别是老人已经对茶养成了一种生理和心理上的依赖："宁可一日无食，也不可一日无茶"。"每天早上我们都必须喝酥油茶吃糌粑，要不一整天都没劲。如果没有喝茶，吃其他的什么都不行，代替不了。我们藏族有一句话叫'没有喝茶就等于没有吃饭'"。一位藏族老人这样向笔者解释茶与他们生活的关系。藏语管喝茶叫"呷通"，这个词本身就含有吃饭的意思。生活在成都的格勒说："一次，他的老母亲从甘孜来成都看他，待了一天，开始莫名其妙的头疼，第二天疼得受不了，而且浑身不自在。到第三天她实在待不住了，就赶最早一班客车回去了。至今还让格勒百思不解的是：'奇怪了，母亲一回到家，喝了一碗家里的茶，头立刻就不疼了！'"。

茶是藏族生活中不可缺少的饮品。它有解渴、解乏、消食、化腻、提神、健胃等多种作用。家中来客先敬上一碗茶，红白喜事，都用茶来接待。藏族的茶主要分为大茶、砖茶和碗碗茶。大茶是由老茶叶和小枝条加工而成，用竹编的大筐子进行包装，一包一般为50斤。砖茶用硬纸包装，茶质比大茶好一点，一包有5斤，是细沫黏合在一起的茶，熬茶时掰一块揉碎放于壶中熬。碗碗茶，因茶的外形像碗而得名，熬茶时抓一小块放于壶中熬。熬制茶类的方法有清茶、奶茶、酥油茶、油茶。清茶：大茶、砖茶、碗碗茶在锅或壶中加水后熬制。一般是咖啡色，清香可口，能提神解渴，是白龙江流域藏族最为普遍的饮品，习惯上通称茶。人们早上出工前一般用清茶伴糌粑或吃馍喝茶。奶茶：清茶熬好后把渣过滤掉再加进鲜奶，色香味美，既有清茶的清香和奶子的香味，还带些淡淡的甜味。酥油茶：酥油茶是全藏区通用的一种上等饮料，白龙江流域藏区也不例外，这种茶的制作比较讲究，有专门打制酥油茶的桶，这种桶是木制的。把熬好的清茶过滤掉渣后，倒入桶内，再放上一块酥油，用专门的搅拌棒上下搅拌十几次便可饮用。油茶：一般砖茶在小壶中熬的时候，把干猪油切成小块，放于小壶中与茶一起熬，然后去掉茶叶的渣，倒入碗中便可饮用，是一种滋补品。每天早晨，家庭主妇或家长一起床，就熬上一壶浓浓的茶，然后再去做其他事，等全家起床后，围在火塘边喝酥油茶，吃糌粑或馍馍。外出劳动时，一到目的地也要支起石三脚，熬上一壶浓浓的茶，晚上回来也一样。

喝茶是整个藏族群众生活中不可缺少的一部分，无论男女老少，都有喝茶的习惯。甘南牧区的学校食堂每天也必须给学生熬一次大茶。它既是生理的需要，也是休闲和社交的一种方式。茶是藏族人的一种基本生活资料，平时生活离不开茶，逢年过节、设宴、集会更少不了茶。由于茶与生活的这种特殊关系，茶也成了一种待人接物的礼品，修房办喜事，互相送去一包大茶做礼品，寺院念经也送大茶作为施舍。对宗教极为虔诚的当地人们，还把茶当作祭品，烧好茶后先在火塘边洒上几滴，敬灶神。野外烧茶时，也要在石山脚下洒上几滴茶，敬山神。同时在敬献祖时也舀上一勺茶，一边洒一边念祭词。

一位藏族医生总结说："我们藏族人日常饮食以牛羊肉、奶制品和青稞为主，这种膳食很不容易消化，而茶叶具有很好的溶解脂肪的功效，有助于消化肉奶类食物。还有，高原的气压较低，空气干燥，人体内的水分很容易蒸发，血管的膨压会增大，喝茶不仅可以补充水分，还能增强血管的抗压能力……所以，当我们的祖先一喝到茶这种饮料时，就注定我们离不开它了。"从医学角度讲，这是因为茶叶中含咖啡因、茶碱、鞣酸、挥发油等物质，而藏族人饮食中的牛羊肉和糌粑都属酸性食物，喝茶有助于维持酸碱平衡，弥补了藏族人饮食结构上的缺陷。

（五）青稞酒

喝了一会儿茶，才让拿出了酒壶在自家的酒缸中舀了一壶酒，我们开始喝酒了。喝酒也是用碗，但不能用缺口碗斟酒。论年龄，才让可以做我的长辈，但他依然双手、躬身、面带微笑将斟满酒的碗递给我。

除了这些常识性的礼仪，藏族饮酒时还有很多讲究，在节日婚庆或众人聚会场合，饮酒一般是先向德高望重的长者进献，然后按顺时针方向依次敬酒。敬酒者一般要用双手勾捧酒杯举过头顶，敬献给受敬者。受敬者先双手接过酒杯，然后用左手托住，再用右手的无名指轻轻沾一点杯中的酒，向空中弹三次，然后再饮。弹酒三次是对天地神的敬奉和对佛法僧的祈祝。

酒是藏族悠久历史和古老文化的产物，酷爱饮酒是藏族习俗的一个重要特征。藏族人在逢年过节、婚丧嫁娶、盖新房、喜庆丰收、亲友聚会、招待客人或调解纠纷等活动，都离不开酒，日常生活中也经常喝酒。藏族的酒的制作工艺及酒质可分为烧酒、黄酒、甜酒三种。烧酒，多用青稞碾皮除壳煮软，然后加曲搅拌凉冷后装入酒缸中，用面封住，半年左右可蒸烧，蒸烧出来的酒叫作烧酒，此酒一般度数较高，平时只有大人们喝。黄酒，将青稞煮熟后用漏勺或竹滤舀到竹编簸篮内，待温度降下后，拌曲子盖严，过两三天后将已发酵的青稞酒装入陶罐并用面封口，过上若干天后陶罐中倒入冷开水调拌，其汁就是黄酒。黄酒的喝法有两种：其一，家里随时都用碗来喝，不分男女老少，当作饮料喝。其二，婚丧嫁娶或盖新房，亲友聚会时把通心竹竿插进酒罐内，直接轮流咂饮，并不断地加凉开水，一直到吸干为止。这种喝法一般都在大的场合里，平时人少时都在碗里喝。甜酒是人们最喜欢的饮料，一般是在接待贵宾或者过年办喜事时才做大量的甜酒。制作方法有两种，一种是煮酒的方法与烧酒、黄酒相同，装缸时，在酒醅中加入柿饼或柿杷子，饮用时加凉开水或凉水搅动，饮吃两可，多为盛夏解渴饮料。另一种是住在山上的藏族喜欢养蜜蜂，用过滤蜂蜜的淘蜡水，加酒曲发酵，同时把过滤的蜂蜜直接加入黄酒或烧酒中搅动后变成味香甘甜，这样酿成的酒叫蜂糖酒。

酒是藏族群众生活中的重要组成部分，无论家庭条件好坏，几乎都储存着青稞酒。酒不仅是待客的主要饮品之一，而且家里的大人都会喝，特别是那些年龄大的老人，每天都会喝些酒，喝青稞酒使人面色红润，抗寒冷，抗缺氧，具有医药价值。对那些一天生活在相对高寒的地方，整天在露天甚至风雪里放牧干活的人来说，酒是他们祛寒保暖再好不过的热饮了。因此，他们回来后先喝二两左右青稞酒，然后才喝茶吃饭。

喝酒是藏族人不可缺少的一种生活方式，在喝酒的问题上人们也花了不少心思，在酒的制作工艺上也表现了藏族群众的智慧和创造。喝酒既是生理的需要，也是休闲和社交的一种方式，人们喝着酒，讲着故事，谈着趣闻乐事，或者载歌载舞，热闹非凡，体现着生活的乐趣，加深相互间的友情。酒是一种基本生活资料，平时生活离不开酒，过年过节、设宴、集会更少不了酒，由于酒与生活的这种特殊关系，不论是搬新房，还是办红白喜事，都送去一罐好酒，体现着礼尚往来的好习惯。

藏族习惯中，妇女怀孕后，即便家庭经济再困难，也必须煮一缸青稞酒，做产前准备，煮青稞酒必须质量好，才能有益于解除产妇的痛苦，利于康复。因此，妇女生孩子后，在月子里，天天饮用加有红糖、酥油的奶茶及热青稞酒，能补血补气，也有益于排净体内羊水、血等，这也是藏族生活中独有的特点。所以人们认为，藏族人刚生下来吃奶的时候，就与酒建立了关系，对酒特别青睐，并喜欢喝酒，可以说是喝着青稞酒长大的。

（六）生活燃料

第一次去他家，晚上没有住，因为同去的还有一位帮我翻译的藏族老师，晚上要检查学生就寝情况，所以就和他一起返回学校了。10月的甘加草原，已经冷得到了必须生火的地步了。甘加乡寄宿制中心小学从2010年9月中旬就开始给学校装暖气，但国庆过后还没有完工。学校给学生宿舍定时开了空调（学生宿舍以前取暖用的是空调，但由于成本太高，加之又不安全，所以教育局根据县政府的决定给学校装暖气），教师也自己想办法在取暖。汉族和回族老师基本都是用空调取暖，藏族老师基本都在用羊粪生炉子取暖（羊粪是学生拿来的），不仅方便，而且特别暖和。因为羊粪火力强，持续时间长，所以晚上睡觉前在炉子里加满羊粪，一直会着到天亮，只要封好，室内的温度一晚上都保持恒定。而且不用担心煤烟中毒。"如果按火力大小排列，羊粪火力最强，燃烧时间最长；牛粪次之，马粪最弱。羊粪由于某种糊状物质成为坚硬的黑色小圆球。晒干后很轻但很坚硬，便于储存和携带。由于它火力强，持续时间长，许多人用羊粪烧红铁器打铁。牛粪由于牛的反刍较细致，因此也能较长时间地燃烧，不过烟稍微大一些。马粪粗糙，易燃烧。在农业区人们多用干马粪和着草根煨土炕。马粪通常用来做火引子，由于马粪易燃烧。所以人们在使用牛羊粪时，先点燃马粪，再加上牛羊粪，火就比较容易着。牛粪不是牛一拉下来就随便扔到一边晒干的，而是要做成牛粪片才能作燃料和储存的。用牛毛草将牛粪团起，贴在羊圈墙上，然后用草将牛粪摊开，形成一个直径20厘米的牛粪饼。过两三天风吹日晒干燥后，将粪片取下来，垒成一堆，供烧饭取暖用。冬天，将新鲜的牛粪也贴成饼，但由于天气寒冷，大多牛粪就会冻成块状。将这种块垒成墙，筑成羊圈（冬天的草原，羊住在牛粪圈里相对比较暖和）。深秋的时候，当人们选好冬天的定居点时，每天早晨就开始去垒。一个月左右便可垒成一个羊圈。有些牧民也用冻牛粪垒一些用来储存牛羊肉的小窝棚。将牛羊肉在这种窝棚里放上一个冬天，肉仍然新鲜无比。"

青藏高原生态环境非常脆弱，土地贫瘠，水土流失严重。如果以砍伐灌木作为生活燃料的话，青藏高原早就荒无人烟了。但为什么千百年来高原的生态没有退化。实质上我们的担忧，智慧的藏族人早就认识到了。对此，他们采取了不动土、不砍伐的措施来消除我们的担忧。他们用饲养的牛羊马的粪来解决燃料问题。在这里，许多人最担心的可能就是燃料的卫生问题。实质上，"从卫生角度讲，晒干的牛羊粪，没有任何臭味。因为牛羊本身只食用青草，他们的粪在高原强烈的太阳紫外线照射下，基本没有病菌存在"。[①] 当然，我想在晒牛粪片和羊粪的时候可能会有臭味，但与城市里的煤和天然气相比，牛羊粪对人体的损害可能比它们要小得多。

（七）藏族歌舞

2010年9月的一个晚上，我约了甘加寄宿制中心小学的几个藏族老师到附近的村庄上去看看，这里"隔壁村子"的距离和我们这些生活在人口相对比较密集的地方的人心中的"隔壁"的意义完全不同。从学校所在的村子到隔壁村子骑摩托车需要近1个小时，来到作海村已经快九点了，远远地就看见一堆火，并听见了优美的歌声。我们在人多的地方停了下来，因为这里的牧民都认识学校的老师，所以见面也感觉不到陌生，把我作了介绍后，我们很快就融入他们的队伍中去。活动在篮球场周围举行，因为是锅庄舞，所以篮球场太小，但篮球场的水泥地上正好可以放火堆（没有篮球场之前，跳锅庄舞时必须用砖头垒一个圈，在圈内生火，以防烧伤草地）。事实上，这里的篮球场除了几个假期、周末回家的中学生偶尔打打篮球外，几乎没有什么用处。一个老师告诉我说，今天晚上他们跳的这个锅庄舞是比较老的一种，所以这些跳舞的人都会唱舞曲，有时他们也会拿DVD和音响出来学唱新歌。在藏族老师的帮助下，我和这个村子的一位老人聊了一会儿。老人说："像晚上唱歌跳舞这种事情在闲的

[①] 南文渊：《藏族传统文化与青藏高原环境保护和社会发展》，中国藏学出版社2008年版，第136页。

时候几乎每晚都有，自愿参加，从来没有人硬性要求必须参加。但如果没有啥事，大家一般都会来。有时老人一堆，年轻人一堆；有时男的一堆，女的一堆；大多数情况都是集体跳和唱；有时村与村之间也进行对歌；年轻人有时也约其他村子的年轻人来这里对歌。我们藏族人大多都好这个。"

2010年10月26日，甘加的学校都放了月假，[①] 有几位藏族老师没有回家，我们一起去了学校附近的哇代村，哇代村是一世嘉木样[②]活佛诞生的地方。几位藏族老师说这里藏文化的氛围更加地道。我们是下午3点左右来到哇代村的，今天村子里有人"供饭"，所以全村人都在一个类似于"村委会"的地方聚集，这里有他们专门用来"供饭"的公房。"供饭"结束后，就开始唱歌。首先是一个人拿着缠有羊毛的吉祥酒瓶，歌唱赞颂美好生活、吉祥如意等方面的歌，边唱边漫步，其他人都围成一个大圆圈席地而坐，聚精会神地听着、用期待的目光望着正在唱歌的人，希望吉祥瓶能落到自己手中。唱的人走到谁面前如果歌声停止，他就会把手中的吉祥瓶交给谁，然后这个人接过来就唱。由于这位老师有事需要回学校，所以我们看到下午六点就离开了，他们的活动还在继续。

藏族是一个能歌善舞的民族，在长期社会历史发展的进程中，生活在雪域高原的藏族人民，以歌舞为精神支柱，记录和总结了各个历史时期的生活经验和思想哲理。这些口头即兴创作与表演相结合的歌舞音乐，像我们身边奔腾的江河，源远流长，浩浩荡荡，汇成波澜壮阔的巨流，流泻出藏族数千年文化的积淀。藏族的民间歌舞起源于吐蕃王朝之前雅隆部落的第十一代赞布—德肖勒赞布时期的"勒"、"卓"（藏族译音，意为"歌舞"）。[③] 从那时起，歌舞对于藏族人来说就像喝奶茶一样重要，与藏族人的生活形影不离。无论是逢年过节，还是收获喜庆，无论是浪山消遣、还是牧马放羊，都会有歌声相伴。可以说，藏族无处不飞歌，哪里有藏族

---

① 月假：甘加乡由于学生家离学校比较远，家长也经常不在家，考虑到这些特殊原因，甘加学区在征得教育局的同意后，制定了每月休息两次，一次休息四天的月假制度，如果遇上如国庆等这样的全国性的节日就будет将月假依次向后推移。

② 嘉木样（公元1648—1721年），生于甘南夏河甘加草原白石崖附近的当让沟华秀家族，祖上住黑帐，以养畜为业。大师自幼聪明过人，十几岁时已掌握了历算、风水、藏医、诵经、写字画画等多种知识和技能，是藏传佛教史上被称为"遍知者"、"宗喀巴第二"的伟大佛学家。全称"嘉木样协巴"，意为"文殊欢喜"，真名叫"华秀阿旺宗哲"。

③ 石为怀：《甘南藏族民俗》，甘肃文化出版社2007年版，第129页。

人，哪里就会充满歌声。藏族歌曲是藏族文化中的一大景观，它反映着藏族特殊的民族发展史和民族文化史，承载者千百年来藏族人民悲欢离合的情感、婚丧嫁娶的仪规和历史变迁的轨迹。反映着青藏高原丰富多样的自然环境、历史传统和人文精神。

  藏族的民歌主要分为鲁（谐）体（歌曲）民歌和卡尔鲁（舞歌）体民歌两大类。在两大类民歌中又包括众多类别的歌种。如鲁（谐）体民歌中包括仪式歌、习俗歌、劳动歌、儿歌等。①仪式歌。藏族是一个崇尚礼仪的民族，而他们的仪式又几乎是在歌舞中开始、进行和结束的。藏族仪式歌包括婚礼歌、征战歌和排座歌。婚礼歌一般包括哭嫁歌（哭嫁歌主要唱感谢父母养育之恩，女儿要出嫁了，不能帮助父母分担家务，不能在家伺候爷爷、奶奶。）、迎宾歌、乐宾歌、酒歌、送宾歌等，分别配合婚礼仪式的不同程序展开，是一种大型组歌的形式。征战歌是当时部落之间或抗击外寇出征前或胜利归来时所唱的歌。排座歌，主要是在喜庆佳节时唱的一种歌，内容丰富、曲调优美，以对唱、齐唱的形式来表演。首先赞美本尊及三宝，其次歌颂上座的喇嘛、头领、长辈等。②生活习俗歌。藏族地区由于地域辽阔，气候复杂，生产、生活方式各异，形成同一文化下不同风俗和不同审美观，也就产生了多姿多彩的生活习俗歌，其类型主要包括拉伊、次架、山歌、达鲁、谐莫和悲歌。拉伊，即情歌。在藏族传统音乐中，情歌是一个非常大的歌种。主要反映男女之间恋爱关系的产生、经过、变化和发展等方面的内容，是男女青年交流情感的一种方式，歌词中很少直接用"爱"与"恨"，而是用拟人的手法来表达，比喻贴切，形象生动、意蕴含蓄。但是需要注意的是，有血亲关系的人在场时是禁止唱情歌的。情歌又可分为传递口信歌（拉陈）、初识歌（腾拉）、初恋歌（卡腾杰国）、热恋歌（西腾布国）、起誓歌（那吉布图）、苦情歌（莫腾吉国）。次架，即对歌。对歌是藏族生活中很普通的一种娱乐活动，不论是节日的聚会，还是在劳动或是月光下的歌舞，都少不了对歌。有男女青年的对歌、有朋友间的对歌，也有村与村和寨与寨之间的对歌。对歌有一定的规则和程序，每首歌必须具备三段，三段的音节、行数要相同，如果你的歌不够三段，会被认为不尊重对方，而受到周围人的嘲笑和奚落。山歌包括勇士歌（巴鲁）、悲歌（觉鲁）、颂歌（叠鲁）、僧游歌（尕歌）等，山歌是自由的、不固定的，不受节奏、时值、场所的限制，而且装饰音也有较大的随意性和伸缩性。达鲁，即箭歌。这种歌一般是在举行射箭比赛前唱的一种歌。谐莫，即猜情歌。广泛流传于藏族青年男女之中，起到在男女青年之中牵线搭桥的作用。悲歌，即专门用来宣泄心中忧愤的歌曲，在正式活动禁止演唱。③劳动歌。藏族地区地域广阔、自然环境多样，形成了多种生产方式和生活方式，也因此形成了各种不同形式的劳动歌，主要包括牧业劳动歌、农业劳动歌、建筑业劳动歌、副业劳动歌。牧业劳动歌又分为打酥油歌、放牧歌、剪羊毛歌、捻线歌。如用歌谣这样描述马的用具，"驮鞍皮条等用具，笼头笼绳及缰绳，肚带及其马镫子，鞍垫鞍绳马绊子，卡侧橛子及恰日"。农业劳动歌包括耕地歌、除草歌、收割歌、打场歌。副业劳动歌包括骡马帮歌、榨油歌、洗氆氇歌。这些不同种类的劳动歌可以抒发劳动者的激情、沟通彼此的情感、提高劳动的情趣、增加劳动中的乐趣。

　　藏族不仅是一个能歌的民族，还是一个善舞的民族。走进藏族地区，我们发现无论男女老少，几乎人人能歌善舞。在众多的历史遗迹、文献典籍中，都或多或少地留下了藏族歌舞艺术发展的痕迹。从藏族舞蹈所表现出的明显的群体自娱特点看，它的产生和发展与藏族农业社会的村落聚居形式和劳动生产方式有密切的关系。藏族舞蹈从大的方面可以分为两类，一类是民间舞蹈，另一类是寺院舞蹈。民间舞蹈主要有锅庄舞、弦子舞、踢踏舞、热巴舞等。锅庄舞，"锅庄"藏语意为圆圈舞。锅庄舞是一种集体舞，跳舞时大家围成一圈，少则几个人，多则数十人乃至成百上千人均可参与。在甘南，每年八月举办的"香巴拉旅游艺术节"中经常会出现万人锅庄舞的盛况。锅庄舞在藏族的牧区和农区都十分流行，是最为普及的一种群众性舞蹈，也是一种欢乐吉祥的舞蹈，每逢重大节日都会跳锅庄舞。弦子舞，藏语称为"协"。这种舞蹈最初因拉弦乐器伴奏而得名，后来成为一种固定的舞蹈形式。踢踏舞，藏语称为"堆谐"，最早为贵族们消遣娱乐的舞蹈，后来慢慢流传于民间，是藏区大众喜欢的又一群众性舞蹈。踢踏舞分为"降谐"和"觉谐"两类。"热巴"是对民间舞蹈艺人的一种称呼。热巴舞对演技的要求比较高，将说、唱、舞蹈表演融为一体，带有一定的专业性。藏族的民间舞蹈源于藏族人民丰富的劳动和生产生活实践，也伴随着他们的整个劳动和生活过程。如在青稞打场等集体劳动中，为了动作整齐，减轻疲劳，进行一些歌舞活动。这种歌舞根据劳动的需要，设计了节奏均匀、简单易学的舞蹈动作。这种舞蹈能为单调、重复的劳动带来不少乐趣，外人很难分辨出这是在劳动还是在娱乐。藏族的宗教舞蹈统称为"羌姆",是一种戴面具的法舞,这种舞蹈只有在寺院里表演,一般在每年正月十五的大法会等重要的宗教节日期间举行。

　　生活在城市里的人偶尔也会去 KTV 唱唱歌、跳跳舞,然而这种生活对他们来说也只是去去就来。而藏族人的歌舞则是像他们放牧一样成为生活的一部分。关于藏族地区学校里歌舞与师生生活的关系,将在第四章中进行描述,这里我想主要向大家展示普通农牧民生活与歌舞的关系。桑科乡和甘加乡是甘南藏族自治州夏河县的两个牧区乡,夏季牧民们都各自到自己草场上去放牧,过真正意义上的逐水草而居的游牧生活。到了冬季他们就固定在一个地方——就是政府为他们修的砖混结构的平顶房,以前也有这样一个比较固定的地方,只不过这样的地方会年年更换。政府在村子里为他们建了活动室和篮球场,为了应付上面的检查,这些设施必须建起来。实际上,很多地方根本没有进行设计者所预设的活动,但它们终归还是有一点点用处。

　　(八) 寻医问药

　　甘加乡的医院离学校不远,就在乡政府的隔壁,外表看来有些破旧,但里面装饰得和县城的医院没有多大差别,科室比较齐全,基本的设备都有。只是来这里看病的人比我们想象的还要少。一天下午,学校一位汉族老师的孩子病了,我陪他们一起来到医院,医生检查后说是痢疾,需要输液。由于这位老师有课,我便留下来替他照顾孩子。其间,我和医生聊了很多。这位医生是甘南卫校毕业的,工作已经快十年了,由于很多原因,他一直工作在这里。待遇还算可以,只是他认为医术没有多少提高,虽然这些年也一直没有间断地看书学习,但临床经验太少,主要是病人少。我在这里待了近四个小时,只来过一个人,还是因为要到兽医站取灭鼠药而走错了地方才进来的。医生说:"平时情况也差不多,有时一天一个人都没有。打防疫针都要叫村上领导提前去通知,就这样最多能来一半。藏民输液的人很少,即使病情非常严重,他们也不输,因为很多人不信这个,县城跟前的可能相对要好一些吧。"这里的藏族人生病后,一般情况是先去附近的寺院请僧人治疗,附近的僧人如果不能治愈,就会到拉卜楞寺的藏医院去看。喝药也比较倾向于藏药,这与他们"人是自然的一部分"的人生观不无关系。

　　事实上,不仅仅是藏族人自己,近年来,来拉卜楞寺藏医院看病和买药的其他民族的人也逐渐增多。下面的这一幕可以充分说明这一点。

今天我是第二次来拉卜楞寺的医学院买"洁白丸"。① 还要顺便买一种叫"如意珍宝丸"的药，是专门治痛风的，是一位朋友托我买的。第一次来拉卜楞寺医学院买"洁白丸"是朋友带着来的。那是6月的一个星期六，由于晚上下了一场大雨，所以即使我们把所有带来的衣服都裹在了身上，这里的早晨还是显得有点儿凉，我和朋友八点半准时来到医学院门口，这里已经停了五辆小轿车，车里的人由于不知道这里的天气状况而没有穿厚点的衣服，穿衬衣的这些客人显然只能待在车里，但不时地向医学院门口张望。门口有几位僧人在聊天，原以为是医生或学生，但当我走进问他们什么时间开门时，才知道他们一部分从四川来，一部分从青海来，四川来的这位僧人是带他哥哥来看病的。由于等的时间长，再加上天气凉，我的朋友肚子有点不舒服就先去厕所了。等他回来时，医学院的门已经开了快五分钟了。这天医生外出就诊，来的这两位年轻的僧人只管抓药。由于我不知道怎么买，是先开处方还是直接取药，所以就等朋友来。他们的药就像电视里药王的药一样都是用陶瓷坛子装的，开门时我看见每位僧人手里都提着两个很大的白布袋子。走进药房，一位僧人开始将一些药倒进罐子里（这些药可能不太常用），一位僧人已经开始卖药，买药的人自觉地排成队，我排到第8号，因为有一部分来客是要等医生的，所以就没有排队，在院子里等（抓药的僧人说医生一会儿可能会来）。排在我前面的买药队伍主要都是买"洁白丸"，到第六位了，她是一位40岁左右、湖南口音很重的中年妇女，她一下子要了五百元的"洁白丸"，我非常担心等轮到我的时候，药没了。正在这时，我的朋友也来了。轮到我们了，抓药的僧人很和蔼地用近似普通话的语言问我们要什么药？朋友告诉他说要"洁白丸"，两百块钱，一百一百地分开装。这时我看见那个白布袋子已经下去了3/4。走出医学院，我抱怨朋友来得太迟，差点就买不上了。如果今天买不上，就预示着我们这次不会买到"洁白丸"，因为我们今天必须返程，而僧

---

① "洁白丸"是一种治疗肠胃疾病的藏药。

人们告诉我们，这种药七天才能做好，而且医生说每次只能做一袋子（白布袋子）。既然需求这么大，他们为什么不批量生产呢？我想这也许是有些人不远万里来这里买药的一个主要原因吧。

这一次，还是星期六[①]早上八点来这里等，我以为我是最早的，结果我发现医学院门口的马路边依然停着六七辆车，其中有五辆车都不是甘肃的车牌号，门口依然有八九个人在等。

"洁白丸"仅仅是藏药中的一种非常普通的治疗肠胃病的药，已经被实践证明是非常有效的，否则也不会有那么多人千里迢迢来买它。事实上，藏药和藏医理论早已为世人所接受，只不过这几年人们对藏药的认可程度更高罢了。

藏医学是我国传统医学宝库中的瑰宝，也是藏族文化的重要组成部分。藏医学发展历史悠久、理论完整、内容丰富、有很多行之有效的方法，具有鲜明的民族特点和高原特色，藏族医学知识凝聚着藏族人民长期与疾病作斗争的宝贵经验。它不仅具有悠久的历史和丰富的医药文献，更具有神奇独特的医疗效果，在世界医学之林中占据越来越重要的地位，为世界所瞩目。

藏医学和中医学一样是自然生存文化的产物。在自然生存条件下，先民只能用自然界已经存在的物品作为药物，主要是生物，特别是植物。动植物既是食物，又是药物。藏族的先民和其他早期人类一样，也经历了茹毛饮血的原始时代，食用各种生冷食物，容易患消化系统疾病。藏族先民在实践中逐步认识到饮用烧开的水对消化不良有好处，所以总结出：人世间第一种疾病是消化不良，而第一种药物则是开水，开水被藏医学认为是"百药之王"。人们还掌握了酥油溶液用于外伤止血，青稞酒解毒以及外敷酒精拔毒消肿等不同的医学知识和方法，还认识到这些方法和方式与人体健康的关系，这些朴素的治疗经验迄今已有7000年以上的历史。[②]

藏医理论认为，维持人体各个器官正常运行的因素主要有三大类：

---

① 当地人说，寺院的医学院星期六不休息，只是每天九点开门，因为早上寺院里还有集体的早课。

② 丹珠昂奔：《藏族文化发展史》（上册），甘肃教育出版社2001年版，第631页。

"隆"①、"赤巴"和"培根";② 七大物质基础：饮食精微、血、肉、脂肪、骨、骨髓和精；三种排泄物：大便、小便和汗液。

　　三大因素的"隆"在汉语中是"气"的意思。其主要功能是主呼吸、肢体活动、血液循环、五官的感觉、大小便的排泄、分解食物并输送饮食精微等。"隆"可分为五种：维持生命的"隆"；上行的"隆"；普遍存在的"隆"；主消化的"隆"；主排泄的"隆"。"隆"的特性有六种：粗、轻、寒、细、硬、动。由"隆"引起的病据《四部医典》说有101种。"赤巴"可译为"火"，其功能主要是产生热量并维持和调节体温，增强脾胃功能，保持气色，主消化和润泽肌肤等。根据不同功能又可分为消化赤巴、容光赤巴、行动赤巴、视力赤巴和增色赤巴。"赤巴"的特性有七种：腻、锐、热、轻、臭、泻、湿。由赤巴引起的病也有101种。"培根"可译为"水"。其主要功能是磨碎食物，增加胃液，使食物易于消化，促进代谢，主持味觉，保持水分，湿润肌肤，调节胖瘦。可以分为磨碎食物的培根，品味的培根，保持水分的培根，餍足的培根和黏合的培根。"培根"的特性有七种：腻、凉、重、钝、固、柔、黏。由"培根"引起的病一共有404种。"隆"、"赤巴"和"培根"在相对平衡的状态下，相互制约、相互依存，但一旦失去平衡，便会出现病理状态。如"隆"属气，遍于身体各部分，易变；近"赤巴"则生热，近"培根"则助寒。因而，藏医学认为"隆"是百病之根源，"赤巴"是一切热性病之源，"培根"是一切寒病之源。③

　　关于疾病的诊断方法，藏医有望诊、问诊、触诊等方法。问诊内容很广泛，包括询问患者的疾病症状、起病原因、时间、用药情况、环境气候、饮食起居等。望诊包括观察病人的气色、体态、精神情绪、舌苔、肤色、大小便等。其中，对尿诊特别仔细，要看颜色、闻气味、察尿蒸汽、察尿的沉淀物和漂浮物，搅拌尿液看泡沫的多少、大小、消失的快慢等。触诊主要是切脉，分寸、关、尺三个部位，方法与中医相同。

　　在医疗方法上，总的分为内服药物法和外疗法。还要配合调节起居、注意饮食等。内服药物分为单方和复方。复方药物从几种（味）到数十

---

　　① "隆"，有的藏文化著作将其译为"龙"，其汉语意思都是指中医里所讲的"气"。
　　② "培根"有的藏文化著作将其译为"瓦干"，其汉语意思都是指"水"。
　　③ 丹珠昂奔：《藏族文化发展史》（上册），甘肃教育出版社2001年版，第632—634页；赵永红：《神奇的藏族文化》，民族出版社2003年版，第162—164页。

种（味）。制剂有丸剂和汤剂。著名的复方药物有"珍珠七十"、"畅九丸"、"七宝汤"、"十八大象"等。这些药材大部分出产于青藏高原，疗效独特。外治疗法有拔罐疗法，一般用瓷罐、牛角罐和铜杯等；放血疗法；外敷疗法，可分为热敷和冷敷；还有按摩擦身疗法和穿刺疗法。藏医在治疗取穴中，有很多穴位和中医位置相同。

藏医所用的药材大体可分为植物药、动物药、金属珠宝药、土石盐碱药等。植物药可分为：树木、作物、旱生草类、湿生草类等。藏医还按各类药材的味性将药分为甘、苦、辛、酸、咸、涩六味。又按药的效能将其分为寒、热、轻、重、钝、锐、润、糙八种。在医治具体疾病时，要根据各类药物的味、效、性三者综合考虑，辨证配合，对症下药。①

藏族的医学著作也非常丰富，其主要代表作有：唐代僧医马哈德瓦［ma ha de ba］和达马廓霞翻译的《汉公主大医典》②，取名《医药大全》［sman dbyad chen mo］。汉族僧医马哈金达和加楚尕堪［rgya phrug gar mkhan］，藏医琼布孜孜［khyung bo tsi tsi］、琼布丹次［khyung bo dam tshugs］、角拉门巴［lcog la sman vbar］等人译著的《月王药珍》③，宇妥·云丹贡布撰写了藏医学史上前所未有的重要典籍——《四部医典》。

（九）环境保护

高寒的地理气候条件形成了青藏高原独特的生态区域。由于土壤层薄、质地粗疏、土壤中的有机物质积累相当缓慢，所以土地资源相对贫瘠，生态环境极为脆弱。自古以来，生活在青藏高原的藏族人对高原生态环境的脆弱与自然资源的珍贵有着深切的感受。如何在脆弱而有限的自然环境中生存，是他们自古以来最为关心的问题。所以藏族人的观念与行为，生态伦理以及物质文化与精神文化都是以保护自然环境、爱惜自然资源为出发点，总结了许多保护自然资源环境的知识。主要包括：第一，地域空间的合理利用和限制发展。藏族人根据自然环境的特点，将海拔2500—3000米以上的高原地区作为游牧区，游牧区包括藏北高原、阿里高原、青南高原、环青海湖地区等，约占青藏高原的4/5。而农业地区只

---

① 曾国庆：《藏族历史·文化》，民族出版社2004年版，第200—201页。
② 《汉公主大医典》是公元7世纪，松赞干布与唐朝文成公主联姻，文成公主带去最重要的医学著作。
③ 《月王药珍》是公元8世纪，藏王赤德祖赞迎娶的唐朝的金城公主。金城公主入藏时带去大批医药书籍的译注。

限于低海拔的雅鲁藏布江河谷、山南谷地、青海东部的河湟地区等。青藏高原大部分地区维持游牧方式，实际上是在保护这片生态，避免了开垦。这就维持了高原地区生态环境的平衡、遏制了自然生态的恶化，同时也维护了传统文化的延续。第二，对自然资源开发的限制。藏族人依季节逐水草的游牧方式，既保护了草地资源，又不会侵犯野生动物的领地。2010年秋冬季节，笔者在甘南藏族地区做研究期间，就发现白天的甘加草原上也能看到狼、兔子等许多野生动物。藏区的农业生产实行半农半牧，进行有限制的土地开发，同时也通过许多途径和方式限制破坏性的生产工具，这些都在很大程度上维护了低海拔地区的原生生态环境。至于地下矿物，更是禁止开采。第三，对经济产量的限制。藏族传统文化中对畜牧业和农业的认识都是以满足人们日常基本生活需求为准，而不追求高产量、高效益、高产值。第四，对消费的限制。国内最早提出"文化对消费的控制"这一概念并进行相关研究的学者是费孝通先生。他认为，为了满足人们的需要，文化提供了各种手段来获取消费物资，但同时也规定并限制了人们的要求。它承认在一定范围内的要求是适当和必要的，超出这个范围的要求就是浪费和奢侈。因此便建立了一个标准，对消费的数量和类型进行控制。人们用这个标准来衡量自己的物资是充足还是欠缺。[①] 藏族人的日常生活消费以节制、自然为准，实际是限制在比较低的水平；通过宗教的禁忌等方式将人们的时间和精力引导到精神生活的追求上。

二 生产中的地方性知识

生产中的地方性知识也是地方人在长期的生产实践中，通过对气候、土壤、家畜的生活习性等各个方面因素综合分析和反复尝试的基础上总结出来的生产智慧。当然，作为一个全民信教的民族，藏族地区生产中的地方性知识也必然夹杂着许多宗教的成分。

（一）畜牧方式

甘南藏族地区主要以牧业为主。"逐水草而居"就是生活在这里的人民长期总结出的一种比较典型的饲养家畜和保护草原的地方性知识。这里的"逐"就是遵循自然规律而动，按自然变化而进行的一种人畜的生存方式。每年5月底6月初，青藏高原海拔3000米以上的草原地区进入暖季，气温在5℃以上，高寒山地草甸类、沼泽草甸类、灌丛草甸类草场青

[①] 费孝通：《江村经济——中国农民的生活》，商务印书馆2002年版，第111页。

草已长出长齐，早晚气候凉爽，又无蚊蝇滋生。喜凉怕热的高寒地带的牲畜很适应这种气候。而冬季所居的大面积草场已完全无畜，使牧草能不受干扰地充分生长。同时，原先的草地以及食草动物、食肉动物等组成的生物链系统亦能得到充分发育。夏季的高寒草场，各种植物利用短暂的夏季迅速生长。牧民们一般都要早出晚归，让牲畜充分食用生长极快的牧草。早晚放牧于高山沼泽草地或灌丛草地，中午天热时放牧于高山山顶上或湖畔河水边。8月底9月初，高寒草场天气渐冷，气温降至5℃以下，夜间一场大雪会将草场覆盖，不过中午又会融化。这时牧草停止生长，变得枯黄，于是牧民们就必须驱赶牲畜进入山地草场，也叫秋季草场。到了10月下旬又要进入冬季草场。这类草场一般处于海拔较低的平地或山沟，避风向阳，气温温和，牧草多系旱生牧草，它返青迟，枯黄晚、性柔软。经过一个暖季的保护，足够家畜在漫长的冬季食用。这个季节的放牧一般要晚出早归：当太阳照得暖洋洋时驱赶牛羊缓缓出圈，晚上太阳落山前就必须回圈。在放的过程中也要有选择地进行："先放远处，后放近处；先吃阴坡，后吃阳坡；先放平川，后放山洼"。同时他们还总结了许多顺口溜。如"夏季放山蚊蝇少，秋季放坡草籽饱，冬季放弯风雪少"。"晴天无风放河滩，天冷风大放山弯"；"清晨放马，露里放羊"；"冬不吃夏草，夏不吃冬草"。另外，放牧时还有许多要求，如"牧羊顺便要挤奶，打制酥油还制酪；捻线还要织毛品，若有鼢鼠还要打。"

混合放牧是藏族牧区普遍存在的现象。就这一现象我访谈了几位以放牧为生的藏族老人。他们虽然表述有差异，但基本都在强调这样一种观点。"饲养绵羊无论从个人生活方面还是草场保护方面都比较划算。藏绵羊生长繁殖快、食草量较少，而且羊毛也多。而牦牛则繁殖少、生长慢、食草量大，牛毛产量也比较低。一块草地，单养一种牲畜，牧草利用率低，浪费太大，也不利于这种牲畜的生长。实行牛、羊、马混合放牧则能收到较好的效果。从草地类型及气候、土壤条件来看，干燥地和盐碱地适合养羊，这种草地上的羊肉没有腥味。据说，我们甘加的羊肉都在上海世博会上有专门的介绍。沼泽地适合养牛，牛对水的需求较大。灌丛适合养马。一般来说，在一片比较肥美的草地上，绵羊应占到75%以上，马及山羊应占4%左右，牦牛应占18%左右。这样就能最大限度地利用草场和保护草场"。

从生态平衡的角度来看，藏族人的这种混合放牧知识也是非常科学的。生态学认为，在一个生态系统中，一定的生物都有互补、互助的功能，这样才能达到生态平衡，使一定的生物种类与数量保持相对稳定。牦牛耐寒、善爬山、能食高寒地带的粗短硬草。它可以食用夏季牧场最高最冷的地方的牧草，亦可食用绵羊不能食用的湿地植被。绵羊和牦牛的这种资源生态的错位，使一个地区的牧草资源得到了合理的利用。另外，牧民们还认为，牦牛和绵羊共生，绵羊生长得似乎更健壮，而单独的绵羊群则成活率低。

在这里，我们发现了与现代经济学模式（利益最大化）不完全一致的另一种方式——对高原生态环境进行融合的畜牧方式，主要包括两种形式：第一，"放生"型。这种畜牧方式是藏族人万物有灵和整体共生的世界观在畜牧方式中的体现，当然与藏传佛教"众生平等"的观念也有一定关系。饲养"放生"家畜是人与各类家畜共同生活在一起，人对家畜采取一种永久照顾的责任和义务，从而形成一种人畜同生的现象，也成为牧民的生活方式。牧民在放牧的过程中每年获得部分牛羊毛、牛乳等产品供自己消费。"放生"是藏区较为普遍的而且是独有的一种畜牧现象。因为在他们看来"放生"是一种慈善活动。"放生"因数量不同可以分为"部分放生"和"野外放生"。"部分放生"是指牧民将家畜中的2/3不出售和宰杀，由自己放牧照料。"野外放生"是指牧民挑选几只羊或几头牛，经寺院僧人选吉日、诵经后，将他们放到神山或野外。第二，淘汰瘦弱保护整体型。所谓保护整体，即牧民在放牧过程中，每年入冬前把老、弱、病、残的一部分牲畜挑选出来，及时出售或宰杀。这样做，在牧民看来，认为这类牲畜如果在入冬前不及时淘汰，凭借经验，他们就会在来年春季牧草干枯、气候恶劣的情况下被冻死或饿死。也就是说，他们命中注定要死亡。这种牺牲少量、保护大量的策略，是牧民长期总结的一种保护牲畜、保护草场的适宜策略。总之，低增长，低效益的畜牧业可能是藏区游牧生活的一大特征。这种方式是藏族人千百年来对草场和牲畜复杂关系认识的结果。实质上，这是牧民长期总结出的人、畜、草原和谐共生的一种实践智慧和生存策略。

（二）剪羊毛与挤牛奶

当问到剪羊毛的一些讲究时，一位50岁左右的牧民不假思索地告诉笔者："羊毛一年剪一次，一般都在7月进行，剪毛首先是一种保护羊群的行为。适应高寒气候的藏绵羊到了天热季节会烦躁不安、气喘吁吁、食草量少、生长减缓，这是需要减去羊身上浓密丰厚的旧毛，让新毛生长。剪毛一般在早上进行，必须把握好两方面的要领：一是迅速。过慢羊会感到疼痛。二是不要伤羊皮。剪牛毛时，一般要用梳子边梳边剪，这样牛会感到很舒适。母牦牛和驮牛的长毛一般不剪，以留着保护身体。"

甘南藏族牧民总结出的挤牛奶知识已经作为科学挤牛奶知识被广泛宣传和推广，但对他们来说这不是什么科学，仅仅是一种实践智慧而已。"挤奶一般在5月下完牛犊后开始，挤到母牛配种后一个月（约10月），便停止挤奶。挤奶前必须先让小牛犊吃上一阵，等乳牛自然放松后，才开始挤奶，一般情况下，挤奶时要边挤边哼点小曲，伴随着歌曲，奶就会哗哗流下来，每头乳牛一次只挤一公斤左右的奶，其余的要留给小牛犊。"

2010年10月的一个下午，在一位藏族朋友的陪同下，我来到桑科草原的一位牧民家里，家里的女主人正在挤牛奶，她一边挤一边哼着歌，我们怕影响她，便在离她很远的地方就停下脚步，一直等到她结束挤牛奶。两头牛一共挤了大约半个小时，她的歌也一直哼了半个小时。藏族朋友告诉我说，"藏族人挤奶一般都唱歌，唱的就是我们常说的轻音乐"。这在藏族人看来就好比一边和牛拉家常或谈心，一边挤奶。这样牛就不会因紧张而不出奶或出奶少。乳牛听着歌声，自然而悠闲地反刍着牧草，时而会大吼一声，召唤远处嬉戏的小牛犊。草原上处处回荡着人畜和谐的交响曲。

（三）农业生产与节气

甘南藏族地区除了牧业，还有相当一部分农业区，主要分布在公路沿线和河滩周围。长期以来，藏族农业居民根据藏区生态环境立体布局的特点总结出了一系列农作物种植的经验，呈现出农、牧、林相互依存、优势互补的生态体系。在适于耕作的地区，一般在草地上开垦农田，农田呈长方形。农田之间留着与农田面积相等或大于农田的草地，农田与天然草地并列存在。因为保留草地就是在保持水土，可以放牧为数不多的家畜。因此，无论在河滩还是在浅山地区，保留与农田面积相当的天然草地，对一个社区来说具有重要的生态价值。农田一般实施轮作休耕，主要分为耕三休一制和耕二休一制。农田休耕的一年中要深翻两次，以防荒草，让土壤疏松，吸收水分和阳光，另外作物也要进行轮作，即第一年种青稞，第二年种马铃薯，第三年种油菜或燕麦，第四年休耕。这种休耕能使土壤由于不同作物轮换而保持活力，能使农作物相互利用对方的资源。

藏族人经过长期的积累，还总结了多种农作物播种、生长和成熟的时节及通过观察天象变化确定节候的方法。即根据生物随季节变化的不同活动，如动物的蛰伏、候鸟的迁移、植物的枯萎等来确定季节，把物候变化与一年中天空的星象变化联系起来，形成口头格言，并一代一代口耳相传。"象雄老人口算"是最典型的例子：冬至过后 30 天，经鸡日 30 天，又经嘴日 37 天，再过 2 天，又过木棍日 15 天，晚播种末日 5 天，再过 4 天始见杜鹃鸟，又过 16 天，早生出羊羔，又过 15 天夏至。夏至后 21 天为回归雨期，其后 15 天为"嘴日"，其后 3 天为"罗刹面目日"，其后 7 天为"豕日"，再过 15 天为"狐日"，再过 21 天为"正日"，再过 5 天为"夏末日"，再过 37 天为"鹿哭日"，再过 23 天为"水肿鬼日"，再过 8 天为"那茹星光"（在北方出现），再过 15 天为"盘羊顶角日"，再过 7 天为太阳冬至。① 15 世纪（1425 年）粗普嘉央顿珠维色编写的《粗普历书》，在这个基础上进一步收集了用"鸟日"预报天气的方法。17 世纪时，第斯·桑吉嘉措（1653—1705 年）主编的《白琉璃》一书里广泛地收集了物候谚语，并沿用至今。

关于天气变化的谚语

①用胜生周的轮转现象，确定每年每天的天气变化：

☆ 每天天气变化情况：

木鼠天下雨，火虎天停雨。

木牛天下雨，火兔天停雨。

若火兔天下雨，后长时间不下雨。

土鼠天天晴，铁虎天天阴。

土牛天天晴，水牛天天阴。

土狗天下雨，铁牛天停雨。

木羊天下雨，火鸡天阴天。

铁牛天下雨，水虎天阴天。

☆ 每年的天气变化情况：

火兔年春季雨大，秋季定干旱。

铁虎年雨大，铁兔年雨少。

铁羊年国泰雨顺，水猴年雨顺冬冷。

---

① 黄明信：《西藏的天文历算》，青海人民出版社 2002 年版，第 16 页。

火猪年秋干旱，土鼠年夏雨大。

②用天色和云的变化，确定天气：

☆看天色报天气：

早晨东方黑色天，午前就会下阵雨。

落日西北黑色天，夜半就有雷阵雨。

☆看云情报天气：

早晨东方有黑云，立即下雨。

黑云从东往西飘，多云转晴。

☆看风报天气：

秋冬东南起大风，使之不会下大雨。

春夏西北起大风，使之云散天晴。

③看太阳和彩虹的变化，预告未来天气：

☆看太阳预告天气：

若太阳与黑云连在一起，就要下大雨。

若太阳从云层里出来，多云转晴朗。

上午有日晕，马上起大风。

☆看彩虹预告天气：

下雨之际现彩虹，天气定要变晴朗。

下午彩虹一段段，使之天空变晴朗。

上午彩虹一段段，使之天空起风浪。[①]

这些生产方式的选择和天气谚语的形成，包括许多生产禁忌的形成都是藏族人在恶劣的生态环境下对青藏高原的自然规律，天象变化的认识和总结，它反映了藏族人不断认识自然，适应自然，改造自然的伟大勇气和聪明才智。

三 社会活动中的地方性知识

社会活动中的地方性知识是地方人对自己所面对的社会世界（人与人的关系构成的，从根本上是实践的世界）认识的成果，是地方人在长期交往的过程中形成的一些大家都比较认同的规则和策略。也就是说，社会活动中的地方性知识是以共识性为标准的知识，而非以真理为标准的客观性知识。社会活动中的地方性知识是以"目标—手段"的逻辑建构起

---

① 傅千吉：《藏族天文历算学理论与方法》，民族出版社2004年版，第6页。

来，并以社会实践的有效性为衡量标准。社会活动中的地方性知识具有明显的地域性、民族性和习俗性。

（一）哈达

今天学校放月假，我被才让用摩托车带到了他家，一同回去的还有那个管它叫"阿米"的孩子。才让是个比较好学的人，不仅了解许多藏文化知识，还懂得不少汉文化知识。他的外孙说，四年级以前的功课，都是才让给他辅导的。晚饭后，我们开始聊天，他给我讲2006年嘉木样活佛来甘加讲经的过程，还拿出了当时做的笔记指给我看，全是藏文，我看不懂。但还是为他的好学而深感敬佩！我请他给我说说活佛讲经的情景。他把笔记本合上，有条不紊地讲了起来。"那天天气不大好，风很大，通知说活佛两点左右到，我们全乡人都早早地去路上等着迎接活佛，每个人手里都捧着一条哈达。那个场面大得很，很多人都跑到山口处去接（山口离这里15公里路程），这种活动完全是自愿的。这天哪怕家里再忙，也会去的，学校也放假。因为孩子们也都要去听。"他说的一点不夸张，事实上，这种场面我也曾目睹过。2010年6月，我在甘南做完调研返回途中，目睹了这一壮观场面。大概上午11点，汽车行驶到离"土门关"①约两公里的地方，我发现"土门关"附近的路旁有很多人，手里拿着白色的东西，不断向天空撒纸片。我的第一反应是这里可能有人去世。等到汽车离"土门关"约1公里时，我才发现他们手里拿的白色东西是哈达。路边停了很多车，人也很多，但秩序井然，对交通没有丝毫影响。我请师傅在过了"土门关"的地方停下了车，好奇地想下去看个究竟。这里有300多人，有老人，也有孩子；有穿藏服的，也有穿大众服的；有开车来的，也有步行来的。每人手里都捧着哈达并不断地向天空抛撒着印有佛像的纸片，一共停了68辆车。路旁的空地上还放了许多花炮，许多妇女跪在地上念经。大家都好像在急切地等待着什么。我从一位戴眼镜的朋友那里得知，他们正在迎接附近寺院一位活佛的归来，一个月前活佛外出讲经。我和车上的几位朋友一起加入了迎接队伍中来，当然，心情和目的完

---

① "土门关"藏语称"霍尔仓香告"，其准确的地理位置于甘肃省临夏回族自治州临夏县马集乡关滩村190米处，东距临夏市33千米，西距夏河县拉卜楞镇75千米，海拔高度2170米。据《河州志》载土门关是二十四关中规模最大，"山高险峻绝，对岸若门"。西北侧有大理加山峰余脉王山，东南侧隔大夏河与太子山相望，关口两侧高山耸立，形成一天然峡谷，土门关就依这天然峡谷而建。

全不同。信徒们个个脸上流露出的虔诚和急切与我们东跑西眺的行为形成鲜明对比。"啪、啪"响起了炮声,迎接队伍开始涌动,但没有影响交通。三辆轿车从对面驶来,缓缓地停在公路旁的这片空地上。"啪、啪、啪啪啪"花炮声集中响了起来。先是前后两辆车上下来了几个穿着绛红色衣服的僧人,年龄大都在50岁左右。还没等他们走到中间那辆车跟前,车门已经开了,一个穿着同样衣服,身材高大,30岁左右的年轻人出了车门。大家一下向他涌去,快速排成队,按顺序,伸出双手、躬身、低头向他敬献哈达。他就是那位大家期待已久的活佛。[①] 他面带微笑,双手将每一个敬献给他的哈达又回赠给他那些虔诚的信徒们。十分钟左右,那几个50岁左右的僧人将活佛搀扶着上了车,可能是怕他太累了。迎接的队伍也跟着活佛的车一起走了。

献哈达是藏族人民一种最普遍且最崇高的礼仪。无论婚丧嫁娶、民俗节庆、拜会尊长、迎送宾客、朝觐佛像、新房竣工以及认错请罪等都有献哈达的习惯。献哈达是向对方表示纯洁、诚心、忠诚和尊敬的意思。在不同的情况下代表着不同的意思。如佳节之日,人们互献哈达,表示祝贺节日愉快、生活幸福、身体健康;男女求婚时,先由中间人献哈达,若接受哈达表示可以议婚,退回则为拒绝之意;婚礼上呈献哈达,意为恭贺新禧,祝愿新婚夫妇恩爱如山、白头偕老。迎宾送客时奉献哈达,表示对来客的热烈迎送和崇高敬意;葬礼上献哈达,表示对死者的沉痛哀悼和对死者家属的安慰。在佛事活动上,向活佛敬献哈达,表示对活佛的无限敬仰和对佛教的一片虔诚之心。到神佛前祷告时献哈达,表示信佛者的虔诚和祈求菩萨保佑。拜会尊长献哈达,表示对尊长的敬重;向对手献哈达表示想化干戈为玉帛,重归于好。在新的建筑落成、新的器皿做成时,都要举行某种仪式予以祝贺,人们会在建筑物或器皿上系上哈达以示祝贺之意。

哈达的由来有多种说法。一种说法是汉使臣张骞出使西域,路过甘青藏族先民的聚居地时,向当地部落首领献帛,古代汉族以帛为贽(初见礼物),象征纯洁无瑕的友谊,如此以后被藏族先民们认为是友好、祝福的象征而沿用至今。另一种说法是元代西藏法王八思巴赴中原朝见元世祖忽必烈后带回西藏的,当时帛上有万里长城图案和"吉祥如意"字样。

---

① 这位活佛是离土门关3公里左右的晒经台寺的活佛。晒经台寺,藏语名字为"霍尔仓香告依格塘寺",意为:秘咒不变院,为拉卜楞寺属寺,是甘肃省临夏回族自治州进入甘南藏族自治州的第一座藏传佛教院寺主为拉卜楞寺四大赛赤之一的霍尔藏仓活佛。

后来人们又对哈达的由来作了一些宗教方面的解释，说它是仙女的飘带，并以它的洁白象征圣洁和至高无上。① 无论它是从哪里来的，献哈达作为藏族人的一种文明和礼貌的象征，已经融入藏族人生活的各个角落。藏族人自称为"岗巴金"，意为雪域人。在藏族人民的心目中，白色象征美好、正义、高尚、纯洁、光明和祥和，所以人们对白色极为崇尚。在藏区随处可见白色的佛塔、白色的经幡、白色的帐篷和白色的墙壁。在迎来送往、拜师访友等日常活动中，藏族人献的哈达多为白色，当然亦有少量的蓝、黄、绿、红等颜色的哈达。颜色不同其含义亦不同，蓝色表示蓝天，绿色表示江河水，红色表示空间护法神，黄色象征大地。五彩哈达多是向有特殊身份和地位的人或佛敬献，是最珍贵的礼物。献哈达时应先将哈达对叠再对折成四幅双楞，把双楞一边整齐的对着被献者，呈献者要躬身、俯首、双手敬献。被献者也必须弯腰、俯首、双手承接，表示谢意。献哈达时有许多讲究，下级向上级、晚辈向长辈，或向活佛献哈达时，应躬身低头，双手举哈达呈上或放在座位前的桌子上或脚下，对方一般不回赠哈达，若回赠时则搭在其颈上。同辈平级献哈达表示友好，应该献在对方手上，对方亦可回赠哈达；上级对下级，长辈给晚辈赠哈达，表示亲切关怀时，可直接将哈达搭在对方的颈上。

（二）伦理道德

当我问到活佛讲经的内容时，他说："每次讲的内容不一样，大多数都是讲一些道德方面的东西，如积德行善、慈爱等方面的内容；有时还讲一些生活戒律和做人的原则等方面的内容。2006年那一次讲的内容很多，我给你念念，我汉话说得不好，有些可能转不准。"说着他就拿出笔记开始念，由于要翻译所以念得很慢。"前面这些是关于今生与来生方面的东西，你们不感兴趣我不念了。从这里开始。人有愚贤之分，人的禀性不是不能改变的，通过后天的学习和训练，人的禀性是能改变的。判断一个人不能以地位、财产、门第为准，主要看他的智慧和人品道德。道德不在别人的评议和认可，应坚持道德自律。做任何事情都要有分寸，孝顺过头就成为虚伪；英雄过度凶暴就成为恶汉。我记得慢，许多都没记住"。"那普通老百姓平时在道德方面用什么方式教育自己的孩子？"我追问到。"活佛讲的东西是平时我们给他们重复最多的内容，生活中还有许多这方

---

① 曾国庆：《藏族历史·文化》，民族出版社2004年版，第297页。

面的谚语，如'艰难的时候，不要多叹息；安乐的日子，不要太得意；酒醉了有清醒之时，财迷了无明白之日；好人喜欢光明，坏人盼望黑夜；太阳升起，照亮了大地；读书万卷，照亮了心灵。'还有许多这方面的寓言故事。如《马和野马》的故事。说很早以前，在九重天上有一公一母两匹马，生下了一匹小马。天上缺水草，他们降落到人间。接着小马到吉隆当哇与那里的马王结合，生下了小马三兄弟。又由于水草不足，三兄弟分别到他方谋生。马大哥意吉当江碰到了凶悍的野公牛，野公牛霸占了草场，马大哥求情说：马和野牛不需要斗争，马吃草，牛喝水；牛喝水，马吃草，井水不犯河水。蛮横的野公牛不听，用它锐利的犄角挑死了马大哥。马小弟听到马大哥遇难的消息，决心为他报仇。于是，去找二哥商量，二哥胆怯地说马大哥的本领在我们之上，它都敌不过野公牛，我们俩根本不是对手，弄不好还要送命。哥俩意见不合，分道扬镳。马小弟找到了'人'，在人的帮助下为哥哥报了仇。为了报恩，终生跟'人'在一起。马二哥四处游荡成了野马。另外，还有许多禁忌，如不能吃鱼肉和狗肉。"为什么不能吃这两种肉呢？他解释说"因为藏族有个这样的习俗，如果婴、幼儿夭折将尸体放到河里，鱼吃了他们，如果我们再去吃鱼，就等于吃了他们。不吃狗肉是因为狗是人类最忠实的朋友，狗能看家，夜里能防狼袭击牛羊群等。"事实上，上面的故事和不吃鱼肉和狗肉的禁忌，我在书本上也看到过，如果它们单单存在于书本之中，那就只能称其为知识；一个藏族的普通老百姓能够信手拈来，说明它已成为他们生活的一部分。他讲的内容还有许多没有翻译过来，但从上面这些内容中，我们也能感受到整个藏族僧俗社会道德知识的丰富和对道德教育的重视。

  藏族是一个崇尚伦理道德的民族，在漫长的社会历史发展中，在处理人与人、人与社会之间的关系中，逐步形成了一系列以藏传佛教文化为背景，具有浓郁民族特色的理论道德思想和道德行为。藏族的伦理道德与藏传佛教密切相关，因此，要了解藏族的伦理道德，首先必须了解藏传佛教基本的世界观、人生观、价值观和道德观。藏传佛教是以信奉佛、法、僧三宝为最崇高的境界；以成佛为至善至美的目的；以"四谛"为人生观的理论基础；以戒、定、慧三学和密宗修持法进行修炼为主要内容，构成了一个既有基本原则又有方法论的完整的思想体系。这个完整的思想体系是藏族伦理道德的根基。

  菩提心是大乘佛教的核心内容，是藏传佛教道德教义的集中体现。其内容囊括佛教认定的所有美德，即善良、仁慈、怜悯、团结、精进、智慧、和平、耐心、毅力、普度众生等。这些又以善心、耐心作为道德之源，特别以慈善、怜悯作为道德的基石。慈善，既要对世界所有的生灵持无条件的泛爱，不分种族、民族、教派、贵贱都要慈爱，从而产生了佛教的第一戒律：戒杀生。因为所有生灵，无论是人还是树木都有灵魂。怜悯，是慈爱的延伸，即大慈大悲。甚至要做到以善报恶，以德报怨，以爱抱恨，以怜悯报凶残。一句话，就是要救苦救难，使众生得到幸福。具有慈爱、怜悯的菩提心，就能为己为人积德行善，消除恶行之源，为众生带来和平、幸福。据藏史记载：松赞干布按佛教戒律和佛经"十不善"理论，制定出了"十善法"和"十六净法"（做人的准则）。"十善法"实际上提出了人们不准做什么的准则，其内容为：不许杀生、不能偷到大于针线的财务、不能淫邪、不许谎言、不许挑拨是非、不可无言咒骂、不许散布谎言、禁贪欲、禁害人心、不做违背因果之事。"十六净法"即：敬奉三宝、修行正法、孝敬父母、恭敬有德、尊长敬老、诚爱亲友、利济乡人、心许正直、效法上流、善用财食、有恩当报、斗秤无欺、心平无嫉、不听妇言、和言善语和任重量宽。他既提出了禁止做什么，又指出了应该怎么做。作为首次成文的道德法典，对后世的道德和法律等产生过长期、广泛而深刻的影响。"十善法"和"十六净法"成为藏族伦理道德的基石。[1]

　　藏族在自然环境和宗教的双重作用下，形成了许多保护自然、与自然和谐共生的禁忌。禁忌是宗教生活中的一种常见的现象，本质上是人们信仰和崇拜神秘异己力量和神圣的宗教对象的一种宗教行为。由于人们对神秘力量和神圣对象在观念上有所意识，在体验上有所感受，一般就会在情绪上产生惊奇、恐惧、畏怖以及尊敬、爱戴等宗教感情。这种敬畏感往往在行为上表现出来，在人与神秘力量和神圣对象的关系上，体现了对自己行为上的限制和禁戒规定。[2] 与 J. G. 弗雷泽所研究的禁忌[3]不同的是，藏族的禁忌除了信仰和崇拜以外，更多的是保护生态和规范社会行为。藏族的禁忌知识一方面反映了人们对衣、食、住、行、婚、丧、嫁、娶以及对

---

[1] 赵永红：《神奇的藏族文化》，民族出版社2003年版，第247页。
[2] 吕大吉：《宗教学纲要》，高等教育出版社2003年版，第12页。
[3] 英国著名人类学家J. G. 弗雷泽所研究的原始人的禁忌主要源于原始人对自己尚未认识的世界和食物的恐惧。

宗教信仰等物质和文化生活的普遍要求和共同认识；另一方面也反映了藏族人淳厚善良、诚实自尊、谦和礼貌的道德规范和社会风尚。自古以来，藏族人崇敬自然，形成了较为固定的崇拜仪式与习俗，这种仪式与习俗已成为稳定的民俗文化习惯，也深深地埋藏在民族心理之中。早在苯教时期，藏族先民们就崇拜天地、山林、河湖、水泽等神怪精灵，产生了对自然崇拜之禁忌。佛教的传入，以及藏传佛教的形成和发展使藏族宗教禁忌在内涵和外延上发生了很大的变化。对佛教圣物，如佛经等，必须放在干净的地方。绕寺院转经时，教派不同经轮旋转的方向就不同。格鲁派寺院均必须向右顺时针方向旋转，严禁左转，左转与佛教背道而驰；不能随意取用插箭台上的物品，不能随意翻动刻有经文的嘛呢石，更不能挪作他用。藏族最大的禁忌是杀生，受过戒条的佛教徒在这方面更严格，一般人就是捉到昆虫也不能弄死，而是将其放生。严禁僧人杀害野生动物及禽兽，不打捞鱼、青蛙等动物。严禁在村子前后、对面随意挖土、挖药材、打猎、砍伐树木，禁止挖弄泉水。禁止出卖和宰杀用作祭祀山神"念"的神畜，禁止在神山上砍柴。

藏族人历来重视精神生活，重视道德修养和道德实践。很多道德知识都是从叙述日常生活实践入手，使人感到它就在我们身边，而且这样做是对的。访谈也发现，藏族社会普遍认为，人无论职位高低，无论富贵贫贱，无论从事何种职业，都必须操守一些最起码的道德行为规范。

(三) 节日与服饰

节日对于居住分散的藏族牧民来说是他们聚会的好日子。藏族也是一个多节日的民族。"我们这里老人、小孩都最喜欢过的节日要数香浪节了。"甘加乡的一位村干部说。藏语的"香浪"意为"采薪"，香浪节一般在农历六七月间举行，此时正是甘南树茂草丰、叠翠堆绿、气候凉爽适宜的大好时光。人们或全家出动，或邀亲约友，或整个村庄"倾巢"而出，穿上节日的盛装，携带帐篷和日常用具，扎营草坪山巅、林旁溪边，饮酒放歌、乘兴跳舞，一簇簇一丛丛雪白的帐篷和五颜六色的节日盛装犹如点点繁星把大自然装扮得格外美丽。

在这里，最吸引人眼球的是藏族的服装。一个民族对服饰的选择，与他们所处的自然环境、气候条件、生产生活方式以及生产力水平有着密切的关系。藏族的服饰按照地域、气候、审美、色彩等可分为卫藏、康区和安多三大风格。三大风格在藏族整体的传统风格下，又各具特色，仿佛一首乐曲的多种变奏。他们的共性主要有：第一，服饰基本结构都是"袍"式。"袍"式服装是藏族人为逐水草而居的生活而准备的，它防寒保暖、白天束带为衣，夜晚解带当被。也可根据冷暖做调节，天热时，脱下筒袖，或束于腰间，或甩在背后，或揣在怀里。第二，小件配装多。第三，装饰丰富。饰品主要有头饰、胸饰、首饰、腰饰、颈饰、腿饰、脚饰等。第四，面料的多样性。面料有皮毛、绸缎、氆氇、呢料、布料等。第五，服装色彩搭配讲究。藏族人崇尚白色，白色是纯净、高贵的象征；黄色为高贵、权势的象征，是喇嘛的专用色；绛色为热烈、吉祥，为贵族和喇嘛的专用色。藏族的色彩搭配不只是对色别的喜爱，更是灵感的迸发，常引起人们的幻想，给人以"六海推出艳阳色，条条彩虹旋欲幻"的境界。第六，镶边艺术精妙。另外，在藏区，服饰有很多禁忌。平时除活佛外，忌穿黄色的衣服，更不能用黄色的布料做裤子，在他们看来黄色是太阳色，金光闪闪，是高贵色，只有那些学识渊博，品德高尚的人才配穿。迎宾客、参加宴庆或去寺院朝拜时必须穿干净的衣服等。

香浪节期间，除了喝酒、吃肉，唱歌跳舞外，还要举行赛马、乘马捡哈达、马背拔河、马术表演、大象拔河等体育活动和歌舞比赛。藏族的传统体育有浓厚的高原特色，即娱乐性和参与性于一体，与民俗关系密切，具有广泛的群众基础和文化内涵，很多传统体育项目是广大劳动人民从长期的生产生活实践中提炼出来的精华，也是藏族人集体智慧的结晶。藏族传统体育的历史可以说与这个民族的历史一样悠久，它源于人们生存和生活的需要，并在传统文化的影响下传承。藏族的体育是藏族先民们为了适应恶劣的自然环境以求得生存和繁衍，在狩猎和采集食物时，练就了奔跑、跳跃、攀登、投掷、游泳等必不可少的技能。与此同时，射箭、摔跤、骑马、举石、投矛等活动也成为体育运动项目。特别是牧民的投石器（乌尔多），既是牧羊驱赶野兽的工具，也是一种竞技性体育运动。马球是藏民族的一大发明，据有关专家考证，藏族是世界上开展马球运动最早的民族。藏民族不愧为马背上的民族，马上运动自古及今都是藏区最普及、最激动人心的体育项目。

藏族传统的体育活动，在平时劳动之余或节日、喜庆佳节期均可举行，尤其节日期间最为丰富多彩。每逢藏历新年、望果节、林卡节、雪顿节等重要的节日都要举行马赛、打马球、赛牦牛、投石等活动。还有射弩、举石、报石、骑马射击、跑马捡哈达、藏式摔跤、藏式围棋等项目。

赛马，藏语称为"达久"。主要有四种：一是长距离赛马，马不备鞍，少年骑之，以速取胜。二是短跑赛马，比马的形体俊美，步态端庄平稳，相当于内地的走马。三是马上捡哈达，是技巧性马上运动，在疾驰中俯拾地上的哈达，以快速多拾为胜。四是马上射击、射箭，连中靶心者为胜。赛马作为藏区最主要的一项体育赛事，从选马、喂马、驯马到参赛都有许多讲究。赛牦牛是唯有藏区才能见到的比赛。骑牦牛比赛难度较大，不易驾驭，有一定危险性。牦牛赛者要比骑技和骑速，参加比赛者、观看比赛的人均紧张、刺激，也颇有趣味性。摔跤，赛者双方，互抱腰身，以臂力及气力相搏。藏式摔跤不同于汉地手脚并用的摔跤，藏式摔跤不得用脚，以摔倒对方为胜。

总之，香浪节上，这里的藏族人民纵情娱乐，载歌载舞，欢声笑语，整个藏族都沉浸在欢乐祥和的氛围之中。

（四）乐器

15岁的道吉才让已经在青海民族学院少年艺术班学习和生活两年了。因为他的扎年弹得好才被特招的。扎年，藏语音译，是藏族地区普遍流行的一种弹拨乐器。"扎"即音，"年"为悦耳。"扎年"意为悦耳动听的声音。由于藏区的方言不同，也译为"扎木年"、"扎木聂"等。因张有六弦，汉语又称"六弦琴"。"扎年"大小规格不一，有成人专用和儿童专用等不同类型。扎年演奏时的姿态也分为坐姿、立姿和舞姿三种。最近学校放假，道吉才让来到他曾经上过四年学的学校看望他的汉语文老师。[①]

这位年轻的汉语文老师一提起她的这位学生，便情不自禁地给我讲了起来。"四年前，我被分配到这个学校，接了道吉才让所在的班，他当时上二年级。印象最深的是第一次上课，我就发现他的桌兜了放着一个'六弦琴'，当时我还不知道它叫什么，只觉得它就是一个玩的东西。但上课时，我从来没有发现它玩弄过这个东西。他的汉语文学得特别糟糕，自己的汉语名字都写不对，其他课学得还算可以。他曾多次亲口对我说，他不爱学汉语文。作为汉语文老师我听了很生气。我冬天罚他在教室外面的窗台上写过生字，中午也经常把他叫到我办公室门口读课文，就这样他还是没有多少进步。最后，我彻底放弃了。但这个学生心好，即使我那样

---

① 他的汉语文老师是一位28岁的回族女教师，毕业于甘南师范。

对他，他还经常帮我提水、倒垃圾，有时还给我带一些吃的东西。最主要的是他团结同学，主动帮助有困难的学生，每次吃饭他都会把排在他后面的小同学让在前面，所以他在班里威信可高了。我刚去的那个'六一儿童节'，他主动报名参加了学校的文艺节目，表演的节目是用'六弦琴'伴奏的'卓玛'独唱。弹得太好了，唱得也很好，全校师生为之欢呼！自那以后，我就经常让他在集体场合表演他的'六弦琴'，周末放羊时他也拿着他的这个'玩具'。有一次，我周末坐摩托车到夏河县城去，走到山口处，远处隐约传来那熟悉的声音。我让朋友停下车仔细一听，就是他在弹唱，似乎还有一个人也在唱，从声音判断这个人不像是个孩子。返校后，我问了那天的情况，这一问，连他的师傅也'挖'出来了。那天唱的那个人就是他的师傅，是一位50多岁的爷爷。7岁开始，他认识了这位会弹'六弦琴'的爷爷，从此之后，只要是他放羊，他都会早早地赶着羊群去找师傅。上学后，他有时也逃学去找师傅。他说他的师傅根据羊的特征给他的160多只羊取了名字，又用'六弦琴'将这些名字连起来弹唱，非常有意思。他的师傅还会制作'六弦琴'，当时他拿的那个琴就是师傅给他做的。2007年，我通过朋友，经家长同意，为他报名参加了青海的'藏族民间乐器演奏会'，当时他拿的还是师傅为他做的琴。那天，他表现非常出色。几位专家说，'这是近几年来，他们听到的这个乐器弹奏中最纯真的声音'。那几位专家中就有青海民族学院的领导。一个月后，他们来到我们学校把道吉才让要走了。虽然知道这是好事，但当时还是有些难过。道吉才让为全校师生弹唱了一首曲子后，依依不舍地离开了学校。"道吉才让这次回来除了看望他的汉语文老师，还准备去看他的师傅。

乐器是藏族文化的一个重要组成部分，是精神文明和物质文明相互促进、相互融合的结晶，具有悠久的历史和独特的民族、地域风格。藏族乐器不仅种类多，而且流传广。一般可将其分为打击乐器、吹奏乐器、弹拨乐器和拉弦乐器四种。打击乐器包括丁冬、锣、鼓、尕丁、丁夏、尺布。丁冬又称丁当，汉语叫云锣，主要用于寺院宗教乐队。拉卜楞寺寺院法乐中就有云锣。锣是一种敲击体鸣乐器，由内地传入西藏，多用于寺院法乐中。鼓是藏区普遍流行的一种槌击膜鸣乐器。鼓在2500年前就存在于藏族地区，它种类很多，形状不一，主要分为大、中、小三种。尕丁，是一种敲击体鸣乐器。汉族称其为"磬"或石片琴，它是用天然青石不加雕琢的乐器。丁夏，即碰铃，相碰发声，音色清脆透亮，发音延续时间较长，演奏时，两手各执一铃，铃口朝上仰举，互相碰击震动发音。尺布，即法铃，也称金刚铃，流行于我国各地的佛教寺院。吹奏乐器包括筒钦和嘉令。筒钦，意为大号，重要的低音乐器，主要用于寺院法乐中。嘉[①]令，藏语音译，是藏族双簧气鸣乐器。嘉令常用于寺院法乐的齐奏、合奏、独奏。有些地方也用于藏戏和歌舞的伴奏。拉弦乐器包括毕旺、根卡、特琴。毕旺是藏族民间弓拉弦鸣乐器，形似汉族的二胡，根据不同的方言又将其称为"毕佣"、"日阿朵"、"热萨"。毕旺音量不大、音色柔和、悦耳，善于表露情感，深受藏族人民的喜爱，制作材料都是就地取材。一首《毕旺歌》中描述了毕旺的制作原料。"牛角胡，牛角胡，你与我无所不要，你要野牛的犄角，又要老马的尾巴，最后还要老树的眼泪（松香），我要的是衣帽鞋袜，素有奶茶和糌粑。"[②] 在藏族民间歌舞中，毕旺是十分重要的伴奏乐器，男女分开排列，大家围成一大圈，排在前面的男子一边拉着毕旺为大家伴奏，一边同大家一道歌舞。根卡，藏族弓拉弦鸣乐器。用来独奏、重奏、合奏或为声乐演唱和歌舞伴奏，深受人们喜爱。演奏多采用坐姿。特琴，藏族弓拉弦鸣乐器，形似汉族的二胡，据传由内地传入藏区。

（五）文学

藏族文学源于藏族人的生活，反映着藏族人的生活，从原始社会时期就伴随着藏族社会的发展而发展。它历史悠久，品类多样，内容丰富，是我国文学百花园中一丛鲜艳夺目的奇葩。

神话 藏族的神话按其内容大致可以分为世界起源神话、人类起源神话、生产神话三类。这些神话都具有浓郁的民族特点和高原色彩，表达了藏族先民们对劳动的赞美和对斗争顺利的歌颂，反映了他们的审美观念和意识形态。这些神话不仅是优秀的文学作品，而且也从另一个角度反映了藏族社会的发展历史、经济状况、审美观念和风俗习惯等。世界起源神话，也称开辟神话，藏族的《世界形成歌》中讲最初天地本相合，是大鹏鸟把天地分开的。《斯巴宰牛歌》中讲斯巴老人宰了牛，牛皮铺开成了平坦的大地，牛头成了隆起的高山，牛尾变成了葱茏的森林。联想奇妙而

[①] "嘉"在藏语中两层含义，一是指中原汉地和汉族人；二是指印度和印度人，从字面上很难确定"嘉"是指中原还是印度，但从时间上推断很有可能是中原传入的。

[②] 嘉雍群培：《藏族文化艺术》，中央民族大学出版社2007年版。第102页。

合乎情理，反映了人类发展到畜牧业时代的思想认识，充满了牧民的生活气息，问答诙谐幽默，对生活充满乐观态度。人类起源神话，又称为族源神话。族源神话有《猕猴与岩罗刹繁衍人类》、《姐弟成亲》等。生产神话主要反映人类劳动工具、种子等的来源问题。

情歌诗 情歌诗是以描写和反映藏族男女之间的爱情为主要内容的诗歌。藏族的情歌诗不仅反映了藏族劳动人民健康、积极的思想感情，也表达了藏族人民对纯真爱情的渴望。藏族的情歌诗种类很多，有反映藏族青年选择对象标准的，如，紧的夹脚的靴子，即使缎子做的也不穿；心里不喜欢的人，哪怕是王子也不嫁。/不看山头高低，要看是否平坦，不看爱人面孔，要看他的心肠。有表达思恋情人心情的，如，情人走了，寨子里空了一半。不是寨子空了一半，是我的心空了一半。还有反映对爱情的坚贞和专一的，如，我和情人的誓约，已经刻在石头上，哪怕下三年大雨，字迹也不会消失。

长歌 藏族民间诗歌中有一类长篇诗歌，它不同于短小的歌谣，它的篇幅少则数百句，多则上千句；它也不同于叙事诗，它没有故事情节，没有人物形象塑造，也没有散文解说，它主要叙述客观事情的产生、发展、赞美他们的性能、功用等。如《吉祥羊歌》叙述了羊最初的来历、羊的生活习性，赞美了羊毛的各种用途等；《青稞歌》讲述了青稞的来历及人们获得和播种青稞的曲折过程等。此外，还有《瓷碗歌》、《茶赞》、《酒赞》、《拉卜楞赞》等，都具有浓烈的生活气息和鲜明的民族特色。

传说 藏族的传说主要是通过某些历史素材，表达人们对社会生活的各种事物的理解、认识和感情。它通过现实主义和浪漫主义的手法反映藏族社会生活的本质。藏族的传说大体可以分为人物传说、史事传说、事物传说。很多情况下三种之间相互交叉和渗透，他们都是依据一定的历史人物、历史事件、大自然、社会习俗和地方古迹等客观实际，通过渲染、虚构和超人间的情节手法等艺术加工而成的。人物传说如《松赞干布传说》、《文成公主传说》、《仓央嘉措传说》等。史事传说如《迎娶文成公主》、《修建大昭寺》、《唐东杰布修桥和创藏戏》等。事物传说如《日月山》、《雪花梨》、《盐的来历》、《茶和盐》等。这些作品有的歌颂了民族领袖和英雄为民族的统一、进步和强盛所做的贡献；有的赞美了有关历史人物为汉藏两族友谊和祖国统一所建立的不朽功勋；有的赞颂了人们的创造天才；还有的反映民族交往、表现风俗习惯。

史诗 藏族最著名的史诗要数《格萨尔王传》了。《格萨尔王传》是一部结构宏伟、卷帙浩繁、世界最长的英雄史诗。它代表着古代藏族文化的最高成就。截至目前，已经发现和整理出的《格萨尔王传》有120多部，100多万诗行，2000多万字。从这部史诗中看到古代藏族人民的生产情况、生活情况、风俗习惯、宗教信仰、道德风尚、文化活动、政治结构、军事组织、民族交往和历史发展等。《格萨尔王传》有极高的艺术成就，它是现实主义和浪漫主义创作方法高度结合的生动体现。它采用藏族传统的说唱体裁，故事生动、情节曲折、气势磅礴，吸收了很多古老的生活传说，故事叙述中运用了大量的诗歌、散文等，并将吟唱和道白巧妙地结合在一起。使故事、神话、诗歌、寓言、谚语、格言等与藏族的历史、现实生活融为一体，成为藏族文化历史的集大成者。它根植于当时社会生活的沃土，不仅概括了藏族历史发展的重大阶段和进程，还始终贯穿着藏民族的伦理观念和道德思想。

藏族还有许多故事、谚语、格言、小说等反映藏族劳动人民生产生活、社会活动的民间文学作品。这些民族文学均是藏族人民生活的真实写照和藏族人民智慧的集中体现。

为了研究和表述的方便，本书将藏族地区地方性知识分为家庭中的地方性知识、生产生活中的地方性知识、社会活动中的地方性知识三大类。但无论是研究者自己还是读者都会发现，这种分类显然有些牵强。无论从文中的叙述，还是生活经验都会发现，许多知识不仅在家庭中出现，还在生产生活和社会活动中出现，最明显的要数藏族的歌舞了。这是因为，地方性知识本身就是地方人的生活。

这里需要说明的是，我们在这里研究地方性知识，承认地方性知识的价值，并不意味着要把地方性知识与西方近代以来的科学知识进行优劣比较。而是要强调，这些不同的知识都是不同地域的人类与自然、社会打交道的方式，都有不同的用途，都各有各的价值，各有各存在的必然性。多样性知识的共存给了我们一种实践和知识互补的可能。我们重视的是这种互补性，它反映着世界的多样性、文化多样性和知识多样性，推进着整个人类的实践活动的演化。地方性知识虽然可能没有形成文本，公开出版发行，只是以口耳相传的方式延续和传承，但地方性知识的合法性却不容置疑，千百年来不断发展变化的本土实践就是它最好的明证。因为在西方近代科学传入地方（不仅仅是中国）之前，这里的人民已经运用自己的地方性知识有序地进行着生产生活。因此，我们认为，知识是否正确或者合理，主要看它是否有效地解释和处理了人与自然、人与社会的关系。

作为文化体系的地方知识，无论是普通的知识还是高深的知识；无论是家庭生活中的地方性知识，还是生产中的地方性知识，实际上也是随着人们认识的发展而不断发展变化的。如藏族的教育，过去藏族人认为在藏族地区唯一正规的教育就是寺院教育，无论是从课程设置还是启发思维的辩经式的教学方式都被藏族人所认同。新中国成立以后，在国家尊重少数民族文化、保护少数民族文化、鼓励使用民族语言进行教学等一系列优惠民族教育政策的引导下，藏族地区学校教育获得了极大发展，人们也逐渐认识到学校教育的重要作用。包括寺院的高僧也非常认可学校教育对普通民众的积极作用，他们认为学校和寺院的教育对普通民众心灵的净化都有非常重要的作用，而且也经常通过一些方式来支持学校及学生的学习。2006年拉卜楞寺的六世嘉木样活佛在夏河县甘加乡讲经，结束后当地人给六世嘉木样活佛供奉了60只羊，活佛就将这60只羊送给了甘加乡寄宿制中心小学，希望学校能用这些羊为学生购置一些衣服。甘加乡寄宿制中心小学的许多学生现在还在穿活佛送的那些羊换来的校服。还有藏医药方面的知识，也在不断地改进发展和完善，如吸取中药的许多制药方式将藏药中的蜜丸提纯后改制成了水丸等。

第三节 民族地区地方性知识的合法性及创新路径

一 地方性知识：只有在地方人的文化框架内才能得到合理的解释

美国人类学家博厄斯在他的博士露斯·本尼迪克特的代表作《文化模式》一书的序言中写道，"脱离了一般背景，就无法理解文化的任何特性"。地方性知识是民族文化中最为重要的组成部分，只有在地方人的文化框架内才能得到合理的解释。剥离地方人的文化框架，地方性知识会被曲解，甚至无法理解。"如果有两个孩子正在迅速地张合右眼眼睑，一个是不随意地眨眼，另一个则是挤眉弄眼向一个朋友发信号。这两个动作，作为动作，是完全相同的。如果把自己只当作一部照相机，只是现象主义式地观察它们，就不可能辨识出哪一个是眨眼，哪一个是挤眼。但是眨眼和挤眼间的差别，无论多么不可拍摄入像，却仍然是非常巨大的；对于这一点，任何一个曾不幸被人误解，其眨眼被错认作挤眼的人都是深有体会的。因为挤眼的人是在交流，并且确实以一种准确而特殊的方式在交流：①有意识地；②向着特定的某人；③传达特殊的信息；④按照社会通行的信号密码；⑤没有受到其他在场者的察觉。正如赖尔所指出的，眨眼者固然只做了一件事，张合其眼睑，但挤眼者也并没有做两件事，张合其眼睑和挤眼示意。当存在一种公众约定的信号密码，按照这个密码有意地张合眼睑就意味着发出某个当事人理会的信号时，有意地张合眼睑就是挤眼了。"[1] 这种公众约定的信号密码，在研究者看来就是地方性知识。美国阐释人类学和符号人类学的奠基者克利福德·格尔茨在研究人类文化的意义时借用了赖尔的"眨眼"的例子。旨在说明文化是一些由人自己编织的意义之网这样一个命题。笔者也想借用这个经典的例子来说明地方性知识，只有在地方人的文化框架内才能理解和得到合理的解释。离开地方人的生活，地方性知识的意义永远都处在猜想和臆断中。

（一）自然崇拜

在现代人看来，自然不过是人们征服的对象，人是自然界的主人。一切自然界的生物只是为人所奴役所利用的物件而已。因为生活在城市的人觉得自己与自然界是隔离的，他们的生活不再依赖于气候和四季的变化，因而认为自然崇拜是原始人的幼稚行为。将崇拜自然的民族视为落后的、迷信的、愚昧的民族。这种观点是对自然崇拜民族文化的一种无知和臆想。

藏族文化中人与自然和谐相处、自然崇拜是藏族人长期以来对青藏高原特殊的地理位置和自然环境认识的结果。藏族苯教与民间宗教对高原大地有自己的解释。根据苯教的宇宙观和生命观，人与自然是共生共存的伙伴关系，自然界一切动植物作为有生命的主体，他们的生命尊严理应受到尊重。人在自然界中并没有赋予特殊的地位，他与自然界其他生命体处在同等地位。他们相互依存、互为一体，共同构成生命世界。藏族宗教哲学确立了人在宇宙自然界中的地位和作用，明确自然界是分为不同区域、不同领域的，但相互之间是一个有序的、相互依存的统一体。自然界一切生物都是宇宙间不可缺少的部分。当人类企图违背自然，破坏自然，行恶人间时会遭到自然神的惩罚。一切动物、植物都是生存的地域和权利，它们

---

[1] ［美］克利福德·格尔茨：《文化的解释》，韩丽译，译林出版社1999年版，第6—7页。

都有自己的保护神，它们与人类一起共同居住生存在宇宙上。一切生物都处在相互联系、相互依存、相互影响、相互作用的过程中。

　　藏族文化中人们坚信生命世界是统一的，认为"生命是综合的，不是分析的。生命没有被划为类和亚类；它被看成一个不中断的连续的整体，容不得任何泾渭分明的区别。各个不同领域的界限并不是不可逾越的栅栏，而是流动不定的。在不同的生命领域之间绝没有特别的差异，没有什么东西具有一种限定不变的静止状态"。[1] 藏族将整个自然界看成一个巨大的生命社会，人在这个社会中并不是处于支配地位，而是与其他生物相互依存的关系。这里强调的是自然界生命的和谐统一性与持续性的原则。在藏族人眼里，动物应该具有自己的生命尊严与生存权利。动物的生命权是神圣不可侵犯的，无论是雪山之巅雄壮威武的野牦牛，还是路上爬行的小虫，生命对他们都是一样的宝贵，碰到野牛岩羊绕道行，路遇小虫让着走。下面是一首关于人与动物的小诗，这首诗也可以从侧面印证藏族人对大自然的态度。

我们和虫子一样

卓仓·果羌[2]

其实你不知道，
我们和虫子是一样的，
我们只是自称为"人"，
我们忙碌的一生，
也是虫子焦灼的一生。

我们的成长，
和一只虫子破茧缚出，
蹒跚走路，
而后生出翅膀慢慢飞起来的过程是一样的。

我们和虫子一起出生，

---

[1] 汤因比、池田大作：《展望二十一世纪》，国际文化出版公司1985年版，第383页。
[2] 卓仓·果羌：《我们和虫子一样》，《诗选刊》（下半月）2009年第2期。

一起散步,
一起早餐,
一起恋爱,
一起享受风雨雷电,
一起离开这个世界去寻找天堂的幸福。

我们和虫子是一样的,
只是我们眼光过高,
把自己高傲的称为人类,
称为高级智能生物,
而虫子们站在墙角偷偷地笑,
他们笑呵呵地称我们为:"傻虫子"。

一只只自以为是的大虫子!
一只只昂首挺胸的大虫子!
一只只好吃懒做的大虫子!

千百年来,
在这厚厚的黄土底下,
那些被称为人类的伟大祖先们,
被虫子吃的干干净净。

今天,
你看看我们可怜的病人,
也吃着用虫子熬制的中药。
我们互相蚕食,
互相享用。

虫子和人,
人和虫子,
我们相依为命,
我们合二为一,

共同呼吸自然的空气。
站在同一块广袤的大地上昂首挺胸开阔视野，
迎接早晨第一缕明亮的阳光照到屋檐上，
我向一只坐在门口发呆的虫子问候"早安"！
它看看我，
再看看湛蓝的天空说：
"——晚上好，虫子！"

如果说藏族民间宗教与苯教以神话、象征符号来构建自然与人文符合的生态关系的话，藏传佛教则以系统的理论体系来构建完整的自然与人文世界。藏传佛教在藏区传播过程中，分为不同教派，各派建立了各自的见、修、行、戒、定、慧的神学体系。虽然教义神圣神秘，纷繁复杂。但基本都是围绕人与自然、人与社会、人生意义等问题展开的。佛教传入藏区，最根本的意义在于：它在藏区建立了一种人与环境同生共存的系统思想。

"回归自然"、"保护自然"，当我们在高呼这些口号时，往往将自己置身于自然之外，以一种自然的主人来提醒自己：我们脱离自然太久，现在该回自然中休息一下了。但是藏族人从来没有这种将人从自然中分开的观念，他们始终坚持人就是自然的一部分，生在自然之中，要守自然之道。这里没有明文规范，但也是自成习惯不可逾越，已经化为个人的生活志向和道德修养。

（二）天葬

天葬，是藏区最常见和最能被一般藏族群众接受的处理死者的方式，是藏民族最为原始的一种葬俗制度，也是藏民族特有的丧葬形式。天葬，藏语称为"恰多尔"，意为"喂鸟（秃鹫）"。[①] 汉藏史籍《西藏志》载："西藏凡人死，不论老少男女，用绳系成一块，膝嘴相连，两手交叉腿中，以平日所着旧衣裹之。……其尸体放二三日或五七日，背送剐人场，缚于柱上，碎割喂犬。"这种"用绳系成一块，膝嘴相连，两手交叉腿中"的处理方法，在今天的西藏、康巴、安多仍然沿用，只是有些地方将绳子换成了哈达，将手系在胸前而已。这种葬俗在许多外民族朋友看来

---

① 曾国庆：《藏族历史·文化》，民族出版社 2004 年版，第 305 页。

似乎很离奇，另加几分残忍，以至于清朝的驻藏官员常斥责天葬为"无伦无礼，残忍为甚"（《卫藏通志》），曾一度想禁止天葬，改革这种葬俗。今天也有一些人同样把天葬视为不文明行为，难以理解，或作为异逸闻趣事书之于报刊。殊不知，这种葬俗在藏民族中却有着崇高的解释。为什么要进行天葬呢？天葬的根本含义是利他，利于芸芸众生，显然这是佛教意识。依据佛教灵魂永不熄灭的观念，人体只是灵魂的寄宿地。因而，当一个生命在他活着的时候，将自己的劳动、才华、智慧献给了社会，生命终止时，即灵魂脱离肉体时，他将是非常满意的，而脱离灵魂的肉体是他最后一份奉献，让秃鹫将尸体餐食干净，这些动物就不会去伤害别的幼小的生命。实质上也就保护、拯救了这些生命，尽管这是间接的善事，但作为人类的一种精神境界并没有什么不妥之处。[①] 藏族老百姓也有自己关于这种"残忍"的天葬葬俗的认识。他们认为"人出生的时候是嘴膝相连、两手抱于胸前的，上天送人到人间是这样，人死后必须按原样回到天上去"。天葬台一般设在远离村庄的高山上，藏族是一个有众多山神的民族，有四大山神，山神是依托于山的，故此，山神就是山自身。民间多认为大山都可以伸向天庭或山顶有穆绳可以进入天界。所以将天葬台选在比较高的山冈上，因为，他们认为当人生命结束时，天上就会降下天梯，人可攀缘进入天界。在他们看来，死亡是新生命的开始，是生命轮回中的一个阶段，而肉体的存在是影响超度亡灵、阻碍早日转世的主要因素。因此，要从速处理肉体。在天葬盛行的地区，人们特别珍爱秃鹫，严禁捕猎，因为秃鹫是他们今生的善恶的"鉴定者"和来生幸福的"向导"。当送葬队伍到天葬台后，先有喇嘛举行喂桑、诵经等仪式，人们把死者安放在天葬台上，然后在尸体近旁点燃"桑秀"，齐声诵念"六字真言"，吹响海螺。因为桑烟含有浓郁的食品焦灼味，这种味道会招来许多秃鹫。由天葬师将尸体分割成块投给秃鹫。藏族人认为，如果死者被吃得又快又干净，则认为死者生前有功德，来世必有洪福，或认为亡灵已升天界。否则被认为是死者生前有未尽心愿，或生前罪大恶极。藏族人认为，人来自自然，成长在自然，最后也理应回到自然。显然，在高寒的草原上，天葬是最合自然之法的做法，因而也是一种理性的、成熟的文明。

天葬的原始肇事形式是弃葬，弃葬在今天的青藏文明中几乎绝迹，但

---

① 丹珠昂奔：《藏族文化发展史》（上册），甘肃教育出版社2001年版，第246—248页。

在高寒边际牧区的青藏牧人中仍有遗存。不过方式有了不同；将尸体搭在牛背上适当绑缚，让牛驮着尸体而去，尸体什么时候从牛背上跌落，那儿就是其弃葬处，或者将逝者的尸体放置在其生活过或死亡发生时的空间内，活着的人搬迁到新的地方，让其自然腐烂或兽禽食用，过三五年肉尽骨干时，人们回来敛化白骨又可以继续生活在这里。这种原始的弃葬法存在许多隐患，如尸体的头颅没有进行粉碎性处理，这种方法会使食肉动物认识人脸，会使人尤其是孩子遭受那些动物的袭击。天葬实际上就是古代先民们不断克服弃葬中的隐患之后而形成的丧葬制度。天葬环节中划背解尸的做法，实际上源于人们对弃尸荒野的弃葬的精神性处理。过去的弃葬，会使青藏牧人的放牧空间中有弃置的尸体和骨骸，不但会直接诱发大型肉食动物对活人的可能性袭击，而且在精神上会遭受难以名状的悲痛（因为会经常见到亲人的尸骸弃置荒野），于是。他们选择高山之巅，这种努力使青藏古民对尸骸的处理有了极大的视觉隔离后的精神慰藉，并慢慢发展到今天的天葬制度。

（三）发誓和诅咒

藏族有句谚语，可以直译为："汉族的信语在纸上，藏族的信语在嘴上。"在汉族人的生活中我们常常会说"口说无凭，立字为证"，"人无笼头用纸拴"之类的话，都在强调字据的重要性。而藏族人则非常重视口头语言的重要性，而且非常爱发誓，一旦发了誓，便信守始终。发誓的语言可以分为五个方面：第一，以天地日月山川为誓；第二，以特定的部落山神为誓；第三，以父母的血肉为誓；第四，以死亡为誓，如两个人发生口角发誓"若此事我有罪于你，让我活不到每天早上"，"明天骑马摔死在地上"，等等；第五，以佛为誓。

（四）关于"灾难"的理解

藏族人认为，人与自然万物一样都是一种生命的存在。大地和人一样也有呼吸和血液流动，也会有运动和变化，只不过有时运动轻微，人们不易察觉；有时运动剧烈，使人们感到惊讶和无法忍受而已。从青海玉树的地震到甘肃舟曲的泥石流，我们可以发现灾害发生后，藏族同胞在失去亲人后，虽然也很悲伤，但没有其他民族同胞表现得那样痛不欲生。看到的更多的是僧人们为他们念经"超度"。藏传佛教认为，对已故之人或即将死亡的人，若由高僧、活佛实施"灵魂超度"之密宗仪式，则死者的灵魂就会认清所要行走之各种道路，可以顺利地升入极乐世界，可避免堕入地狱的危险。藏族人均认为高僧、活佛无疑是行走在迷途灵魂的指引者和拯救者。这是因为藏民族之间亲情关系系淡薄吗？只要走进藏区的人都不会同意这种猜测和臆断。藏民族是一个热情好客、豪爽大方，不仅重视亲情，而且也非常看重友情。那究竟为什么会出现这样的现象呢？这与藏传佛教有关。藏传佛教认为人类的生命是轮回循环的，这种对待死亡的观念，使他们对人类死亡的理解与其他宗教完全不同，这也是他们在亲人离去后不会太悲痛的主要原因。他们相信死亡仅仅是这一轮回暂行结束，而不是整个人的生命终结，即死亡不过是人肉体的死亡，而不是人的灵魂（精神）之死亡。

藏族人对死亡的态度与观念完全有自己的一套理论。在藏族人看来，人们的肉体只不过是个"外壳"，是一件永不朽灭灵魂的物质外衣而已，一具死亡的躯体价值还不如一套破旧的衣服。倘若一个人寿终正寝，如果不是由于遭遇横祸而死，那人们就认为，此身体已患不可救药的疾病，不再适合于灵魂附体之使用，故不将再作为灵魂进修之附体，是该抛弃的时候了。灵魂将逐渐退出这一无用的肉体进入一个新的生命轮回，因为"银带"就像婴儿的脐带，必须加以切断才能使新生婴儿脱离母体而进入新生的独立的境界。从来没有过死亡，正如人在晚上要脱衣睡觉一样，灵魂在肉体睡觉时也要离体而去，衣服穿破了就会被人丢弃，肉体不能再使用时，灵魂便会把肉体丢弃后去寻找另外的最有用的躯体。藏传佛教同时也认为死也就是新生，只不过是再生于另一生命层次的活动而已。人，他的精神是永恒不灭的，肉体只是披在精神上的临时衣服，它的质地如何仅仅依据现世劳作的性质而定，外在样子是无关紧要的；只有内在灵魂才是根本性的。生命轮回就是不断地再生，即投胎→降生于世→死亡→复归精神→再降生的过程。

万物有灵的自然观和宇宙三界相互关联、融合统一的宗教哲学观，使藏族人对"生死"有着特殊的认识。无论是苯教还是藏传佛教都坚持轮回转世的观念，认为动物与人是同一生命链上的不同环节，生命长河中的不同阶段，他们相互联系、互相转化，今世为动物、下世为人，动物与人有着同样的生长渊源。苯教支配下的古代藏族人眼里，生与死的界限并不是截然分离、不可逾越的，而是模糊不清的。在今天的这个世界不能生活，就到另一个世界生活，人是这样，动物也是一样。将动物当作祭品陪葬时，人们不是在加害他们，结束它们的生命，而是与人一起到另一世界去生活。

（五）沐浴节的选择

沐浴节，藏语为"吕出哇"（就是洗澡的意思），每年藏历七月六日至十二日举行。在这些日子里，从五六岁的小孩到七八十岁的老人都要下河去洗澡。节日期间，无论城镇还是乡村，无论农村还是牧区，人们都携带帐篷和酥油茶、青稞酒、糌粑等食品，纷纷来到拉萨河畔、雅鲁藏布江边，来到青藏高原千江万湖边喝茶休息、聊天、享受自然；边尽情地在水中嬉戏，游泳，洗澡；同时又把带来的藏被、藏装浸在水中洗刷一新。这种具有鲜明民族特点的沐浴活动，在西藏至少有七八百年的历史。"据藏文历书记载，弃山星半年昼出，半年夜出。在拉萨地区藏历七月三十日至八月二日肉眼能看见。传说经此星光照射之水均成药水，所以弃山星出现时，洗澡活动便进入高潮，弃山星隐没，洗澡活动便结束了。"[①] 按照佛教的说法，藏历七月上旬，青藏高原的水具有八大特点：一甘、二凉、三软、四轻、五清、六不臭、七饮不损喉、八喝不伤腹。这种归纳是藏族人千百年来科学观察和总结的结果。从西藏的自然环境与季节变化的角度看，专家认为这种总结是相当科学的。藏族所在的高原大部分冬长夏短，春天雪水渗入肌骨，一般不敢下水；夏天大雨滂沱，常发山洪，河水浑浊，虽有适当气温，水却不够清净；冬天皮袄裹身、严寒难耐，谁敢如水洗澡。只有入秋时节，水温较高，水流中的污物也被夏季的洪水冲得一干二净，这时的河水当然具有上面所说的优点了。

（六）"供饭"

2010 年 9 月 24 日，我和一位藏族老师正在学校大门口聊天时，一位藏族男子骑着摩托车向我们驶来。在藏族老师面前停下来和他说话，说了大约五分钟就笑着走进了学校。藏族老师给我解释说："这个人是来找校长谈关于为学校师生供饭的事的，他的女婿去世了，他想把女婿留下的财产全部拿出来为全校师生供饭一天"。我好奇地问："他为什么要这样做？"老师继续解释道："藏族人有一种理想或者追求就是希望能为更多的人带来幸福，能为别人做点善事，这个人想用这种方式去实现他女婿的夙愿。学生吃了好饭，学生高兴，家长知道了也高兴，全校师生一共近 400 人，加上学生家长，他的行为为近 750 人带来了快乐。所以这里的藏

---

① 曾国庆：《藏族历史·文化》，民族出版社 2004 年版，第 274 页。

族人只要家庭条件允许，他们都会做类似的事。有的人是给学生发书包和笔记本，有的人是雇几辆大卡车把老师和学生拉到自己家里去吃，有的人是给老师和学生每人发一个桶装的方便面，这个根据家庭情况而定"。"做这种事的藏族人是不是都比较富裕？"我接着问。老师说："做这种事的穷人、富人都有。做与不做，这个基本与家庭富裕程度没有多大关系。要说有关系那就是怎么做上有一定区别。实际上这样做并不是他们有钱没处花，而是他们的理想、信念和追求。你看看刚进来的那个人的鞋①你就知道他的家庭条件了。"半个小时候后，这个找校长谈供饭的男子出来了，面带笑容和藏族老师说了几句就离开了。老师对我说："校长答应他明天供饭的事了"。我又一次好奇地问："这种事还会出现校长不答应的情况吗？"老师解释说："不是校长不答应，而是这个阶段是供饭的高峰期，有可能前面早有人预定。一年供饭的高峰期一般在上半年的3—5月和下半年9—11月，因为这个季节牧民相对闲一些"。

2010年9月25日早上，全校师生每人在食堂领了一个大油饼。10点半左右我来到学校食堂的操作间里，发现买了很多菜和肉。食堂的大师傅大概给我说了一下供饭所购置的原料，100斤牛肉（16元/1斤）、100斤粉条（4元/1斤）、10斤香菜（10元/1斤）、10斤菜籽油（7元/1斤）、100元左右的调料、加上早餐的油饼。一天饭需要花费5000元左右。12点之前供饭的藏族男子一直在操作间帮忙，等开饭的时候他就回家了。他这样做不是为名，也不是图利，老师和学生根本不知道他的名字，或者根本认不出为他们供饭人的模样，他们为了心中的理想和信念。这使我不由地想起那些为灾区或贫困地区捐款的大款们，他们捐款时把数字牌举得高高的，生怕大家记不住他的模样。

实际上，这种供饭活动不仅会在学校出现，在寺院、在集市、在自己的村落都会出现。冬季，有的人把做好的饭端到村子的公房里让全村人来吃；有些经济条件稍微差一些的人几家合起来供一次饭。总之，在甘加的藏族人看来"供饭"是一件非常愉快和幸福的事。

（七）房子能替代帐篷吗

民居作为一种最大众化的建筑，不仅表现一个民族的生存空间，更重要的是表现一种生活方式和与这种生活方式相关的思维方式和对生活、生

---

① 皮靴子上补了两个大补丁。

命的理解方式，是一种文化形态和文化沉淀，凝聚了一个民族特殊的文化创造力。帐篷是逐水草而居的藏区牧民的一种特殊居住形式。适应流动性生活的帐篷有着结构简单、拆装灵活、易于搬迁的特点。草原生态极为脆弱，由于草原上缺乏建材，若取土采石会严重破坏生态，生态一旦被破坏便不能恢复。所以游牧在草原的牧民小心翼翼，非常珍惜水草，禁止挖掘，禁止建筑。牧民用便于拆卸安装、轻便实用的帐篷作为他们的居所。这种帐篷的主要材料来自于他们放羊的牦牛。

作为"局外人"，千万不要以"自己"喜好来判断"地方人"生活得好与不好。我们曾经或说服或强制内蒙古的牧民放弃游牧生活，过上定居生活，曾花巨资给他们建了漂亮的、宽敞明亮的瓦房，使他们放弃了帐篷和蒙古包。在我们看来，他们就会幸福无比，因为他们过上了"好"的生活，从此不用再去到处"漂泊"。然而，许多研究都发现，"他们并没有感到幸福，反而觉得失去了很多。更主要的是新的生活与他们原有的文化产生了许多冲突"。[①] 下面是一位藏族文化人在玉树地震后的一些感慨，表达了地方人对自己生活、生存环境的认识。

> 地震是一种自然现象，和刮风下雨一样，你只要是生活在这个地球的大自然中，就永远也无法避免，当然你可以通过一些科学技术来躲过它所造成的灾害，但是归根结底，实际上你并没有躲过地震本身，因为你生在地球，生在自然之中。一场灾难似乎已经结束，当然，我们很难预料后面还会有什么样的痛苦，这就是我们的生活，永远在不可预测中，生生死死，无穷无尽……经过挖掘，清理，搬运，我们像孩子玩积木游戏，又开始一次重新的构思，建造。总理曾站在废墟上深情地说："要建设有民族风情的房子。"可民族风情是文化的基本体现，而文化是有血肉的，不是简单的符号，不是照猫画虎画出来的，也不是表演出来的，更不是用石头模仿建造出来的，那只能是摆设，是博物馆的展品，真正的民族文化是从骨子里慢慢渗透出来的，是从毛孔，细胞，眼睛向外突然迸发出来的……

---

① 何群：《环境与小民族生存——鄂伦春文化的变迁》，社会科学出版社2006年版，第283页。

当然，国家的初衷是好的，国家希望保留一些民族特色，希望尽量还玉树一个原初的血液和容貌。但这在建筑上根本无法实现，金字塔毁坏了，我们还可以再造吗？那不仅仅是一个建筑，那是历史的见证，是古埃及文明的标志，现代人再造金字塔，即使再宏伟，再壮观，再有气魄，那也只能是一个假冒艺术品，人文价值已经丢失殆尽。不过值得欣慰的是，地震并没有摧毁我们的文化，只是毁坏了我们的一部分生命和一些财产。当然有些地方的寺院或者文物有一定的损失，那也是零星的极少数的边边角角。而我们的主体文化应该是深深植根于我们每个人的灵魂之中。

地震后网络上出现这样一段值得深思的文字："当我们放弃游牧的生活，住在用石头和木材建起的房屋时，我们从没想过会有这样结果；当这些所谓的家园瞬间变成我们坟墓的时候，我们为何不想起那祖祖辈辈们所住的黑帐篷？"这段文字让我揪心，原因不是生命本身，而是文化的侵灭和吞噬，有人说需要包容，需要享受城市的现代文明，可是，我们非要照搬城市建筑的模式？我们可否在黑帐篷里植入某些我们认为需要接受的现代文明，而摒弃那些不需要的、硬邦邦的东西。我们真的需要牢笼一样的生活？还是需要开放热情欢乐如一家人般的亲密无间的生活？当然，这一切好像很困难，由于政治等原因，我们似乎已经在痛苦中逐渐变成一种无奈，叹息。回望废墟，仰视天空，我们除了丢失生命，财产，我们好像还丢失了很多很多东西……这些东西，在某种程度上似乎要比生命还重要。

从地震后发来的电视报道画面和图片看，倒塌的房屋建筑都是一些后来因为政府提出牧民退出游牧生活安居城市等政策规定下建设起来的一些普通民居，那些民居没有什么可靠的质量保证和真正的民族文化特色。而比较显眼的是一些政府大楼和具有政府背景的要害单位的房子却依然坚固地挺立在废墟边缘。这也是一道风景！这道风景同样让人感慨万千。

现在面对这些碎石瓦砾，面对源源不断的政府和社会的援助，我们可以诉求什么？我们还可以诉求回到一种自由欢快的游牧生活吗？不会了！应该永远也不会了！我们只能希望政府不要再建造"豆腐渣"一样的房子给人民了,希望给我们一个安全牢固的栖身之所!不求比政府的奢华、威严、高大。①

藏族人的心声再一次告诉我们,不要用一种逻辑去规范和评判所有事物。任何事物都有自己独特的运行逻辑。

(八)为什么希望家中有孩子在寺院

在藏族地区,尤其是藏族的牧区,家长都希望自己的孩子中有一个能进寺院学习——做僧人。我在将藏族文化课程建设确定为我的研究问题之初,曾就我所困惑的问题咨询过许多高校老师和同学。一些老师、同学都告诉我说,现在的藏族人已经认识到让孩子进寺院学习或者学习藏族文化没有出路,所以他们逐渐淡化对寺院教育的信任和崇尚,逐渐远离藏族文化,都在拼命地学习汉文化。他们充分的例证使我曾一度怀疑自己所研究问题的价值,等我走进藏族人生活之后才发现,事实不像他们所说的那样,但也不能说他们在凭空想象或主观臆断,只能说他们所列举的例证只代表藏族社会极少数人,大多数藏族人都坚守自己的信仰、热爱自己的文化。2010年9—11月期间,我走访了夏河县甘加乡、王格尔塘镇、九甲乡和桑科乡,这期间各个乡中心小学都在准备迎接明年"国检"②的材料。许多学校都比较担忧的是巩固率(尊重他们的意见,没有呈现各个学校的巩固率)和适龄儿童的入学率的问题,因为乡政府给上面报送的适龄儿童的数字和学校的在校学生数不统一。一个主要问题就是一部分适龄儿童和在校学生辍学去当"阿叨"。他们为什么不愿意进学校而选择寺院呢?带着这个问题我走访了几个"小阿叨"的家长。他们一致认为"寺院可以使孩子的将来和自己家庭都好"。在与藏区孩子家长的交流中我发现,他们也在反复强调和关心孩子将来的生活。至此,我们可以做这样的推断,藏区家长希望自己的孩子进寺院,既是他们宗教信仰的需要,也是他们提高家户声誉的需要,更重要的是对孩子前途关心的表现,作为父母,他们和天下的父母一样也希望孩子将来能过上有尊严的生活。了解藏文化的人都知道,在藏族社会中,寺院僧人的地位相对比较高,平时也很受人尊敬,他们是藏族社会知识的代言人。从藏族人自己喝酒前,先用

---

① http://wuxizazhi.cnki.net/Article/SXKA200902076.html.
② "国检":指国家检查"两基攻坚"的成果。2009年甘南州迎接了"两基攻坚"的"省检"。

无名指沾酒敬"佛、法、僧"的礼节中我们就能深深地感受到僧人在藏族人心中的地位。现实中,僧人的收入也比较高,一般念一次经50—100元,还会附带一些吃的和用的东西,而这种念经活动几乎隔一天就有一次。另外,在藏族人眼里,念经不只是在学知识,更重要的是在学"做人",这是他们须臾不可或缺的人生经历。"人"是由社会文化界定的,不同社会文化的"人"受制于该社会文化"人"的概念。① 藏族农牧民感到学"做人"比学习"外面"的知识和学做"公民"更为重要且更有意义。总之,从目前的情况来看,严格的寺院教育不仅能使他们的孩子很快"成人",而且完全能保证让他们的孩子成为藏族社会中知识人和受到人们的尊敬。而远离藏族社会生活的学校教育能给他们什么样的承诺呢?他们看到的是3%的孩子通过学校走向了城市,进而融入城市生活;而97%的孩子通过学校教育变成了藏族社会的"边缘人"。因此,我们认为,藏区家长送孩子进寺院学习,除宗教的影响外,主要表现出父母对孩子的爱与责任。

二 地方性知识:只有在不断地使用中才能得到保存和创新

我们倡导民族文化或地方性知识的保护和传承,不是为传承而传承,为保护而保护。传承和保护的目的是为了更有利于个人与民族的生存和发展。从教育人类学的角度来说,民族文化和地方性知识的保护和传承是延续和发展人类文化的传递过程,既是一个民族用千百年来探索和积累起来的宝贵经验铸造新人的过程,也是一个民族存续和进一步发展的基础。

然而,地方性知识总是以"整体性"的形态出现的,因此,只有深入到地方人的生活中才有可能真正理解和把握地方性知识。"一旦将地方性知识从他们赖以存在的自然和人文环境中孤立起来,它们就不能再得到发展,因此,要想使它们继续得到发展,只有使它们继续参与自然和社区生活。所以,谁要是想将地方性知识从支持它们的自然和人文环境中抽离出来,谁就等于预判了地方性知识的死刑,就等于要彻底斩断它们的命脉。当地方性知识从它们所赖以存在的自然和人文环境中抽离出来以后,

---

① Mauss, Marcel, "A Category of the Human Mind: the Notion of Person: the Notion of Self", In M. Carrithers etal, eds, "The Category of the Person: Anthropology, Philosophy", *History*, Cambridge University Press, 1985.

地方性知识也就不再是地方性知识了，孑然而立，羞愧难当"。① 因为离开地方的地方性知识就失去了其发挥作用的场域，进而也就得不到合理的解释。因此，"地方性知识必须在地方人民的文化框架内才能得到理解。将其与它的文化背景相分离就会忽视它在社区生存和团结中发挥的作用。所以地方性知识不能通过将其包括在图书馆或记录在纸上或以电子产品的形式而得到充分的保存。像保存生活的多样性一样，地方性知识只有在不断地使用的过程中才能得到保存，充满生气。"②

在大多数情况下，地方性知识的生产者、传播者和消费者没有严格区分，地方的每一个人既是地方性知识的消费者，同时又是地方性知识的生产者和传播者。藏族地区的地方性知识总是与藏族人的生活融在一起的。因此，要保护地方性知识就必须尊重和保护地方人的生活，而生活又总是人的生活，地方性知识只有在地方人的生活中才能真正得到保存、获得创生。地方性知识会随着地方人的生活发展变化而发展变化，随着地方人认识的不断提高而创生出适应地方人新的生活的地方性知识。在地方人的生活中，地方性知识无论是存在、保护还是获得发展都是有充足理由和强有力的变化动力的，不断变化发展的地方人的生活就是它发展的最大动力和理由。一旦将地方性知识从地方人的生活中剥离出来，放在研究所和博物馆里去保护的时候，地方性知识的生命也就接近尾声了，况且许多地方性知识是不能用文字呈现的。再优秀的研究者，如果不去体验地方人的生活是永远猜不出地方性知识在地方人生活中的意义，他们能做的就是拼命地去呐喊地方性知识很重要，需要保护，其次就是在一大堆历史书里为自己的观点找已经过时多年的例证，或者走马观花式地将地方材料从地方社会"拿走"，作为他们发表论文和了解地方社会的证据。这些人实际上并不真正关心地方社会，他们关心的是他们的理论及其市场价值。因此，我们认为这种"研究式"或"博物馆"的保护只会是地方性知识成为到此为止的死知识，因此，从这个意义上讲，保护地方性知识也就是保护地方人

---

① Reynar, R., Indigenouspeople' Knowledge and Education: A Tool for Development? see Semali, L. M. & Kincheloe, J. L. ed., What is Indigenous Knowledge? Voices from the Academy. New York and London: Falmer Press, c1999: 290.

② Quiroz, C., Local Knowledge Systems and Vocational Education in Developing Countries, see Semali, L. M. & Kincheloe, J. L. ed., What is Indigenous Knowledge? Voices from the Academy. New York and London: Falmer Press, c1999: 306.

的生活。

第四节 民族地区地方性知识面临的困境与危机

一 民族地区地方性知识面临的困境

(一) 全球化和现代化对地方性知识的冲击

对于一个民族而言，语言、服饰、建筑、风俗习惯等文化符号是民族文化的象征物和民族精神的载体，也是该民族区别于其他民族的重要标志。由这些符号体系构筑的意义模式是民族文化的核心，是一个民族的"灵魂"。

在经济全球化的今天，以科学技术的迅猛发展为基本特征和以市场经济为发展动力的现代文明，对少数民族传统文化产生了巨大的冲击，人们的生产和生活方式发生了重大变革，许多传统文化符号从人们生活世界中淡出甚至消失，现代化和全球化对民族传统文化的挑战导致了原有的文化模式的破裂。作为一个多民族的国家，在我们改革开放引导的现代化进程中，原生态的少数民族传统文化面临许多危机：一些民族歌谣、曲艺、传说等开始失传；一些精湛的民族工艺和建筑开始衰微；一些灵验有效的民族医药失去了市场；一些有利于培养人类美德的传统礼仪和习俗被逐渐废弃等。[①] 时至今日，这种状况有增无减。文化与经济的日益一体化对民族地区地方性知识的稳定性、独立性和完整性产生了巨大的冲击。地方性知识的主要特征就是地域性和民族性，而全球化则重点强调普适性和一元化，可以说，它们二者有着完全相反的运行逻辑。全球化背景下，经济上的强权衍生出文化上的强权，经济中的数量思维严重影响着地方性知识价值的彰显和意义的生成。大量的民族地区地方性知识正在加速退出人们的日常生活，日益成为文化标本，将逐渐失去其本身具有的文化价值和对地方人生活的意义。

在现代化的进程中，新技术发展对地方性知识的传承和发展也产生了巨大的冲击。在传统生活方式条件下，许多民族的地方性知识拥有独特的生存空间（这种封闭性和独立性某种意义上更有利于民族地区地方性知

[①] 王希恩：《论中国少数民族传统文化现状及其走向》，《民族研究》2000年第6期。

识的传承与发展)。由于生活方式的相对简单,民族歌舞、民族节日等成为民族成员娱乐和交往的重要方式和载体。各民族儿童从小就沐浴在这种民族文化的熏陶之下,其所见所闻经常是这些民族文化。因此,在这种情况下,民族地区地方性知识就通过社会生活这样一个重要的途径得到有效传承。因为人们的生活方式长久以来基本没有太大改变,因此这种文化传承方式千百年来就是如此。随着科技革命的迅速发展,电视、电脑、电影、网络等成为人们日常生活中不可缺少的生活媒介。高新技术对现代人们具有强烈的吸引力。在这种情形下,人们的娱乐和交往方式随之也发生着多样化的变化。这种多元化更多的是体现为高科技情境中有别于传统的生活方式,就连以往称为世外桃源的乡村,如今也难以抵制现代生活方式的诱惑。传统的民族生活方式已离年青一代越来越远。甚至这些本民族的传统文化对于他们而言已经成为"他者",或者只是父辈们叙说中的遥远回忆。[①] 民族文化是族群得以生存和发展的基础,民族文化蕴含的知识和智慧是一笔宝贵的文化资源。每一个民族都有自己的生活习俗、艺术内涵、心理特质、宗教信仰等文化符号体系,这些文化符号内化为各自民族个性与民族气质的基本要素,通过不同的服饰、歌舞、建筑、风情等外在表现形式展示出来,表现出各具特色的民族文化风格,即民族文化的个性。文化断裂的一个直接原因是民族优秀传统文化没有得到弘扬和发展。

总之,"无论是昨天的工业化和市场化,还是今天的信息化和全球化都是以理性文化的逻辑在不断地打破各种本土文化的'生命的杯子',促使更多的人啜饮相同的文化之水"。[②] 在种种潮流的冲击下,许多年轻人渐渐忘却了本民族的传统。

(二) 地方性知识保护中的功利主义倾向

少数民族传统文化保存及开发中带有与本民族实际生活脱节的功利主义色彩。各地政府将旅游业作为支柱产业来抓,不久前还存活于少数民族生活中的地方性知识,虽然得到了收集整理,变成典籍,但在田野中已不复存在了。在旅游业中被开发的一些民族文化知识,也因商业的需要而趋于表演化、简单化,甚至只是借助了该族的某些文化符号,失去了文化自

---

① 王军、董艳主编:《民族文化传承与教育》,中央民族大学出版社2007年版,第100—101页。

② 衣俊卿:《文化哲学——理论理性和交往理性交汇处的文化批判》,云南人民出版社2005年版,第3页。

身的有机完整性,失去了重要的民族人文精神价值。试图通过收集和整理去保护地方性知识,殊不知,民族地区地方性知识是与民族人的生活紧密联系在一起的,离开了他们的生活,地方性知识的价值也就不复存在,也就没有保护的必要,再说,这种保护方式保存下来的只是一种死的知识。当前,虽然我们在桑科草原依然可以看到表现藏族文化各种帐篷、生活用具、服饰、礼仪和舞蹈等,听到嘹亮的藏族歌,但这些东西很多已经不再是民族文化的自然流露,而是商业利益的蓄意夸张甚至扭曲,与民间的本色已经有相当大的距离了。甚至许多民族文化中的优秀部分被遮蔽,消极的东西被夸大。

随着社会与时代的发展,人们的价值观念的功利化色彩也似乎日显浓厚。对于藏族人来说,他们的生活空间正在被主流文化包围并冲击着。在众多的选择面前,在现实生活需要的前提之下,人们也开始对那些能给自己带来实际益处的文化趋之若鹜。而民族传统文化被一些人视为"过时的"或"无用的",受到冷落甚至被根本忽略。

(三) 学校教育在地方性知识传承中的"不作为"

教育肩负着传承民族文化和培养人的双重任务,而培养人也是要通过传承民族文化来实现,从这个意义上说,教育作为文化传承的一个重要载体,对传承民族文化有着重要的作用。另外,民族地区的学校教育也没有理由将民族文化弃之一旁。然而现实中我们不难看到,民族文化的传承并未真正成为今天学校教育的主要内容。尽管当前民族传统文化的传承问题也受到国际社会和各国政府部门的重视并日益进入许多学科的研究的视野,但这基本上还不是一种自觉的教育使然。因此,我们认为学校教育在传承民族文化中处于一种"不作为"的状态。当然这种"不作为"不是学校单方面造成和能够改变的,或者说学校在这种"不作为"中几乎没有责任。那造成这种学校教育在传承民族文化中的"不作为"的原因究竟是什么呢?本书认为国家层面关于民族地区学校教育的政策与制度未能有效地促进民族传统文化的传承。

目前,世界上绝大多数国家尚未把少数民族的文化内容合理地列入国民教育的范畴。因此,少数民族文化在学校教育体系中还没有得到相应的认可,也没有这方面的制度保障。虽然包括我国在内的许多国家,都有一些关于少数民族自治地区办学的自主权的规定,但由于考试制度等措施还没有相应的规定,因此,少数民族文化事实上很难纳入到正规的学校教育体系当中。即使在少数民族地区的民族学校的办学指导思想的描述中，我们也很难读到如何促进民族传统文化发展的字句。这种缺失要么是一种有意识的举措，要么就是根本被忽略。这种制度与政策导向下的学校教育内容对民族文化的反映当然也就显得有些缺乏或不足。民族文化传承能否在学校得到有效进行，关键还是看教育内容中是否有足够多的民族文化知识。现实的情景是，许多民族传统文化知识并没有体现在教科书中，课程的设置也不足以达到了解更多民族传统文化的程度。

（四）家庭与社会生活中地方性知识传承趋于弱化

当前，少数民族文化的传承正处在非常不利的境地。这种压力既有来自于外部的代表世界和国内主流文化的冲击，也有来自于内部的少数民族本身的文化自卑。调查发现，许多藏族知识分子家庭一般都将孩子送到汉族学校去读书，有一部分藏族地区的官员还将孩子送到省会城市的汉族学校去读书。虽然这在藏族地区所占的比例相当小，但从中也可以反映出一种倾向。在我们这些"不知情"者看来，这种选择似乎一种非常自愿的行为，本书就这一问题访谈了夏河县一些行政官员（公安局、教育局和县委党校的几位领导同志）和一些教师。① 他们的孩子都曾在或正在西北师范大学附属中学（西北师范大学附属中学是甘肃省老百姓心目中最好的高中）读高中。他们说："送孩子去师大附中上学也是无奈之举，可以说当时非常矛盾，而且这是一种内心深处的矛盾，既感到自己的文化需要学习，如果不学习，可能在不久的将来会慢慢地消失，这样自己的民族就会不存在，因为它失去了民族特色（民族语言是民族文化的载体）；又感到自己的孩子学习我们自己的文化前途渺茫（因为人的精力是有限的）。实质他们当时学习都很一般，我们作为过来人，也知道孩子的这种学习状态和成绩到师大附中去会遭遇到很多无形的压力，但真的是没办法。因为在这个社会里，学习藏文化的出路太窄了"。许多教师的孩子也都在夏河县拉卜楞小学和夏河县中学。② 当我问他们为什么要让自己的孩子在汉族学校上学时，他们的回答几乎是一致的。"对于我们的孩子来说，我是一个父亲或母亲，我首先要为他们的未来着想，哪一个民族的父母亲不希望自己的孩子生活得更好。我们也能看到，学习汉语将来可能会生活得更好

---

① 尊重访谈对象的意见，没有在研究中明示他们的姓名和具体职务。
② 这两所学校都是夏河县的汉族学校（一所中学和一所小学）。

一些，所以，我把他们都送到普通学校学习，但藏语还是要求他们好好学的，不要放弃，平时也给他们讲一些藏族的故事。"少数民族文化在现代社会中的这种处境，逼迫民族地区的一些知识分子由于考虑到孩子的出路问题而有意识地放弃民族传统文化的传承。从社会学的角度讲，民族地区知识分子所顾虑的问题就是民族文化的学习者在社会中向上流动的渠道不畅通或机会太少。

另外，少数民族社会组织结构也正在发生变化，造成家庭生活的地方性知识的传承逐渐萎缩。一些青年男女都外出务工挣钱，家中留守的多为老人和儿童，传统的数代同堂的家族结构被老少隔代而居的结构代替，地方性知识的传承出现了断裂现象。随着农村的发展，农村原有的社区逐渐解体，社区教育功能也有所减弱。大众传媒占据了人们许多的业余时间，他们传承地方性知识的时间就会相应减少。

二　民族地区地方性知识面临的危机

文化的存在虽然是一个整体，但也有着不同的层次，从仪表装束到语言表达，从风俗习惯到生活方式，从审美取向到情感模式，从价值观念到思维定式等，这些不同的层次构成了一个民族文化的基本内容。从跨文化交往的角度来看，不同文化在碰撞整合的过程中，首先容易改变的往往是文化表层的东西，如衣着、语言、生活习惯等，不容易改变的则是一些深层次的东西，例如审美情趣、价值观念、思维定式等。"这些深层次的东西由于处于人的无意识状态之中，它在文化交流中，往往坚持着自身原来的文化标准并对其他文化进行相应的裁剪，所以，这种深层次的东西其实是文化得以真正碰撞并从而产生文化震颤的坚实内核，它是文化模式生成的根本，是文化融合相对稳定的内在基础，它的改变显然是十分缓慢的。"[①] 从当前的情况来看，少数民族中文化表层的东西或者说承载文化内核的符号的东西面临消失的危险，许多人口较少的少数民族正在面临着被同化的危机。

事实上，不仅人口较少的少数民族，如东北的鄂伦春族，西北的裕固族、哈萨克族等存在这样的问题，而且像藏族、维吾尔族等人口较多的少数民族也存在着这样的问题。2010年6月，笔者到新疆的阿克苏地区就有关方面的问题进行了实地考察，所到的6所中学和6所小学中大约只有

---

① 易小明：《文化差异与社会和谐》，湖南师范大学出版社2008年版，第135页。

不到5%的学生着民族服装。阿克苏地区一中是一所纯维吾尔族中学，但第一节课前10分钟仍然唱的是汉族的歌曲，阿克苏地区教育局的一位老师这样估计，居住在阿克苏市的青少年有一半多都只能听懂而不会用维语进行表达。更令人奇怪的是，到了这种真正意义上的民族地区想要吃一顿民族特色的饭，还要专门去找。阿克苏的城市建筑除了市中心的"棉花标志"外，和我国西北的其他地级市看不出有什么区别。相比之下，藏族地区的情况要好一些。2010年10月，研究者专门走访了甘肃甘南藏族自治州的一些地方，先到藏族特征最鲜明的藏传佛教六大宗主寺之一——拉卜楞寺所在地的夏河县，之前也多次来过这里。站在对面的"神山"上①，明显可以看出，整个县城由两部分组成，一部分是寺院，另一部分是街道，中间有一条通往山上的路。虽然僧俗有一定的界限，但僧俗之间的关系非常融洽。遇到集市，家人都会为在寺院学习的孩子送来吃的东西或将他们领到街道上为他们购置一些日常用品。有的家长临走时还会叮嘱孩子好好"念书"。街道的建筑，包括藏族中学和小学的建筑都有强烈的民族特色，街上人们的穿着和用语也会让你深切地体会到这里是藏族人民生活的地方。再深入到夏河县桑科和甘加两个牧区，听到嘹亮的歌声，看到洁白的羊群和藏族的帐篷，这种感觉就更加明显了。然而，当我来到甘南藏族自治州的州府所在地——合作市时，这种感觉就渐渐淡化，刚进市区就会看到一座非常漂亮的寺院，然后藏族的特色越来越少，许多民族特色比较鲜明的建筑由于时间关系，也正在拆除，新建的许多高楼大厦已经没有多少可以承载民族文化的东西了。

总的来说，民族文化的符号在逐渐减少，物质文化正在加速流失，传统文化中具体实物载体越来越少。相对于外在的物质文化来说，民族心理、价值观等内隐的精神文化作为民族传统文化的"基因"内核，也发生了一些变化，特别是生活在城镇的少数民族后代，相当一部分人不懂本民族的历史文化，已经不具备本民族人的民族心理素质，对本民族文化知识不感兴趣。这样的结果，使我们不得不花费大量的人力和物力，以求通过举办屈指可数的几次专题展览和几次有限的学术报告，唤起人们对民族文化传承教育的注意。然而这种努力的效果微乎其微。我们必须清醒地看

---

① 当地人将拉卜楞寺对面的山称为"神山"，山上有郁郁葱葱的柏树林和松树林，植被保护得很好，像兔子、野鸡等野生动物很多，还有个别放生的羊和牦牛。

到：如果不能通过有目的的教育使得我们以及我们的后代学会认识、理解甚至把握本民族文化以及其他不同文化，则民族文化的传承问题就将变得十分严峻。事实上这种危机已经在现实的教育活动中表现出来了。

当我们对一种文化以市场经济的标准去衡量其价值时，我们其实忽略了每一种文化的独特的价值，忽略了其除创造经济价值之表象背后的深刻含义。由于教育在民族文化传承上的缺失，关于对待民族传统文化的正确价值观念实际上就难以在人们的头脑中得以确立，从而就难以指导对待民族文化的实际行动。很多时候，民族文化被当作边缘文化，当作主流文化的点缀，在特定时期政治因素也将左右人们的价值观，今天，在一味追求现代化的观念指引下，民族传统文化正处在危机四伏的境地。

为了维护文化多样性的社会结构，宽容、理解和尊重多元是其基本要求。只有在尊重文化多样化与个性化的前提下，整个世界才能形成一个"和而不同"的文化图景。然而，少数民族文化在现代主流社会中往往处于一种"亚文化"的弱势地位，大多数处于主流文化群体的人只是带着新奇或是偏见的眼光看待少数民族文化，少数民族文化在与主流文化的交流和融合中渐渐走向"失语"的地位。从对现代学校教育的审视出发，教育的内容主要是以现代主流文化为主体的，很少涉及少数民族文化。

第四章 民族地区地方性知识与学校教育

第一节 民族地区学生的学校生活

甘加乡位于甘肃省甘南藏族自治州夏河县北部,东与曲奥乡、麻当乡、王格尔塘镇相连,南接达麦乡、九甲乡、桑科乡,西邻青海省循化县,东北角与临夏回族自治州临夏县接壤,总面积894.70平方公里。乡人民政府驻地在距县城28公里处的仁青村,是夏河县最大的牧区乡。夏河县甘加乡学区共辖七所小学,有寄宿制小学一所(乡中心小学),六年制三所(西科小学、仁艾小学和八角城小学),教学点三所(卡加小学、哇代小学和作海小学),全部是以藏语授课为主的民族类小学。学校辐射全乡7个行政村,覆盖7000多人口。寄宿制中心小学初建于1958年,校址在白石崖寺院,教师4人,学生36人。1959年从中心学校分离出部分设施,分建了八角城村校。1965年,中心校迁至甘加卫东大队(现甘加仁青五组),同年分建仁艾村校。1985年建立哇代小学;1999年,新建西科、作海两所村校;2002年,新建了卡加村校。甘加学区现共有教师60名,本科学历的6名,专科学历38名,中专学历的6名。现有学生776名。2004年甘加学区还创办校刊《赛青梅朵》,至今共出校刊6期,此刊物汇集了各校师生藏、汉文优秀小作品共计二百多篇。甘加乡小学生的藏语水平是全县最好的,进入夏河县藏族中学的学生藏语文成绩一般都处在班上前几名,夏河县藏族中学每年高考考得最多的也是甘加乡的学生。

2010年9月8日,我来到甘加乡寄宿制中心小学已是晚上8点半了,从县城到学校每天只有两趟班车,而且都是上午发车,远处的老师经常赶不上。老师们一般都是几个人合租一辆出租车(一次50元,大家平摊)。

我们进校门时看见有家长在送孩子上学。后来我发现这里家长送孩子上学的并不多，大部分学生，包括学前班的孩子都是自己来学校，自己回家。甘加乡寄宿制中心小学里接近一半学生的家与学校距离步行需要4个小时左右，这里的学校连续上两周课休息4天，主要考虑老师和学生平时回家不方便。

到校后我跟一位老师去查宿舍，学生宿舍都是用学生所在的行政村来命名的，如仁艾宿舍、仁青宿舍等。学生住宿的安排也不是按年级分的，而是按学生所在地分的，所以每个宿舍住着高中低不同学段的学生。这样分的目的是为了让高年级的学生照顾低年级的学生。学校每个老师承包三个宿舍，每天早晚必须去检查（包括安全、人数、健康、卫生等）。我们走进仁艾宿舍，学生们正在地上打闹，虽然走了很长时间的路，似乎没有丝毫的倦意。看来这样的距离对他们来说已经习以为常了，或许这本来就不算什么，因为他们放羊走的路比这更多。我们去的这个宿舍一共8张床，住了10个学生，其中六年级两个，四年级1个，三年级2个，二年级3个，学前班2个，六年级这两个学生和学前班的两个学生住在一起。六年级的同学每天要帮这两个小同学打饭、督促他们吃饭，晚上帮他们盖被子，夜间领着他们上厕所，有时还要帮他们洗衣服。老师正询问多杰东知来了没有时，一个男生蹦蹦跳跳地进了宿舍，一个学生指着他对老师说他从厕所来了，宿舍里一阵哄笑。他正准备上床，老师叫住他让他给我们唱首歌，虽然他随口答应，但面前的陌生人使他多少还是有些害羞，然而藏族人豪爽、开放的性格容不得他过分谦虚。他稍加思考便开始唱了，声音高亢、嘹亮，高音低音转换自然。唱完后他快速地上了床（他住在上铺），躺在床上做鬼脸。我问他喜欢去寺院学习还是喜欢在学校学习，他没有听懂。我解释说你喜欢当僧人还是喜欢当学生。他们看着我笑，没有作答。老师知道他们还没有听懂我说的话，进一步解释说："你喜欢当学生还是'阿叩'"，他不假思索地回答说，"噢，'阿叩'"。我问他兄弟几个，他说两个。我说你为什么没去当"阿叩"，他不好意思地说："他们没选上我，弟弟去了，他比我好"。老师解释说："拉卜楞寺对'阿叩'的选拔比较严，要看天赋和悟性"，他没有选上主要可能是因为太调皮。学校规定的熄灯时间到了，我们必须离开，出门时我对他们说："再见！晚安！"他边做鬼脸边给我回了一句"OK"。

甘加乡中心小学是一所藏族牧区的寄宿制学校，学校一共336名学生。只有3名学生为回族,其他均为藏族。从校门上藏汉两种语言写成的校名中我们可以判定这是一所藏汉双语学校。校门右面蓝、红、黄三根柱子再次强调了藏族特色。走进校园,右面墙上是一系列的标语,有天安门城楼和五星红旗,也有草原和帐篷;有爱因斯坦关于想象力的名言,也有著名藏医学家、藏医学的奠基人宇妥·云丹贡布关于勤奋学习的警句;有藏汉两种语言写成的"八荣八耻"和"校徽释义"等。统计发现,学校里张贴的画和标语,一共96幅,有28幅是纯汉语的,有26幅是纯藏语的,其余的都是藏汉双语写成的。单从这些方面我们可以认为学校将汉语言和藏语言的学习放在了同等重要的地位。学校是按照上级教育行政部门的要求来做的。然而无意识中流露出的校园文化则反复在诠释这是藏族地区的学校,应该有它自己的特色和特点。

这里的学生学习很刻苦,学校规定学生早上7点起床,但大部分学生6点半就已经开始在校园里读书了。通过近两个月的观察,我发现6点半起来读书的学生中没有一个学生在读汉语文,偶尔听见有读英语的声音,但绝大部分都在读藏语文,因为这时候老师一般还没有起床,所以他们可以读自己喜欢或者自己觉得重要的内容。有的学生怕汉语文老师"不高兴"就拿两本书,把汉语课本放在下面,如果不小心碰到汉语文老师,就放声读几句汉语文。一天早晨,我看见几个学生在一起读藏语文,声音洪亮,足以引起经过他们的注意,我凑过去先是表扬了他们读书的劲头,然后用汉语和他们搭话。"你们爱读藏语文还是汉语文?"一个胖乎乎男生指着手里的藏语文课本说:"爱念这个,汉语文的不爱念。"

7点半到8点之间是早饭。由于甘加中心小学是一所完全寄宿制学校,所以学生一日三餐都在学校吃,而且是免费的。一般早上吃馒头,中午一份带肉的菜和馒头,下午吃带肉的面条(校长说一日三餐,至少两顿有肉是国家规定的牧区学生的生活标准)。吃饭前,学生先要到教学楼前面以班为单位站成两列(男生一列,女生一列),值周老师整好队后,要求学生唱着"红歌"去吃饭(在这所学校,也只有在这里和上级部门检查时能听到汉族歌曲的声音),从六年级到学前班依次进行,六年级的学生把自己的饭打上后,一般都会帮助学前班或一年级的小同学打饭。馒头一般放在两个不锈钢的大铁桶里,学生自己拿,能吃多少就拿多少,有的学生拿两个,有的学生拿一个,还有的学生拿半个。我观察了近一个月时间,还没有发现一个准备吃半个馒头的学生看见盛馒头的桶里有半个馒头没有去拿，而是另外拿新的馒头去分的现象。如果不小心手里的馒头掉在地上，他们拿起来用嘴吹一吹或者把染上脏东西的那一层剥掉就吃掉了，无论老师是否在场，都会这样。藏族小学生的这个举动足以让我这个外来者感到惊讶。学生用餐时的种种爱惜粮食的行为，老师的教导可能是一个方面，我想更重要的可能是藏族传统文化对他们的影响。甘加中心小学做饭的师傅是校长从甘肃临夏市请来的（当地人认为临夏师傅饭做得好），一共两个人，均为男性，一个27岁，一个38岁。校长说："请临夏回族的师傅主要有两个原因。一是临夏回族师傅饭做得相对较好；二是为了照顾学校4位回族老师。"学校的336名学生全部在学校食堂吃饭，但浪费粮食的现象基本不存在，这一点连做饭的师傅都为之惊叹。"300多人吃饭，一天下来倒掉的剩饭还不到半桶，我做了近18年饭，从来没有见过这种情况，成人都很难做到，何况这么小的娃娃。"因此，我们可以说，在这里爱惜粮食已不再是用口号来提醒大家，而是大家用行动来诠释什么叫爱惜粮食。

然而，这里也有一些不和谐的音符。甘加中心小学在我去之前来了6个藏族实习生，两个女生，4个男生，他们都是甘加乡人，这所学校也是其中两位男生的母校。我想他们上小学时可能和今天这里的小学生一样爱惜粮食，然而3—4年的城市生活使他们渐渐淡忘了自己中文化的优良传统，忘记了父母"粒粒皆辛苦"的谆谆教导和身体力行。每次走进他们的宿舍都能看见前天没吃完的剩菜剩饭，门前的垃圾桶里也时常可以看到他们倒的剩饭。真不敢想象他们将来能为这里带来什么。

2010年9月16日晚饭时，校长看老师们都到齐了，站起来对大家说："从今天晚上开始，每天晚饭后老师和学生们一起到操场上跳锅庄舞。"接着教导主任就在学校广播上将此信息告诉了学生，我想校长如果早回来几天（校长去教育局开会），这项活动可能会提前进行，因为9月中旬的晚上这里已经很冷了。学生的通知是用藏语传达的，虽然我们没有听懂广播上说的全部内容，但作为一个外来者绝对能够感觉到，广播上的通知是学生喜欢的活动或内容。因为广播刚停，草原上的校园就沸腾了，学生欢呼着跑向了操场。由于我吃饭比较迟，等我收拾完来到操场上时，老师和学生已经伴随着音乐跳起来了，我也不由自主地融入其中。从师生到场的迅速程度、出勤率和表情，我们完全有理由判定这项活动是老师和学生都比较喜欢的。从跳的情况看，动作比较乱。有的出左脚，有的出右脚,有的转身,有的前进,有的双手在胸前交叉,有的双手在头顶挥动。从一个实习老师的动作中我发现这套动作非常复杂,虽然基本动作都是先右后左,先退右脚,再抬左脚,最后右脚上步,但有时右脚需要快速点两次,有时左脚需要上步后快速点两次,有时需要左转圈,有时需要右转圈……总之比较复杂。从活动结束时校长的讲话中,才知道今天晚上跳的锅庄舞是本校师生从来没有跳过的。当校长问大家愿不愿意学时,全校师生齐声回答"愿意",这声音洪亮的能叫醒冬眠的牧草。集体活动后,有些老师觉得不尽兴,又约了一部分老师到学前班的教室(这里电子琴、DVD等设备比较齐全)里去跳了,其中包括一位即将退休的老教师。事实上,这种小型舞会和小合唱几乎每晚都有,老师们经常自行组织这类活动,有时只有老师,有时是老师和学生一起活动。9月15日晚上一位老师提着自己的录音机约我们到教学楼前面的大厅里跳舞,开始去了6个,后来逐渐增加,到10点时,已经有15个人了。甘加乡寄宿制中心小学最不缺乏的就是歌声,从早到晚,无论是教师的办公室,还是学生的宿舍;无论是教室还是餐厅,甚至上厕所时也能听到歌声。而且歌声都是那样动听和悦耳,每一首歌似乎都在讲述一个故事。

　　从甘加学生的学校生活细节中我们能够很明显地体会到藏族文化对藏族学生的这种潜移默化的教化和影响,而且也感受到了藏族学生对自己文化的热爱和对学习藏族文化知识的渴望。那么藏族地区的学校课程是否满足了学生的这方面的学习需求呢?这一问题还需要通过进一步的研究才能做出回答。

第二节　民族地区学校民族文化课程的调查与分析

　　西北藏族地区义务教育阶段学校课程的设置情况与汉族地区大致相同。不同的地方主要表现在以下几个方面。一是增开了藏语文 [1—6年级是(五省区)协编,青海民族出版社出版;7—9年级是(五省区)协编,西藏人民出版社出版]。但藏语文课本中有许多内容汉语文是已经学过的;二是增开了会话(青海民族教材编译中心编著,青海民族出版社出版),是为加强汉语文的学习而开设的,这门课一般都是汉语文老师兼任的;三是除信息技术和英语外,其他课程均是将汉族地区学校课程直译而成的。如果单从教育与文化的关系方面来考证的话，这种课程设置方式显然不能实现民族地区学校教育目标的要求，我们只能把希望寄托在藏语文课程上。藏语文课程从"目标—内容—实施—评价"这几个方面是否很好地完成了传承藏族文化和培养藏族人的使命呢？教授藏语文课的老师和学习藏语文的学生最有发言权。

一 问卷调查：藏语文课程现状扫描

本书从课程目标、内容、实施和评价四个方面对藏语文课程的现状进行了调查。

（一）藏语文课程存在的问题

1. 课程目标方面

从表4-1中可以看到，89.4%的教师不了解藏语文课程的目标，只有10.6%的教师认为自己了解藏语文课程目标。关于藏语文课程目标的了解情况，教师得分集中在1—2的区域，这说明整个教师群体基本上不认同"他们了解藏语文课程目标"这一观点。关于藏语文课程是否能很好达到传承民族文化的问题，教师的得分也集中在1—2的区域，89.1%的教师对这一观点持否定态度，只有12.3%的教师认为藏语文课程能很好地达成传承民族文化的目的。以上数据表明，绝大多数教师对藏语文课程目标不了解或了解很少，这与课程培训不够有很大关系，也与教师没有参与藏语文课程目标制定有一定关系，当然与教师自身也有很大关系。

表4-1　　　　课程目标频数分布、平均数与标准差

题项	我了解藏语文课程目标	我觉得藏语文课程能很好地传承民族文化
1	39.3%	32.5%
2	50.1%	55.6%
3	0	0
4	6.4%	8.6%
5	4.2%	3.7%
M	1.9	2.0
SD	0.59	0.68

2. 课程内容方面

藏语文课程内容方面，如表4-2所示，94.5%的教师认为藏语文课

程内容对当地学生的实际关注不够；90.3%的教师不同意"藏语文课程能很好地反映藏文化的精华"这一观点；86.5%的教师不认可现存藏语文课程的编排体系；90.1%的教师认为藏语文课程没有很好地体现教师和学生的意愿。表4-2的这四个问题教师的得分均集中在1—2区域。这种结果表明教师对现存藏语文课程的内容非常不认同。在关于"我希望对藏语文课程内容进行改革"的问题的作答中，81%的教师选择了"非常符合"，16%的教师选择了"符合"，1%的教师选择了"说不清"，只有2%的教师选择了"不符合"和"非常不符合"。这些判断说明教师对现存藏语文课程内容的不满意。

表4-2　　　　　课程内容频数分布、平均数与标准差

题项	藏语文课程内容适应当地学生实际	藏语文课程能很好地反映藏文化的精华	我很认可藏语文课程的编排体系	藏语文课程中师生的意愿体现得好
1	59.3%	48.1%	46.6%	39.6%
2	35.2%	42.2%	39.9%	50.5%
3	0	0	1.6%	1.8%
4	3.8%	6.5%	7.8%	5.6%
5	1.7%	3.2%	4.1%	2.5%
M	1.6	1.8	1.9	1.8
SD	0.72	0.61	0.81	0.68

从表4-3中可以进一步了解到藏语文课程内容和结构方面存在的具体问题。关于藏语文课程内容方面，48.1%的教师认为"课程内容没有很好地反映地方性知识"，50.9%的教师认为"课程内容与学生生活实际联系不大"。关于藏语文课程结构方面，56.6%的教师同意"课程结构对学生的兴趣考虑不够"，52.8%的教师认为课程编排中专业术语不统一。

表4-3　　　　课程内容及结构存在问题的频数统计　　　　单位:%

课程内容问题	比例	课程结构问题	比例
课程内容没有很好地反映地方性知识	48.1	对学生的兴趣考虑不够	56.6
课程内容与学生生活实际联系不大	50.9	内容衔接不好	21.9
课程内容对教师和当地人的意见考虑的少	25.2	内容难度递进差	26.5
过分注重课程内容呈现的文本化	21.3	专业术语不统一	52.8

3. 课程实施方面

如表4-4所示，71.3%的教师对藏语文课程实施的效果不满意。访谈中，许多老师认为这里的不满意是与他们理想中的课程相比较而言，如果与汉语文课程相比，那藏语文课程的实施效果就好得多了。在关于"藏语文课程的学习使学生对藏文化的了解程度明显提高"的作答中，36.2%的教师非常不认同这一观点，35.1%的教师不认同这一观点，只有28.7%的教师对这一观点持肯定态度。上述这两个问题的答案都充分说明了藏语文课程的实施效果与教师理想中的效果差距很大，教师对这样的实施状况不满意。

表4-4　　　　　课程实施、评价的频数统计　　　　　单位:%

题项	藏语文课程实施的效果好	藏语文课程的学习使学生对藏文化的了解程度明显提高	藏语文课程的评价方式有利于学生对藏文化的学习
1	41.1	36.2	36.6
2	30.2	35.1	53.9
3	0	0	0
4	18.8	21.5	5.8
5	9.9	7.2	3.5

4. 课程评价方面

从表4-4中可以看出，36.6%的教师非常不认可"藏语文课程的评价方式有利于学生对藏文化的学习"这一观点，53.9%的教师认为这一观点不符合实际。关于课程评价方面的问题，访谈发现，主要问题还是处在课程目标和课程内容方面。许多老师由于对课程目标不了解（了解课程目标的老师对课程目标也不满意），对课程内容不满意，也可以说他们在内心深处就不认同现存的藏语文课本，所以对它的评价方式不认可也就理所当然了。

以教师对藏语文课程目标、课程内容、课程实施和课程评价四个维度的总分为因变量，分别针对学校位置、教龄、毕业学校、文化程度、职称作方差分析，结果显示均无显著差异。以教师的性别为自变量，以课程的四个维度为因变量，对其进行独立样本T检验，结果显示无显著差异。

(二) 藏语文课程调查与访谈结果分析

从问卷调查和访谈中，本研究发现，藏语文课程存在的问题主要集中在课程内容方面。

1. 课程内容能充分反映藏族的地方性知识与学生生活实际脱离

关于现有藏语文课程内容问题，一位藏族校长认为"主要是藏文化反映得太少，或者说藏文化的精华部分没有得到充分的体现。也就是说，现行的藏语文课程是在割断了藏文化的根的基础上编写的，所以对当地和学生的适应性不强"。

调查发现，在本地的学校课程中，汉语各科教材基本上都使用全国统编教材；民族母语教材（本地只有藏语文教材）大多数也是由汉语教材翻译、编译过来的。很少将各少数民族的优秀文化传统纳入现有课程体系中，与民族学生生活实际严重脱离。通过翻译我们发现，从小学到高中所有的藏语文教材中都有相当数量的汉语文教材的内容，有的年级的藏语文中的课文一半都是直译的汉语文课文。

这些直译的文章都是专家们眼中最好的最优美的文章，但由于这些文章与当地学生的生活实际离得太远，所以他们感受不到西沙群岛的富饶，也体验不到荷塘月色的美丽，故教学效果也就理所当然地不尽如人意。本书曾反复强调，民族地区地方课程就是以学生生活其中的地方性知识为载体来传递民族文化，如果不承载民族文化，民族地区地方课程就失去了其存在的价值和意义。

2. 藏语文课程内容重复多、翻译水平有待提高

在关于现存藏语文课程本身的问题讨论中，教师们提了很多问题，集中表现在两个方面：一是重复的课文较多。有的课文汉语文和藏语文中都有，如《荷塘月色》、《桂林山水甲天下》等。有的课文在汉语文课本中有，却在藏语文课本中出现两次，又如《日出》在小学二年级的藏语文课本中出现一次，在小学四年级的汉语文和藏语文课本中又各出现一次。这些经典课文出现在汉语文中倒能理解，但反复出现在藏语文中就显得不合逻辑了。这些看似精品的文章却与学习者的生活相隔十万八千里，他们在那种环境中是想象不到桂林山的奇、峻和桂林水的绿和静的，也体验不到朱自清笔下的荷塘月色与大夏河中的月色有什么异同。二是翻译水平有待提高。关于这个问题我分别对夏河藏小的一位老师和夏河藏中的两位老师进行了深度访谈。

(A 代表研究者，N、C 分别代表两位被访谈的老师)

A：老师，您工作多少年了？

N：28 年了。

A：一直教藏语文吗？

N：是，一直教藏语文。

A：您认为学生爱学藏语文吗？

N：爱学，比汉语文爱学得多，从上课及作业的情况就能看出来，再说这毕竟是他们的母语嘛！

A：您觉得现行的藏语文课程主要存在什么样的问题？

N：翻译得太多。藏族的文化是一个具有完整体系和悠久历史的文化，而且藏族的文化是灿烂辉煌的。它里面有许多优秀的东西值得继承和发扬，比如我们也有名人名言，里面专门讲教育的重要性、知识的重要性等。如果将这些藏族的名人名言搜集出来编进课程中，学生会更加容易理解。

A：翻译的水平您认为怎么样？

N：我认为翻译人员的水平太差，或许就是两种语言本身的问题。比如像《狼和小羊》在汉语言课本中是一篇很好的文章，但翻译过来，不能说面目全非，也与原文差距很大。这种水平太差的翻译文章还有一个重要的问题就是影响汉语和藏语的写作。

A：您认为藏语文课本中需不需要一些特别好的汉译文？

N：翻译的一个都不要。藏族也有许多古代、近现代的有名作家，把他们的文章编进去，可能学生学得会更好。

A：您认为藏语文这门课程目前存在的主要问题是什么？

C：翻译得太多，比如《荷塘月色》很美的一篇文章翻译过来就变味了。藏语的基础知识衔接得不好，藏文化本身是完整的，由于编课本的人没有认真去考虑这个问题或者说有其他方面的原因，使得藏语文这一门课从一年级到高中毕业，没有形成一个系统的框架和知识体系。但即使这样，藏语文的及格率仍然比汉语文的高得多，藏语文一般都是 100%，但汉语言只有 30%—40%。

这些低水平的翻译不仅影响藏语言的学习，而且会使学生逐渐失去对汉语言学习的兴趣。学者们已多次强调，缺乏民族文化教育的学校课程正在使越来越多的民族学生渐渐远离自己民族的传统文化，学校生活也使他们失去灵魂的家园，精神无所依归，成为社会的边缘人。

　　一位校长明确表示有些课程就根本没有必要翻译，比如说关于爱国主义教育和品德与生活这两门课，离学生的生活实际太远，我们藏文化也有爱国主义教育的教材。以《品德与生活》课为例，藏文化中就节约粮食这样的古训"吃的东西，无论在哪里找到，只要干净就可以吃，没有什么面子不面子这一说。如发现不干净的吃的东西，我们都要求捡起来，先顶在头上，然后放到高处，让鸟儿去吃。"这些东西我们学生的家长也时常这样说，如果课堂上教师再给他们举例去讲，肯定比学生去读翻译过来的那些与学生生活无关的说教的东西要好得多。

　　3. 藏语文课本名词术语不统一

　　调查发现，五省区协编的藏语文课本从小学到高中，由两个出版社出版发行，小学的藏语文课本由青海人民出版社出版，初中藏语文课本由西藏人民出版社出版，高中藏语文课本由青海人民出版社出版。这两个出版社所编写的课文中的许多名词术语不统一，这样对教师的教学和学生的学习无形中增加了困难，也影响了学生对民族语言系统和规范的学习。

　　从问卷和访谈结果可以作出这样的判断：藏语文课程内容的选择和设置更多是从语言学习的方便和有效出发，而没有从语言与文化关系的角度出发去考虑藏语文课程的学习问题。这是一种关于"语文"的狭义理解——语文学习即语言文字的学习。如果将藏族地区学校中藏语文仅仅定格在语言文字的学习上，倘若不是有意为之的话，这种定位显然有失偏颇。藏语文的学习应该理解为对藏族语言文化的学习。这种定位不仅符合教育与文化关系的厘定，也有利于藏族文化的传承，更有利于藏族学生的健康成长和发展。

　　二　课堂实录：汉语文与藏语文教学状况之比较

　　（一）课堂实录

　　按照研究计划，本研究一共选听了甘加乡 7 所学校[①]的 14 节课，其

[①] 夏河县甘加乡共有 7 所小学，包括甘加乡寄宿制中心小学、八角城小学、仁艾小学、哇代小学、西科小学、作海小学和卡加小学。

中汉语文课 7 节，藏语文①课 7 节。现将其中最具代表性的两节课堂实录展示如下。

在征得学区校长和各学校校长的同意后，我到达甘加乡的第三天就进入了课堂。关于听课，校长给了我最大的自由，而且关于我听课的目的也给教师们进行了解释，并希望各位老师按照平时的上课方式去上，不要紧张和刻意准备。按照听课计划，我首先选择了三年级的汉语文课。三年级汉语文课的任课老师是一位有 20 年教龄的回族老师，这位老师自工作以来就在甘加乡任教，先是在卡加小学和瓦代小学工作（这两所小学属于甘加学区的村小），后来又在西科小学和仁艾小学工作（这两所小学属于甘加学区的六年制小学），2005 年调入甘加乡寄宿制中心小学，也算是汉语文教研组的骨干教师了。

甘加寄宿制中心小学每个班级都有课前唱歌的习惯。很多学校，无论是城市还是农村，无论是汉族还是回族都有课前唱歌的规约。不同的是甘加草原上的学校课前唱歌没有值周老师和学生干部去督促和检查。我走进三年级教室时，学生们正在面带笑容地放声歌唱，唱的是藏族歌曲，虽然听不懂歌词的意思，但美妙的旋律和学生们嘹亮的歌喉足以让一个外来者惊叹。老师待歌声落定后宣布上课，班长大声喊"起立"（qī lí）② 全班学生起立之后拉起长腔喊"老——师——好"（lāo shī hāo），老师回问后让学生们坐下。老师用藏语叫起了班长桑吉才让，说了几句后，班长就跑到教室后面的柜子里拿了"驱味香"③ 插在离我不远的窗户上。我望着老师和这位班长点头微笑以示感谢。开始上课了，老师首先宣布"这节课我们来学习第 7 课《高楼之间的客人》（gáo lóu zhī jiān de kē rén）"，说着将课题写在黑板上，写完后老师说："在上第 7 课之前，大家先齐读一下第 6 课的课文。《哥哥的学校》（gé gé de xué xiào）预备起"。学生们开始很卖力地去读，声音很洪亮，但基本上是在唱读，由于我还不习惯他们说汉语的语调，所以一篇课文我只听清了"哥哥"和"太阳"两个词。在学生读第 6 课的过程中，老师将第 7 课的生字"之、建、筑、叔、街、

---

① 藏族学校的汉语文课叫汉语，藏语文课叫语文，为了研究方便，笔者将其分为汉语文和藏语文。
② 课堂实录中注音的地方都是当时老师或学生读出的音调。
③ "驱味香"是学校专门为外来者检查和听课时不习惯教室的味道而准备的一种香，一般情况下，学校要求上公开课的班级也要点上"驱味香"。

桥、位"写在黑板上，然后时而看看课本，时而看看教案，等学生读完课文后，老师让学生坐端，手背过去，把书合上看黑板。然后开始解释课题。先在黑板上画了两栋"高楼"，学生不作声，老师解释说"高楼就是高高的大楼，我们的教室就是在高楼上；教学楼和你们的宿舍楼之间有老师的房子，这就是之间；客人就是我们家今天来了客人的那个客人。大家听懂了吗"。学生齐声回答"听懂了"，但学生不自信的声音和眼神中流露出了许多困惑和疑问。老师没有检查学生是否真的听懂，直接进行了下一项教学任务。

　　老师接着问："你们把生字查了没有？"学生齐声说："查了"，老师嗯了一声就开始指着黑板上的"之"提问了。"贡保才让，这个字是什么结构，什么偏旁"，这个学生没有回答上来，老师没有检查他是否查字典了，也没有让他坐下，而是将这个问题抛给了全班学生。一阵"嗡嗡"声过后，只有6个学生（全班46人）在老师的引导下说出了这个字的结构和偏旁。又指着"建"叫学生说它结构和偏旁，也是只有不足10个学生在老师的引导下说出了"建"的结构和偏旁。"筑"和"叔"也都是这样进行的。后面的几个字出现的许多小插曲让老师啼笑皆非。老师指着"街"字叫了一个学生问它的结构和偏旁。学生说："心字旁"，老师很生气用藏语批评了这个学生。又叫了一个学生回答这个问题，这个学生说："竹字头"。正当老师不知所措之时，一个学生举手希望能回答这个问题，老师立刻允许她回答问题，脸上的表情变得好看了一点儿。举手的学生说："左右结构、双人旁"。老师纠正说是左中右结构。"桥"字进行的还算顺利。到了"位"字，老师叫了两个学生，一个说是"手"字旁，一个说是"口"字旁，如果再叫一个学生，我真的猜不出还会出现什么答案。实在没办法，老师只好直接告诉学生正确答案。学生为什么会说出"手"字旁和"口"字旁呢？当时我就坚信肯定是有原因的，因为老师叫的这两个学生当时既没有睡觉，也没有搞小动作，至少从他们的外表看不出他们注意力不集中的倾向。后来，我在查阅一年级汉语文课本时找到了答案。一年级汉语文课本中"人、口、手"这三个字是在一节课学习的。今天课上学生的表现充分说明，这两个学生在一年级的时候就没有分清楚哪个字是"人"，哪个字是"口"，哪个字是"手"。

　　接下来，老师将这节课关于生字的所有正确的东西都写在黑板上，然后领着学生去读。

zhī	jiàn	zhù	shū	jiē	qiáo	wèi
之	建	筑	叔	街	桥	位
独体字	半包围结构	上下结构	左右结构	左中右结构	左右结构	左右结构
点部	建字底	竹字头	又字旁	双人旁	木字旁	单人旁

领读完后,老师让学生一个字齐读两遍——分组读——男生读——女生读……但几乎所有学生都将"建"读成一声,将"位"也读成一声。

后来老师看下课时间还没到便开始讲解课文,老师先读了课文的第一句,"城市里,一幢高楼盖起来了,又一幢高楼盖起来了。"然后问学生能不能埋解,还没等老师的话说完,学生就齐声说"能"。显然没有对老师的这一问题进行判断。当讲到"客人是谁?"时,老师对学生说"课本上的小朋友猜这位客人也许是一座滑梯,也许是一家糖果店。那大家也猜一猜客人会是谁呢?"学生们又一次齐声回答"是座街心花园"。但洪亮的声音并没有冲淡学生脸上流露着的茫然和困惑。老师笑着说,那是课本上的答案。下课铃响了,老师开始布置作业:"生字一个字一行,后面组两个词写在作业本上,课后将黑板上的偏旁、结构写在书上的生字旁"。

在听了三年级的汉语文课后,我又于 2010 年 9 月 26 日上午去听了三年级的藏语文课。① 执教老师是一名有 15 年教龄的藏族男教师。由于他在西北师范大学上函授时我给他上过课,故来甘加之前我们就认识。因此他上课没有因为我的到来而感到紧张和不自然。又因为我每天都抽时间和学生聊天,所以当我走进教室时,学生们也丝毫没有感到陌生,相反有几个活泼分子还跑过来用藏语和我打招呼。其中有一个男生就是那天晚上我跟值班老师查宿舍时给我们唱过歌那个学生。藏语老师让他给我唱一首自己唱得最好的歌,他毫不谦虚和做作,欣然答应,拿了一支钢笔当话筒,快速跑到讲台上,自己先用双手打了一个过门,就开始唱了。唱得非常投入,表情丰富,声音洪亮,台风也非常好,和"星光大道"上的同龄孩子可以媲美。上课铃响了,学生陆续回到自己的座位上准备上课,他的歌也唱完了,大家给了他最热烈的掌声。他高兴地一溜烟似的跑到自己的座位上,一直盯着我窃笑和做鬼脸,好像在说,我唱得不错吧。我也竖起了大拇指赞扬他唱得好,老师宣布开始上课,我怕影响他听课,再没有去"招惹"他。

开始上课了,老师叫了几个学生在黑板上听写上节课所学的生字词,一

---

① 藏语文课的课堂实录是甘加乡一位退休的老教师帮助翻译的。

共叫了3个学生,只有一个学生的一个词写得不正确,其他都全对。接着老师又分别叫了两个学生去读课文,举手的学生很多,也很积极。老师点名的这两个学生读得很流利,老师表扬了他。5分钟后开始进行新课。老师让学生把书翻到13页,默读课文,看课文说了什么内容,学生默读课文的同时,老师"4.庄稼赞"。[①] 这是一首赞美庄稼的小诗,课文的汉语大意为:

　　大地有了水和肥料之后,
　　小麦和青稞等庄稼就长了出来。
　　到了丰收的季节,
　　人们在地头田间高兴地歌唱。
　　歌唱着丰收的喜悦!

　　这些比黄金还要昂贵的果实,
　　在微风的吹拂下,
　　像波浪一样,
　　随风飘动。

　　学生读完课文后,老师问有没有不会读的,大部分学生都说没有,只有5个学生保持沉默。老师开始领读,声音抑扬顿挫,学生也跟着读得有起有伏。领读完后老师让学生齐读课文,并提醒学生注意个别字的读音,学生读得很起劲,感情也很投入。接下来,老师让学生自由读,然后画出自己不认识或读不准的字词,读完后,老师叫了几个学生将自己不认识或读不准的生字词写在黑板上,并询问学生有没有和黑板上不同的,有的话继续上来补充,话音刚落就有两个学生跑上讲台写下自己认为不会读或读不好的字词。老师没有直接说出黑板上这些字的正确读音,而是分组让学生查字典自己解决。3分钟后,学生都举手表示已经完成各自的任务,老师在每组叫了一个学生上讲台上来解释和领读。这项活动结束后,老师又让学生给黑板上这(小麦、青稞、丰富)造几个词句,各小组可以讨论,把自己小组认为最好的句子读出来和大家一起分享。4分钟后,各小组争先恐后地起来汇报。每一组的汇报都得到了老师的表扬和全班同学的掌声。课上到这里,这节课的任务已经完成,目标也基本达到,这时老师说:"我随便点名学生起来读课文,其他学生注意听,只要他有一处读错就给大家

---

　　① 三年级上册的语文课本的一篇课文,这套教材是五省区协编,青海民族出版社2006年出版的。

唱一首歌。但需要注意的是，发现错误的同学也要细心，如果你发现的错误不是错误，而是正确的，你就要给大家唱一首歌，还要跳一段舞"。学生们欣然接受老师的提议。课堂活跃起来了。老师先叫了坐在最后一排的道吉才让。道吉才让站起来，如履薄冰地、慢慢地读着课文，读一句看一下老师，等他读到第二句时，老师看到这个情况突然又加了一个条件，即读的不流利也要唱歌。老师宣布完条件后，道吉才让马上加快了速度，但同时也马上出了一个错误。等他读完后，他主动走到讲台上开始唱歌，对于唱歌他丝毫没有表现出压力和害羞。唱完后，老师和学生都给了他热烈的掌声。老师又叫了一个名叫（中）索南草①的学生读课文。这个学生刚读到第三句，下课铃就响了，老师看学生们依然兴致勃勃，就对学生说："今天晚上的自习课上我们继续。"在学生的欢呼声中，我们走出了教室。

　　我之所以将两节不同内容的语文课原原本本地记录下来，不厌其烦也不避单调，是想保存课堂进行过程的真实性与完整性。对于研究微观现象来说，细节的真实性与完整性往往比定量的统计告诉人更多也更准确的信息。课堂的教学过程对教育来说是本质性的，因为它决定着法定课程真实的实现程度。法定课程无论包含多么丰富的内容与意向，它都仅仅是一种势能必须经由课堂的媒介才能转化为动能，而这种媒介本身又有它各不相同的状态，这些状态作为重要的参数会强化或减弱、补充或删除课程的本来内涵。这种媒介包括教师因素、教学设备、教学环境，最主要的应该是课程知识的学习者。《高楼之间的客人》虽然是专门为九年义务教育阶段学生编写的一篇课文。课文不可谓不优美，老师讲解也不可谓不卖力，但由于它的语言逻辑和表达方式与学习者的思维模式完全不同，课文中所呈现的情景与这里学生的生活无关，所以才会出现课堂教学如此低效的状况。当然，教师的素质也是一个影响非常大的因素。《庄稼赞》是一篇藏族作家写的赞美庄稼的小诗，虽然内容不多，但每一句诗中都能从学习者的生活中找到它们的痕迹。也正因为如此，他们才会读得那样津津有味，表现得那样积极主动。从以上两篇课文的学习过程和效果中，我们可以发现，学校教育中的课程知识及其由它所构成的科学世界，如果远离学习者的生活世界。也就是说，如果与学习者的生活和精神世界没有关联的话，

---

① 藏族学校里或班级里重名的学生比较多，如果一个班里出现3个同名的学生，就按年龄区分为大、中、小。三年级一共有3个叫索南草的学生，老师叫的索南草是年龄处在中间的那一位。

这样的课程知识，无论多么精美，也无论它对学习者未来生活多么重要，都不会激起学习者的学习欲望和学习兴趣。因为对于这些出生在藏文化环境的学习者来说，从小就已自觉不自觉地学会了用本民族的语言和文化进行思维和表达，如果学校课程中断了或与他们的文化背景不相关的话，必然会出现学习困难和学业成绩不良等问题。

我们再去看看学生的作文，学生作文是语文教学成果输出的一个主要方面。它也许会让我们更加坚定我们的判断——学校课程中地方性知识的缺失是造成学生学业成绩不良和学生发展滞后的主要原因。

（二）作文：藏汉语文学习结果之比较

1. 汉语作文

甘加乡寄宿制中心小学汉语文课本第七册①有一道看图写故事的题，汉语老师作为作文题目布置给学生（下面出现的学生姓名都不是真实姓名）。这道题是一个由四幅小图构成的故事。（如图4-1所示）图一有蓝天、白云、树、草地、一条马路、路面上有一块石头、小猴子、小熊、小兔子正背着书包去上学；图二是小兔子被石头绊倒在地；图三为小熊背着小兔子，小猴子拿着小兔子的书包；图四是小兔子躺在床上，小熊正给他端水送药。

图4-1 看图写故事

---

① 课程教材研究所少数民族汉语课程教材研究开发中心编著：《汉语》（第七册），人民教育出版社2004年版，第25页。

才让扎西的第一次作文

朋友

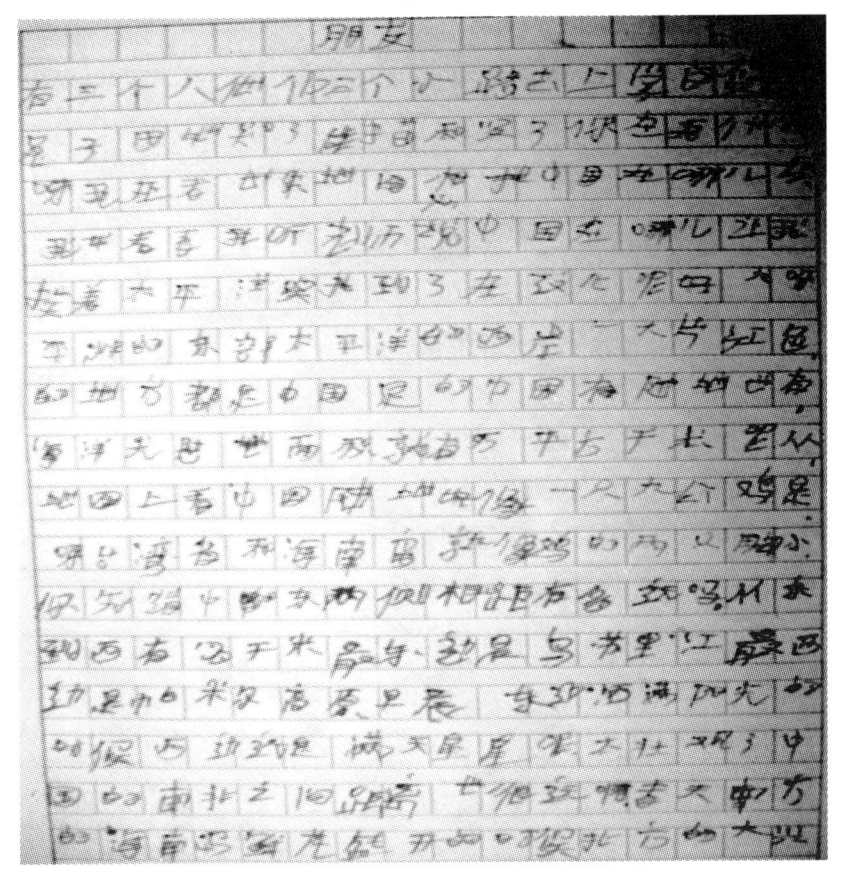

图 4-2　才让扎西的第一次作文

才让扎西的第二次作文（老师撕掉后重写的）

朋友

　　这个课上有三个朋友他们高高兴兴（"兴"写错了）的去回家的，他们去的时候小兔子替了，小熊帮助小兔子的小兔子哭了就去他们去小兔子家的，一后他们就把小兔子睡，小猴子坐下来，小能帮小兔子和小猴子他们请喝茶的小兔子说，高兴地说谢谢你们了，同学们你们有什么这是朋友吗，他们好朋友的你们不知道好朋友的，他们是天上的好朋友呀，我去回家想想他们是怎什朋友呀，同学们也去回家想一想怎什朋友好吗。

道吉草的作文（老师认为可以，没有让她重写）

朋友

  今天猴子小熊，和有小白兔子一去玩了，上学玩了回家的时候小白兔前面一个头他掉了，小熊背家去了，小熊他茶喝给了。小白兔说谢谢你。我的好朋友，不用谢，这是我应该做做的，小白兔睡着了。他醒了猴子和兔子和小熊一起去水池近玩，忽然熊猫一抬头看见天上的半圆形月亮就对侯了说，上次我是到的月亮是圆形月亮就对的，今天只乘下半个了呢，
  熊猫还没来得及回答，兔子好像明白了似的，原来另一半掉在水池野了。

  甘加乡寄宿制中心小学汉语课本第十一册①第一单元后面有一道题是"以'我喜欢的名言警句'或'我的理想'为题"，写一篇作文。本研究抽取了六年级（2）班三篇作文。

我的理想

杨昌三知

  我的理想是作一位作者。
  今天我是老师的化 我就黑板上写新间的一位作者，我就扎西、达娃，就选四个同学，还有一位学生不顾，有时候我就做一位新的教室做，我就叫道吉他快点来了，让我说你现在回家，他高兴地唱着歌就去家里。
  这就是我的最重要的理想。

我的理想

更藏草

  每个人都有自己喜欢的理想，我也有非常美丽的理想，而我的理想是长大后，成为一名好老师，所以我每天好好学习。
  怎样做一名好老师的话，第一，把自己好好学习，自己的脑

---

① 课程教材研究所少数民族汉语课程教材研究开发中心编著：《汉语》（第十一册），人民教育出版社2004年版，第27页。

子里要很多很多聪明和知识，第二，把爱护同学们，像父母一样爱护同学们，第三，把学生们的安全保护，第四，把学生们课本好好的讲清楚意思。

他们的父母长大后靠孩子们生活，所以可怜他们的父母，而他们练好好学习。

怎样同学们好好学习呢，第一，把同学们爱老师，第三，老师要把他们的高高兴兴，所以才学个好好学习和考个好成绩，然后两面都好。

我知道当老师好好同学们，然后他们父母很高兴，所以我的理想是当个一名好老师。

我的理想

才让吉

我从小的时候，我的理想是当医生，当医生的话，人民帮助，而且我们藏族人很爱帮助人民。

我们班里一共有36个学生，这里30个的理想是当医生，我的理想也是当医生。

我当不当医生这个不知道，可是我的理想就是当一位伟大的医生，这样爸爸、妈妈的日子都不用担心了。

啊！我的理想可不是伟大的吗。

六年级的汉语文老师说："六年级学生毕业考试前，老师都要求他们去背作文，题目多为我的校园、我的老师，我的理想，我最喜欢的老师等。因为每年的升学老师作文都不会逃出这些内容。"

2. 藏语作文①

家乡的草原

仁青草（五年级）

我的家乡在甘加，甘加的草原很辽阔，我家乡仿佛是蓝天，对我们牧民来说，草原是自己出生和生活的地方。

---

① 藏语作文是哇代小学的一位藏族老师帮助翻译的。

我家乡的草原有四季不同的景观。春天，草原上生出了小小的绿芽，整个草原慢慢的变成了绿色了。

夏天的时候，美丽的草原真让人心动，草原上到处都是五颜六色的花朵，花朵的美味散步到四方，蜜蜂闻到了花的香味，它飞落到美丽的花朵之间，还有蝴蝶在花朵上面飞来飞去，骏马在绿茵上奔跑着。五彩缤纷的花朵抬着头，把自己的美丽展示给小河。夏天的草原真美丽啊！

到了秋天，可爱的绿草害怕可恶的霜。因为清晨的时候，霜把小草弄的睡觉了一样，所以绿绿的草原变成了金色的草原。

我喜欢冬天的雪，因为没有雪的话，那金色的草原怎能变成绿色的草原呢？所以冬天的雪是吉祥的雪啊！美丽的甘加草原，是我出生的地方，我对你的美丽赞不绝口。

难忘的一件事
勒知（四年级）

去年寒假时，我做了一件非常愚蠢的事，它给我留下了一次永生难忘的教训。

有一天，我去放羊的时候，觉得脚有点冷，我拿来了一盒火柴迅速拔出几根草点燃了，火苗一会儿大一会儿小，有趣极了！我看着它，又奔又跳，好快活！可是过了一会儿，火苗就越来越大，最后周围的一片全烧着了。我站在旁边吓呆了，几个放羊的人发现了，冲着我大声喊："勒知，快点舀水来，把火扑灭。"我一听，这才反应过来，急忙跑到小河边拿了水，快步跑来，对准燃烧的火苗泼去。

这时爸爸骑着摩托车赶来了，看到这种情形气的瞪圆了双眼，攥紧了拳头，半天说不出话来。当时，我看的目瞪口呆，至今想起来任然感到害怕。常言道："水火无情"，请大家吸取我的教训，千万不要在草原上玩火！

可爱的小山羊
周毛吉（六年级）

放学后，我会经常去放羊，虽然大家看来放羊没什么趣事，可我发现了小山羊是这样吃草的，样子真的很特别：它先咬住一点草，再把头猛的向前一顶，然后再往后一拉，这样草就轻而易举的被撕下来了，匆匆嚼上几口马上就咽下去了。我他为什么这样吃草？就扳开它的嘴看个究竟，结果发现他还没有长上牙，下面只有七八个牙齿。

小山羊淘气可爱，机灵活泼。有时候它会耳朵一竖，头一低向别的小羊冲去，其它的小山羊也不让它，经常两只小山羊用角打在一起，每次都得我花好大力气才能把他们分开。有时他会跑到我跟前，闻闻我的脚，舔舔我的手，咬咬我的衣角，好像对我这个主人表示亲热。

不过，它有时候也让人生气，溜进别人家的院子里吃庄稼，当你跑进去赶它时，它就快速逃跑。但是看你追不上它时，它又会停下了回过头来看看你，好像一个受了批评的孩子一样，那副样子又使你舍不得打它。

这就是我家的小山羊，天真可爱！

甘加乡寄宿制中心小学三年级一共46名学生，每次汉语作文像扎西才让这样被老师撕掉重写的几乎占2/3。这也是汉语文老师感到最头痛的问题。每次作文都是先在练习本上重写多遍之后才往作文本上写。上面呈现的三年级和六年级学生的汉语作文已经是他们各自本次作文的代表作了。然而，借用三年级汉语文老师的话来说就是仍然"惨不忍睹"。与此形成鲜明对比的是藏语作文，不仅语言优美、表达流畅、层次分明，而且观察细致入微、感情丰富真挚。"它先咬住一点草，再把头猛的向前一顶，然后再往后一拉，这样草就轻而易举的被撕下来了，匆匆嚼上几口马上就咽下去了……有时他会跑到我跟前，闻闻我的脚，舔舔我的手，咬咬我的衣角，好像对我这个主人表示亲热……当你跑进去赶它时，它就快速逃跑。但是看你追不上它时，它又会停下了回过头来看看你，好像一个受了批评的孩子一样，那副样子又使你舍不得打它。"多么优美的语言啊！如果没有长期的生活体验和细致观察，绝对不可能沉淀出这样精美的语言。从两种语言的作文中明显可以看出，对于甘加的学生来说，汉语作文的写作是一种"想和编"的过程，而藏语作文的写作则是一种生活体验的自然流露。单从作文教学的角度来讲，源于生活、有真情实感的作文才是好的作文，才能打动读者。这一点，我们从《家乡的草原》、《可爱的小山羊》中完全可以感受到。因此，本书认为，没有相应的生活体验可能是藏族地区汉语作文教学中出现"惨不忍睹"和使"汉语文老师头痛"的主要原因。因为"一个民族怎样思维，就怎样说话；反之亦然，怎样说话，就怎样思维"。①

甘加学生的课堂学习状态和作文状况，都在反复诠释同一个命题，即在民族地区，地方性知识缺失的学校教育必然会导致学生的学业成绩不良，进而会出现厌学甚至大量的辍学现象。

三 分析与阐释：民族地区学校课程应该关注地方性知识

在甘加乡，我看到了和胡麻营乡②同样的情况。学校作为一个机构不仅在组织上与它所处的村落相分离，而且在教育内容上也同民族地区人民的生活相脱离。围墙之内，学校按照国家统一的教育范式规则运行着。然而，这种统一范式下的教育结果却不理想，甚至令人担忧，这一点我们从汉语文的教学过程和结果上就能明显地感觉到；围墙之外，牧民的生活按照自己固有的节奏和逻辑进行着，彼此几乎没有联系。因为国家教育系统从小学到高中都有它自己的目标，近一点说就是升入上一级学校；说的再远一点，就是为国家系统、城市生活与工业化体系培养人才，而当地人自己或整个的地方对教育需要是不在国家教育系统的考虑之内的。再说，就目前的状况来说，当前当地人对教育还难以产生真正强烈的需要。因为当地人现行的生产与生活靠当地社会长期形成的传统与惯例就能够很好地运行。从甘加乡学校课程的设置中我们也可以看出，这种课程设置从一开始就没有将民族地区学生的兴趣和民族地区的改造与发展问题考虑在内，它的目标集中在国家的建构和城市的发展上，它只是将民族地区作为人才选拔的一种来源而已。这种课程设置背后所包含的逻辑是让一部分先去建设城市，"等国家和城市发达之后，再用城市的资金、按照城市的模式将乡村复制成新的城市"。③ 因为这种课程设置的理想是认为民族地区的孩子都能通过国家为其精心准备的这条"合法化"的途径走向城市。所以没有将那些在"合法化"路途中的落选者的生活状态考虑在内。事实上，这一问题是我国乡村教育自20世纪初以来普遍存在的一个问题。毛泽东早在20世纪20年代就曾在《湖南农民运动考察报告》中立场鲜明地指

---

① 胡明扬：《西方语言学名著选读》，中国人民大学出版社1999年版，第43页。
② 胡麻营乡是李书磊研究文化变迁中的乡村学校时选择的一个研究场域。
③ 李书磊：《村落中的国家——文化变迁中的乡村学校》，浙江人民出版社1999年版，第164页。

出乡村教育存在的问题："乡村学校的教材，完全说些城里的东西，不合农村的需要。"① 陶行知20世纪初在《中国乡村教育之根本改造》一文中，对乡村教育发表了宣言式的主张：

> 中国乡村教育走错了路！他教人离开乡下往城里跑，他教人吃饭不种稻，穿衣不种棉，做房子不造林。他教人羡慕奢华，看不起务农。他教人分利不生利。他教农夫之弟变成书呆子。教富的变穷，穷的变得格外穷；他教强的变弱，弱的变得格外弱。前面是万丈深渊，同志们务须把马勒住，另找生路。
>
> 生路是什么呢？就是建设适合乡村实际生活的活的教育。我们要从乡村实际生活中产生活的中心学校，从活的中心学校产生活的乡村师范；从活的乡村师范产生活的教师，从活的教师产生活的学生、活的国民。活的乡村教育要有活的乡村教师；活的乡村教育要有农夫的身手，科学的头脑，改造社会的精神。活的乡村教育要有活的方法，活的方法就是教学做合一，教的法子根据学的法子，学的法子根据做的法子。事怎样做，就怎样学，怎样学就怎样做。活的乡村教育要用活的环境，不用死的书本。他要运用环境里的活势力，去发展学生的活本领——征服自然改造社会的活本领……中国乡村教育之所以没有实效，是因为教育与农业各干各的，不相闻问。教育没有农业，便成为空洞的教育，分利的教育，消耗的教育。农业没有教育就失去了促进的媒介。……总之，乡村学校，是今日中国改造乡村生活的唯一可能的中心。②

毛泽东和陶行知的思路十分明确，他们心中的乡村教育是要以地方性知识和地方性问题为内容，以乡村建设为本位，并要求学校作为一个社区的功能机构加入到对乡村政治、经济改造的实践中去，甚至要成为这种实践的主导和中心。然而，国家领导人和教育家的言论并没有阻止历史沿着既有的轨道继续演进的步伐。以至于1944年4月7日《解放日报》社论

---

① 《毛泽东选集》（第1卷），人民出版社1991年版，第39—40页。
② 中国陶行知研究会编：《陶行知教育思想、理论和实践》，安徽教育出版社1986年版，第18—19页。

又一次对这一问题进行了批判和反思,"现在的所谓的新教育,其强点在有国际背景,其弱点也在这里……它是大城市的产物,不合于农村的需要(更不必说像陕甘宁、晋西北这样的地广人稀的农村);这些确实不可争辩的。我们是在中国,是在民主根据地,在战时,在农村,抄袭这套课程办法就毫无出路。譬如我们的小学和中学,究竟是为了训练什么一种人呢?只能训练三种人:一种是毕业了回家劳动的,所谓国民教育本该是为了这个目的,但是现在的教育却是为了升学;另一种是做'公家人',做党政军民的各种工作但是现在的教育也不是为了这,学与用脱了节,而且这个需要也有限制,超过一定数量就要减少必要的劳动人口而增加不必要的财政负担;还有一种是升学,能升学的是一部分,剩下的出路就是做游民,做二流子,这不是笑话,而是事实。"[①]

究竟是因为历史总是惊人的相似呢,还是这种状况从来就没有改变过。今天,这一场景仍然在全国随处可见,民族地区则相对更加明显。借助符号分析和历史梳理,我们发现,自20世纪初民国建立,以及后来新中国的成立至今,基础教育已经成为国家建设的一个重要方面。学校不仅是传授文化知识的场所,也是培养国家公民和国家认同的一个重要机构。在中国的农村和民族地区,学校变成了国家的象征物和宣传灌输国民认同和国民意识的重要场域。学校成为这些地方的"国家"。[②]

中国的新式学校,从胎动阶段开始,就与民族国家的观念与实体紧密相连。1905年废科举、兴学堂,既可以说是引入新的民族国家观念,在中国危亡形式之下做出的一种适应,也是国家意识形成的标志性产物。新式学校提出了公民教育的理念,这与传统科举制度的精英选拔制度恰好形成鲜明的对照。也可以说,中国近现代教育的发展,不但对应民族国家概念的建立与成熟,而且本身亦是在不断重申和灌输这一概念。在这里,受教育者被赋予未来社会栋梁的角色。新式学校以各种不同的方式和手段强化国家意志,强化受教育者对国家、社会责任感与身份认同,强化教育的国家性质。现代教育建立发展的几十年间,中国的学校不仅作为培养现代人才的国家机器而存在,而且还以鲜明有力的符号系统,如统一的校服、肃穆的校园、谨严的纪律、激昂的校歌等来展现国家意志和国家形象。这

---

① 教育科学研究所筹备处编:《老解放区教育资料选编》,人民教育出版社1959年版,第11—15页。

② 李书磊:《村落中的国家——文化变迁中的乡村学校》,浙江人民出版社1999年版。

一倾向到中国共产党建立政权之后,并没有弱化,相反,由于意识形态作用的强化而更加凸显。在学校课本中,"螺丝钉精神"得到正面宣扬,"为社会主义建设增砖添瓦"的宏伟叙事以不同的方式反复呈现。在这里,个人与国家,个人经验与历史建构的结合,以精密的符号系统不断得到演示。这一系统并没有过多地去关注城乡差别、民族差异,所有的教育都被一体化和同质化。

在民族地区的学校我们处处可以看见"知识就是力量"的标语和听见老师在不同场合反复在阐释这一命题的深刻含义。是的,在当今社会,知识不仅是力量,而且是改变自己命运的唯一办法。然而,这里的"知识"不是生发于地方的知识,不是躬耕于草原的知识,而是走入庙堂的知识。恰恰是与地方社会的日常生活最密切相关的知识和技能,"在外向型的教育设置下,被完全排除了合法性。国家化和现代化力量对于公共领域的渗透和宰制,使得地方性知识资源的传承,在国家教育空间的设置下,只能退居到家户领域之内"。[1] 外向型且外在于地方社会的教育设置预设了文明与落后、现代与传统的二元对立,(这是一种基于外部世界客位的认识,具体到民族地区或乡村语境中,他们会给出完全不同的答案。)希图借教育的普及而达成现代化的目的,却未将地方社会固有的异质性考量在内,无数细微的差异被统合在"现代"与"文明"的宏大框架下,消失在教育者和教育设计的视野之外。几十年的教育结果不过是造就出了一批地方社会的"不适应者",他们或者内化了教育设置及其城市背景的价值体系,不愿参与到日常的生产劳作之中,或者是丧失了习得对日常生活最关键、最有影响的技能与知识的机会,需要花时间和精力去弥补。而这样的风险,统统是由地方人来承担的。事实上,"教育有教育的边界和位置,当教育被视为社会改造的工具时,教育失去了内在的动力。在数量的扩张中,失去质量的教育最终会将失去人民与社会的信任"。[2]

作为研究者,我们并没有丝毫夸大事实和无病呻吟的倾向,因为"中国社会从基层上看去是乡土性的,中国的文字并不是在基层上发生。

---

[1] 翁乃群:《村落视野下的农村教育——以西南四村为例》,社会科学文献出版社2009年版,第52页。

[2] 程晋宽:《"教育革命"的历史考察:1966—1976》,福建教育出版社2001年版,第51页。

最早的文字就是庙堂性的，一直到目前还不是我们乡下人的东西。我们的文字另有发生的背景，我在本文所需要指出的是在这基层性上，有语言而无文字。不论在空间和时间格局上，这种乡土社会，在面对面的亲密接触中，在反复地在同一生活定型中生活的人们，并不是愚到字都不认得，而是没有文字来帮助他们在社会中生活的需要。"[1] 也就是说，如果当前的这种学校教育既不能为他们当下的生活带来什么帮助，又不能为他们的未来生活提供什么保障，我们还能通过政治说教让他们自愿去学校读书吗？我们能做的就是用经济（提供上学校所用的一切费用，藏族地区寄宿制学校学生的吃、穿、住，包括被褥、牙刷等都是国家提供的）和政治（强制入学）的方式逼着他们去上学。即使这样辍学率仍然很高。为什么会出现这种情况呢？因为这种教育是一种外在于地方和学习者的教育。70年前，梁漱溟在泛论中国教育问题时就指出："如果政治家或教育家，站在乡村外头说：'我给你们办一个学校吧'，一上手即与其本身隔离，一定办不好的。"[2]

我国地域辽阔，地形复杂，气候有差别，民族众多，文化多样，语言纷繁，宗教相异，这些致使我国教育的推行背景复杂。假如我们不认真面对这些差异性，教育推行当中的努力就难免事倍功半。但在以往很长的一段时期中，教育作为现代国家建设的重要内容，常常无视上述差异，而更多强调一统化和科学化。被设定的教育受益人群在教育的目的、方向和内容的制定上没有发言权和参与权。其结果是民族地区教育与民族地区社会文化和人们的生活日益疏远；少数民族地区的教育"汉族化"；少数民族的文化进一步"边缘化"。

鉴于此，本书认为，应该消除国家教育与地方性知识的对立。当然这种消除不是一两次会议和一两句号召就能实现的。从结构设置上来说，这是一个全局性的问题，需要从长计议；从操作上来说，则需要将地方性、异质性因素通过合法的途径引入教育机制。对于民族地区来说，开发适合民族地区学生健康成长和有助于民族地区经济社会发展的地方课程可以说是这方面的一个有益的探索。

---

[1] 费孝通：《乡土中国》，上海人民出版社2007年版，第22页。
[2] 马千帆：《梁漱溟教育论著选》，人民教育出版社1994年版，第298页。

第三节 民族地区学校课程与地方性知识的关系

无论进行怎样的辩解，一个民族的教育都没有理由将自己面对的生活环境和艰辛积累起来的知识宝库弃之一旁或束之高阁。理解和尊重地方性知识，将学校教育与当地生活结合起来，将地方性知识以适当的形式纳入学校课程是民族学校教育获得成功的关键。但也有研究者认为，由于地方文化属于弱势文化，其持有者往往作为弱势群体生活于社会底层，他们在教育上的最迫切要求就是通过教育使子女获得向社会上层流动的机会，走出"他们的世界"。因而他们希望学校所能提供的"文化资本"，首先不是地方性知识，而是普适性的，能使其步入主流文化圈从而获得良好生活的社会资本。然而，普适性知识给他们生活带来的帮助是极其有限的，甚至可以说，一元化的普适性知识学习在某种程度上影响了他们的生活质量。

现代教育之所以在少数民族地区实施得不够理想，主要原因是，在一些少数民族地区，由于社会本身的就业资源有限，社会能够提供的工作岗位有限，一些人完成了中等或高等教育后，却找不到工作。因此，他们发现自己遵循了合法性的行为规范，却不能找到工作，不能实现改变自己的身份和生活处境的目标，从而失去接受教育的信心。笔者通过大量的追踪研究发现，没有结合当地实际生活需要的"应试型"学校教育和一元化的课程设置对大多数藏族地区农村孩子生存状况的改变没有直接意义。鉴于此，我们有必要重新强调民族教育的特殊性。需要说明的是，当我们重提民族教育的独特性的时候，绝不意味着我们的民族教育意在使民族地区的儿童局限于较为落后的民族地区的生活模式，他们理当享有更广阔的生活世界，但我们对于民族教育的预设应在更为基本的层面上去关照他们的生活境遇之中的生存方式的改善和生活幸福的实现，使他们既有能享有进入更高级教育的机会，又使那些没有机会的孩子能在他们的人生中享受到一段对于他们而言较为良好的教育。

在藏族地区，许多人不仅不能通过学校教育这样的"合法性"途径在社会上取得成功①,而且还存在大量的不是采用"合法性"的手段就能实现目标的情况。有许多人不用通过寒窗苦读,靠机会、经验或者传统的生存技能,甚至家庭的社会关系就可以发财致富或谋到好的工作,使他们对学校教育给予人们的能力和机会,以及实际的效用产生了怀疑。藏族的例子让我们看到,少数民族的教育问题,既要考虑经济和文化因素,又要考虑师资因素,更主要的是要考虑课程设置以及从文化、语言等因素在影响少数民族教育成败中发挥的作用。有学者认为,"目前民族地区学校教育落后,虽然造成这种现状的原因很多,但很重要的一点是教育研究中对各个少数民族独特的教育思想和存在于日常生活实践中的教育方式的文化机制所知不多,而过分强调沿用普适化的教育理念和方法,造成削足适履的后果"。②

一 地方性知识何以未能成为学校课程的内容

长期以来,地方性知识只是作为一种课外读物的形式"羞答答"地出现在学校图书馆和学生的视野中,而没能像科学知识一样理直气壮进入学校课程,在笔者看来,主要有以下几方面的原因。

(一)一元化课程体系的影响:地方性知识进入课程的渠道不畅通

自新中国成立以来,我国的课程政策是在强调中央集权理念的指导下建立起来,课程政策的制定与修订的权力主要集中在中央,其间虽经历了中央集权—地方分权—中央集权—地方分权的频繁变动,但总的趋势仍然是中央集权型的课程政策占主导地位。而且前后两次集权与分权的内涵与范围是有很大差别的。新中国成立初期,课程权力是绝对的中央集权型,地方和学校根本没有课程权力。1958年8月,中共中央、国务院发布《关于教育事业管理权力下放问题的规定》中明文规定,在课程体制上,"各地方根据因地制宜、因校制宜的原则,可以对教育部和中央主管部门颁发的各级各类学校指导性教学计划、教学大纲和通用的教材、教科书

---

① 甘肃省甘南藏族自治州接近3%左右的中小学每年都有被中央民族大学、上海音乐学院、西北民族大学、四川音乐学院、青海民族学院等高校提前录取的学生,这3%的中小学中又有78%左右在农村。这些孩子进入这些学校后从此可以改变他们的人生轨迹,但这种改变的境遇靠的不是他们的汉文化水平,而是与他们生活紧密相连的民族文化。

② 崔延虎:《跨文化交际教育:民族教育若干问题探讨——教育人类学的认识》,《新疆师范大学》(哲学社会科学版)2003年第2期。

等，领导学校进行修订补充，也可以自编教材和教科书。"① 这样一来，随着教育行政管理权基本上下放到各省的教育行政机构和下属部门，课程决策权也相应下放。课程权力下放的结果之一是，原教育部制定的大学课程计划、教学大纲和教科书全部被废除，每所学校可制定自己的课程，编写自己的教材，中小学，国家统一的课程和教科书不复存在了。因此，编写教科书、制定课程的任务就落到各省教育行政机构及其下属部门。各省、市、自治区，甚至公社，都可以决定本地区的课程、教学计划以及学制，而在此以前是完全由中央统一规定的。"文化大革命"以后，课程权力又收归中央，课程权力的集权状况一直到80年代末90年代初才有所改变，特别是1999年6月，三级课程政策出台以后，地方和学校又获得了一定的课程权力，主要是课程开发权，这就是《中共中央国务院关于深化教育改革全面推进素质教育的决定》第二部分第14条所规定的："调整和改革课程体系、结构、内容，建立新的基础教育课程体系，试行国家课程、地方课程和学校课程。"

但总体看来，在单一计划经济体制的影响和制约下，我国的课程体制和课程观念一直都是采取统一模式。改革开放以前，我国课程的编制一直沿用苏联模式，采取了"教学计划"和"教学大纲"的政府文件形式，具有很强的指令性，"教科书"只是这两个文件的具体化。历次课程改革实际上只是一种单一的"自上而下、照章办事"的模式。1985年以后，我国才开始走上了"以法治教"的轨道。先是颁布了《义务教育法》，继而又制定了《义务教育教学计划（草案）》，于1990年公布了《普通高中教学计划高速意见》，1992年颁发了修订后的《九年义务教育全日制小学、初中课程计划（试行）》和相应的教学大纲、教材的研制工作。进入90年代，才先后出版了适合沿海发达地区的上海、浙江、广东、北京、天津等地的版本，适合内地的四川版本，以及适合民族地区的版本。这里所谓的适合民族地区的版本，不是根据民族地区的实际将民族文化以适当的比例和方式纳入学校课程，而只是把主流文化的课程文本翻译成少数民族语言的课程文本而已，没能从根本上改变中央集权课程的运行模式。这种高度集权的课程政策和课程管理体制，使地方性知识进入课程的渠道不

---

① 刘英杰：《中国教育大事典》（1949—1990年·上），浙江教育出版社1993年版，第374页。

畅通。

(二) 对地方性知识的价值认识不足、整理不够

文献研究发现，国内重视并深入研究地方性知识的学科领域越来越多，而且出现了多学科交叉研究地方性知识的繁荣状况。但教育学科关于地方性知识的研究偏少。关于地方性知识理论研究不足，使地方性知识的价值得不到普遍的关注和认同。另外，从课程与教学的视角对于各个民族的地方性知识的深入研究比较欠缺，整理也存在着混乱、不完整等问题。许多研究都是站在理论的高山上大声呼喊，地方性知识对地方人乃至整个民族的生存和发展很重要，必须将其纳入学校课程，但对于哪些知识是地方性知识，地方性知识中的哪一部分应该进入学校课程，通过什么途径进入等问题关注的较少。实践研究的不深入和相对滞后，也是影响地方性知识进入民族地区学校课程的一个主要原因。

二 地方性知识是民族地区学校课程的重要资源

(一) 历史经验

新中国成立以来，我国开始探索在民族地区学校开设能够满足不同要求的民族文化课程，这些探索中的民族文化课程为民族地区培养人才、提高民族地区人口素质、传承民族文化发挥了重要作用，也为民族文化课程的进一步完善积累了许多宝贵的经验。民族文化课程建设的探索主要经历了以下几个阶段。

1. 民族语文课程开设时期

我国是一个多民族统一的社会主义国家，在 55 个少数民族中，除回、满等民族已通用汉语、汉文外，其余 53 个民族使用着 80 种以上的语言，有近 30 个民族有自己的文字和悠久而灿烂的历史文化。

从 20 世纪 50 年代起，在国家一系列政策的指导下，少数民族的各级各类学校按当地少数民族的需要开设了民族语文课。在第二次全国民族教育会议精神的指引下，民族学校的课程进行了相应的改革，主要是进一步加强汉语文课的开设和民族语文在教学中的使用。各民族地区的中小学和师范学校译用或采用全国通用教科书，同时自编本民族语言教材和民族学校汉语教材及民族补充教材。编译出一套比较完整的民族文字教科书和教学参考书，民族学校在设置汉语文、民族语文课的基础上，逐步探索双语教学的理论及运作模式。这在当时的历史条件下是十分有意义的。尽管译用全国通用教科书和设置相应课程有照搬之嫌，但它的确为民族地区培养

各类人才发挥了作用。

2. 以民族语文为主的乡土课程开设时期

随着国家各项事业的恢复和发展，民族教育事业有了更大的发展。同时也进一步认识到民族语言对整个民族教育的发展的重要作用，在课程领域逐渐开始重视民族语言的学习，并在学校课程中增设了民族语文。国家课程一统天下的局面也开始改变。20 世纪 80 年代中期，我国经历了一次中小学教学计划、课程、教学大纲和教材的大改革、大调整，此次改革和调整一直持续到 90 年代初期。当时，为了改变教材在不同程度上存在的脱离民族、地区、学校和学生实际的状况，提倡教材应当从先前人民教育出版社一统天下的"一纲一本"教材转变到体现地方特色的"一纲多本"教材上来，力争使中小学有多种教材可供选用，提倡各地编写地方教材，包括乡土教材、中小学劳动（劳动技术）教材和本地需要的补充教材。在国家一系列重视民族语言和乡土课程编写政策的指引下，八省区蒙文协作、五省区藏文协作、三省区哈文协作、东北三省朝文协作组织成立并开始工作。随后八省区协编的蒙文教材、五省区协编的藏文教材、三省区协编的哈文教材、东北三省协编的朝文教材进入课堂，民族文字教材的出版工作也得到了加强。民族文字教材内容"一定要注意民族特点和地方特点，要适应多种形式办学的需要。没有本民族文字而独有语言的民族，也应以本民族语言辅助教学。民族文字教材建设还要提高质量"，"教材编译工作不能停留在翻译统编教材。从长远看，民族教材要立足于自己编写，这是民族文字教材编译工作的发展方向。当前，民族教材，特别是语文和历史教材中，应根据各个年级的不同情况，适当选编本民族的一些优秀作品，或本民族发展历史的内容。"[①]

在这种政策的鼓励下，山东省、安徽省、云南省、浙江省等很多省份都编写了乡土教材。据不完全统计，从 1987 年到 1990 年的三年时间里，全国各地编写的乡土教材数量达 2000 种以上。今天的地方教材与早先的乡土教材有共同之处：都是为了促进教材的多样化，使教材更适应不同民族、地区、学校和学生的需要。其不同之处在于：今天国家把地方课程及其教材明确纳入整个国家课程体系之中。纳入整个国家课程管理体制之

[①] 国家教育委员会民族教育司：《少数民族文字教材工作座谈会纪要》，《民族教育文件选编》，内蒙古教育出版社 1991 年版，第 226 页。

中，等于是赋予了地方课程及其教材一定的法定地位。全国各地在组织实施国家课程的同时，都必须建设好自己的地方课程及其教材；而对乡土教材，过去只是提倡而已，没有把它正式纳入国家课程管理体制之中，没有赋予它一定的法定地位，对各地执行与否无任何约束。①

3. 以民族文化为内容的民族地区地方课程时期

20世纪90年代以来，随着对国外课程研究的深入以及乡土教材本身局限性的凸显。民族教育的课程由单一设置语言课程向语言课与文化课相结合，教材也由最初的民族语文和汉语文的编写转向各科教材的民族文字与内容相结合的编写，这是一次认识上的飞跃。开展双语教学，必须触及本民族的文化内容，双语教学是形式、是手段，而民族文化的传承与创造才是实质、是目的。进一步说，民族文化的传承与创造又是培养各民族人才的形式、手段，人才的培养才是民族教育的真正实质和目的。由此可见，20世纪80年代后，我国少数民族教育已从课程内容与体系上开始探索多元文化共存下少数民族教育发展的新路子，以多元文化教育作为一种形式和手段来加速少数民族教育事业的发展。在多元文化教育理念的指导下，国家逐渐缩小了国家课程的份额，给地方课程的实施预留了空间。这样，我国开始将乡土教材作为课程来研究，并提出了地方课程的概念。

历史进入20世纪90年代，我国经济的一体化进程迅速加快，这种经济一体化繁荣的背后隐含着民族文化多样性的迅速丧失。民族文化多样性不仅是中国几千年历史形成的一笔巨大财富和资源，而且，也是整个人类的财富和资源。然而民族文化多样性的丧失，却没有像生物多样性保护那样引起政府和社会的普遍重视。"现代性以其自身的优势改变着整个人类的传统，有时是强制的，有时是诱导的，但更多的时候是通过文化和教育潜移默化的。现代性学校教育'嵌入'以后，文化的单一性逐渐取代了多样性"②，民族文化在民族地区课程中逐渐式微。少数民族教育的课程内容很少反映少数民族的文化传统和生产生活方式。20世纪90年代后期，随着"一元化"课程弊端的凸显和对多元文化教育理论研究的不断深入，把学校课程作为民族文化传承的重要阵地的观点得到了许多学者和领导的认同，并出台了许多相应的政策。在新一轮基础教育课程改革的推

---

① 卓晴君、徐岩：《关于地方课程的几点建议》，《中国教育学刊》2002年第4期。
② 钱民辉：《断裂与重构：少数民族地区学校教育中的潜在课程研究》，《西北民族研究》2007年第1期。

动下，以民族文化为内容，民族地区地方课程的研究也在开始展开并逐渐走向深入。"经过10多年的努力，出版发行了藏文小学各科教学大纲、教材、教学参考书，初中、高中教材。并在语文、历史教材的编译中，增加了民族文化内容（初中、高中语文课本中与藏文化相关的内容占二分之一）。目前，全国共有1万多所民族中小学使用21种民族语言开展'双语'教学，接受教育的在校学生达600多万。有的地方正在开展民、汉、外'三语'教学实验。为确保民族语文授课的顺利进行，国家和地方财政设立了民族文字教材专项补助经费。目前，全国每年编译出版的少数民族文字教材达3500多种，总印数达1亿多册。"

在学术界也涌现出了许多关于恢复和保护民族传统文化的教育理论著作，如滕星教授的《文化变迁与双语教育》，站在恢复和保护民族文化传统的高度来论述双语教育对整个中华民族乃至整个人类存在和发展的重要性；王鉴教授的《民族教育学》，通过对中西民族教育的比较和深入分析，构建了民族双语教学模式。双语教育对于民族文化的传承来说，虽然是一个不可或缺的方式或手段，但仅仅通过教学来传承民族文化毕竟是有限的。随着国家基础教育课程改革在民族地区推行和学术界对地方课程理论研究的不断深入，人们开始意识到民族地区地方课程的特殊性及其重要意义，国家民委和教育部也从各个方面重视了这方面的研究。教育部人文社科重点研究基地重大项目"西北少数民族地方课程开发研究"（项目号05JJD880065）、教育部人文社会科学重点研究基地重大项目"我国民族教育政策体系研究"（项目批准号：05JJD880064）等项目的招标就充分说明了这一点。在政策的指引和鼓励下，关于民族地区地方课程的研究也逐渐多了起来，如中央民族大学中国西部少数民族地区基础教育研究中心与肃南二中合作开发的《肃南二中七——九年级地方性校本课程》、王鉴教授的《我国民族地区地方课程开发研究》、《我国民族地区地方课程及政策研究》、《略论我国民族地区地方课程的推广、执行与建设问题》等，孟凡丽教授的《多元文化背景中地方课程开发研究》、《少数民族地区地方课程模式举要》等。在理论的指导下，许多民族地区也相应地开发了自己的地方课程。但由于政策引导不够，理论指导缺失，民族地区地方课程在指导思想上和实施过程中出现了一系列问题。如内蒙古自治区为贯彻落实《基础教育课程改革纲要》，自治区教育厅于2002年2月制定了《内蒙古自治区义务教育课程计划（实验）》，颁布了《内蒙古自治区九年义务教育学校课程设置表》，但课程表中除了"蒙古语文"外，再没有专门反映蒙古族历史和文化的课程。将民族语言的学习作为民族地区地方课程的全部内容的思维方式仍然存在，以民族文化为内容的民族地区地方课程仍然处在理论研究时期，要真正实现民族地区地方课程的民族文化传承功能，就必须有相应的政策导向和理论指导。

（二）理论依据

1. 多元文化教育理论

这种理论认为每一种文化都有它自己内在的意义，我们不能用一种文化的观点来批判另一种文化，我们一定要站在那一个被研究的文化的观点来研究，来了解那一个文化内部的事情。每一个文化人，生活在自己的文化的约束下，他的一举一动，他的行为，都要从那一个文化的观点来了解。每一个文化对于自己环境的调适，有他特别的一套方式，这一套方式是经过几千年、几万年调适的结果，就是因为这种不同的调适产生了世界上很多不同的文化。不同文化的人所信奉的许多不同的观点和观念只要互不对抗，就能给世界增添丰富性和活力。多元文化教育一开始便是一场运动而非一种理论。后经少数民族、女性主义者、文化不力者、低社会阶层等弱势群体的支持。到20世纪60年代终于汇集为一股多元文化教育运动，借以反映各种不同族群的教育期望和要求。关于多元文化教育各多民族国家由于历史原因及发展的背景不同而存在着很大的差异。[1] 我国的多元文化教育最大差别就在于我国多元文化教育的发展始终围绕国家的一体教育而进行，是以一体教育为主的多元文化教育。这一理念成为世界多元文化教育的一种典范。中华民族多元一体教育所表现出的"多元"与"一体"的关系反映的是中华各民族和谐相处的一种生存智慧与交往哲学。不论是在历史上，还是在现实中，"多元"与"一体"的关系始终交替发展，相得益彰。从中华民族多元一体教育"源"和"流"的历史来看，众多学者的观点都支持"多元"与"一体"交互发展、和谐发展的理论。[2] 多元文化教育理论告诉我们，在教育过程中，不仅要传递主体民族的优秀文化，同时也要传递各少数民族的文化，而民族文化的传承主要是通过教育得以实现。一旦离开了教育，文化传承就会受到影响。学校课

---

[1] 王鉴：《民族教育学》，甘肃教育出版社2002年版，第203—205页。
[2] 王鉴等：《解读中国多元文化教育》，《贵州民族研究》2007年第1期。

程是文化传播的主要手段,但长期以来所实行的国家课程不能很好地顾及地域、文化和民族的差异性,三级课程管理制度的确立为民族文化的传承提供了广阔的空间。笔者认为,在民族地区地方课程就应该成为多元文化教育实现途径之一。因此,民族地区地方课程研究必须与多元文化教育结合起来。

2. 文化中断理论(或文化不连续理论)

文化中断理论(或文化不连续理论)是西方教育人类学介于20世纪后半叶提出的一种分析、解释民族教育与文化传播的理论。"文化中断"理论产生于美国教育人类学者对美国民族教育中"文化同化主义"的批判。该理论认为:每个人出生后,人格的形成和学习习惯必然受到家庭和社区的影响,从而具备了对该社区或民族文化学习的基本条件,逐渐成为该社区或民族的成员。当带有这样民族文化的个体进入到他文化中进行学习时,他以往习得的语言与文化不能使他成为学习他文化的基础和条件。就像美国的学校教育,对于移民到美国的少数民族学生来说是一种"异文化"的教育。这种学校教育中断了他们的传统语言与文化过程,学习新文化首先要建立新的学习习惯,当旧的学习习惯没有完全被打破、新的学习习惯尚未建立起来的时候,他们在学校必然出现适应不良与学习成就低下的现象。"任何学校文化都无法剥夺学生上学前所获得的语言与文化,要提高少数民族的学业成就,必须改变这种大一统的学校教育模式,以便在制度上保证各种文化获得合理的传承。"[1] 文化中断理论还强调,学生学校行为的差异是由于文化的不连续而不是由于生物或地理上的差异造成的。学校在通过主流文化形成学生的共享文化的同时,应充分尊重其他民族群体文化也是整个国家文化构成的事实。笔者认为,文化中断理论主要在提醒我们,让不同文化背景的学生接受学校教育,关键在于学校办学是否尊重了当地的文化,是否将学校教育和他们的现实生活结合起来,在课程设置上增加适应于当地社会、经济发展的内容,是否用一种循序渐进的方式让他们理解和接受教育对改变他们生活的意义。

从人类学角度看,教育是一个文化传递的过程,也是学习者的文化适应过程。广义的教育,包括人们获得知识的各种途径,也就是一种"文化化"的过程;狭义的教育主要是指学校教育,这是文化传递的集体行

---

[1] 冯增俊:《教育人类学》,江苏教育出版社1998年版,第59页。

为。众所周知,由于中国正规教育体制以汉语文为信息载体,所以学校教育毫无疑问带有了汉文化的符码。对于不通汉语的少数民族群体来说,直接或突然地接受这种教育多少有一些"强制性"成分。另外,我国绝大多数地区都使用全国统编教材,课程内容也主要以内地汉文化为背景。仅就小学语文课本来说,大多数课文仅仅以北方生活场景为背景。对于少数民族儿童来说,这套教材确实存在很大的文化隔膜。另外,中国国家教育强调中国历史由各民族创造,但教材中(特别是历史教材)书写和强调的主要是汉族历史,少数民族学生从这套教材中会感到自己文化的低劣和落后。[1] "文化中断发生在生命周期的任何时刻,只要突然从一种行为方式转向另一种行为方式,就像断奶期和青春期"。[2] 对刚入学的少数民族儿童来说,他将从过去熟悉的传统家庭教育方式彻底转到"正规"的学校教育,入学仪式的完成也同时象征着发生了文化中断。

为了进一步解释文化中断理论,在这里,我还想借用钱民辉教授的两个相关的实例来说明重视教育中的文化因素在促进少数民族教育中的作用。"第一个来自发生在贵州省的一个苗村,当地初中女童入学率很低,研究者了解到那些十二三岁的女孩子都弃学在家学习刺绣(因为当地苗族把能否熟练掌握刺绣技术作为女性成人的标准和择夫的必备条件),于是在女童教育试验中,学校有针对性地开了刺绣班,这些女生就又纷纷回到了学校。在撒拉族地区的循化县的大寺古村小学为了吸引家长让孩子入学,根据撒拉族女童的心理、生理特点,结合本地农村经济发展、家庭生活的需要,在学校开展编织毛衣、刺绣、美术、踢毽子等具有地方、民族特色的第二课堂活动,提高了学生在学校的学习兴趣,也得到了家长的支持。"[3]

(三) 政策依据

自新中国成立以来,国家在"中华民族多元一体"理念的指导下,在各个时期以不同的方式在强调民族文化传承的重要性并给予相应的政策

---

[1] Wette, Halskov, Hansen, *Teaching Bachwaedness or Equality*, edited by Gerard A. Postiglione, china' National Minority Education, Falmer Press A Member of the Taylor & Francis Group, New York and London, 1999: 258.

[2] George Spindler, *The Transmission of culture*, edited by George Spindler, Education and culture Process, Waveland Press, Inc., Illinois, 1987: 303.

[3] 钱民辉:《多元文化与现代教育之关系研究——教育人类学的视野与田野工作》,民族出版社2008年版,第271页。

支持。我民族文化课程政策的发展变化主要经历了以下几个阶段。

1. 强调民族语文课程政策时期

在1949年颁布的《中国人民政治协商会议共同纲领》关于"中华人民共和国境内各民族一律平等"、"人民政府应帮助各少数民族的人民大众发展其政治、经济、文化、教育的建设事业"的规定指导下，明确提出少数民族教育的总方针是：少数民族教育必须是新民主主义的内容，即民族的、科学的、大众的教育。从而在课程改革上，一方面废除国民党的旧教育，把愚民的、奴才的教育从教育内容中彻底消灭；另一方面把中国历史与中国现况（包括中国各民族的历史与各民族社会经济情况）和民族问题与民族政策作为长期的政治课的基本内容之一。要求一切民族学校应发扬共同纲领精神，克服大汉族主义倾向与狭隘民族主义倾向，培养民族间互相尊重、平等、团结、友爱、合作的作风。

1951年9月召开的第一次全国民族教育会议明确规定：凡现行通用文字的民族，如蒙古、朝鲜、藏、维吾尔、哈萨克族等，小学和中学各科课程必须用本民族语言教学。在新疆维吾尔自治区，各级学校分别用维吾尔、哈萨克、蒙古、柯尔克孜、锡伯、汉6种语言授课。[1] 本次会议还就少数民族教育的形式、特点、课程设置与教科书编写工作作了具体规定，指出少数民族教育"必须采取民族形式，照顾民族特点，才能很好地和各民族实际情况结合起来"，同时指出："少数民族教育的内容和形式问题、课程教材问题，既要照顾民族特点，又不能忽视整个国家教育的统一性……少数民族学校的教学计划（课程计划），教学大纲应以教育部的规定为基础，结合各民族的具体情况加以变通和补充。"[2]

1952年8月颁布的《中华人民共和国民族区域自治实施纲要》指出："各民族自治区、自治机关应采用各民族自己的语言文字，以发展各民族的文化教育事业"。

1953年教育部对河北省教育厅关于回族学校课程设置问题的批复中指出："如本民族群众积极要求增设回族历史，可在不影响统一课程进度下设置'回族常识'"。

1954年7月，教育部《关于甘肃临潭初中增设藏文课程的问题给西

---

[1] 哈经雄、滕星：《民族教育学通论》，教育科学出版社2001年版，第362页。
[2] 国家教育委员会民族教育司：《少数民族文字教材工作座谈会纪要》，《民族教育文件选编》，内蒙古教育出版社1991年版。

北教育局的批复》中指出:"民族学校必须设置民族语文课程,将来条件发展成熟时,更须逐步过渡到各学科采用本民族语文进行教学。"

1956年6月,教育部在北京召开了第二次全国民族教育会议,提出少数民族教育要赶上汉族水平,在少数民族地区有步骤地开展扫盲工作和普及小学义务教育。

1959年9月,全国少数民族出版工作会议提出,民族地区可以自编本民族语言教材和民族学校汉语教材及民族补充教材。

2. 强调乡土课程政策时期

1957年3月,毛泽东在同七省(市)教育厅长、局长的座谈中强调,教材要有地方性,应当增加一些地方乡土教材。这是新中国成立后,试图改变国家课程一统天下的最早的观点,这次讲话好似新中国向乡土教材编写发起冲锋的一个号角。

1958年1月,教育部发布了《关于编写中小学、师范学校乡土教材的通知》,要求"在中小学和师范学校地理、历史、文学等科教学中都要讲乡土教材,以补充全国统一教材的不足"。

1963年初,教育部颁布的全日制中学各学科教育大纲指出,在完成大纲规定的教育任务之外,各省、市、自治区等可以自编地方乡土教材以补充教学。这一规定阐明了乡土教育的地位和作用。

1973年7月,国务院科教组委托内蒙古自治区召开黑龙江、辽宁、吉林、宁夏、青海、甘肃、新疆、内蒙古八省区中小学教材座谈会,成立八省区蒙文教材协作组。

1974年9月,国务院科教组召开少数民族语言教材工作座谈会,就少数民族教育的课程与教材问题进行了研讨,尤其对少数民族教材的编译、出版、印刷等问题作了具体规定。[①]

1978年,原国家教委提出进行农村教育改革的"燎原计划",并把编写乡土教材作为贯彻"燎原计划"的一系列重要措施之一。

1980年颁布的《关于加强民族教育工作的意见》规定,凡有本民族语言文字的民族,应使用本民族的语文教学,学好本民族语文,同时兼学汉语文。

1986年先后成立了藏文、朝鲜文、蒙古文教材审查委员会,并先后

---

① 王鉴:《民族教育学》,甘肃教育出版社2002年版,第250—252页。

制定了民族文字教材审查工作章程和评审办法。从内容、形式、文字、插图等方面提出了提高教材质量的具体要求。①

1987年原国家教委召开了全国乡土教材会议，1990年召开了全国乡土教材建设经验交流会。

3. 强调以民族文化为主的地方课程政策时期

1992年召开的第四次全国民族教育工作会议指出："我国在民族教育方面积累了许多有益的经验。在学校设置、学校管理、办学形式、招生分配、教学用语、教材建设等方面，反映和适应了少数民族和民族地区的实际，展示了独有的特色和巨大的活力。""认真抓好民族文字教材编译出版和审定工作。民族文字教材的编译出版，除省（区）拨款给予一定的支持外，还要改革管理体制，按照以教材养教材的原则以盈补亏。跨省（区）使用的教材，由国家教委组织审定；本省（区）使用的教材，由省（区）教委负责组织审定。"

1999年颁布的九年制义务教育课程计划，把课程分为国家安排课程和地方安排课程两个层次。国家安排课程是指由国家统一安排的必修课，规定了课程的门数、课时、教学内容和教学要求。地方安排课程是为了适应各地文化、经济及学生发展的不同需要，由各省、自治区、直辖市根据本地情况自行安排的课程。地方课程可以安排学科类课程，也可以安排各类活动课；既可以安排必修课，也可以安排选修课；既可以是正规课程，又可以是非正规课程（如乡土课程）。这一规定，充分体现了国家在课程计划中的统一性与灵活性相结合、国家要求与地方多样相结合的原则。

1999年6月，国务院发布的《中共中央国务院关于深化教育改革全面推进素质教育的决定》明确提出："调整和改革课程体系、结构、内容，建立新的基础教育课程体系，试行国家课程、地方课程和学校课程。"地方课程作为一种重要的课程形式被正式提了出来。由此表明，我国基础教育由单一国家课程研制模式向国家、地方和学校三级分权的课程研制模式的转变，同时也标志着地方课程在我国基础教育宏观课程结构中中介地位的正式确立。

2001年，国务院发布了《国务院关于基础教育改革和发展的决定》，全面系统地阐述了基础教育改革的指导思想，进一步提出："在保证实施

---

① 王鉴：《民族教育学》，甘肃教育出版社2002年版，第252—253页。

国家课程的基础上，鼓励地方开发适应地区的地方课程，学校可开发或选用适合本校特点的课程。"

2001年，教育部颁布了《基础教育课程改革纲要（试行）》。同时，教育部还制定了义务教育阶段的课程计划、各科课程标准和《地方对基础教育课程管理与开发指南（征求意见稿）》等课程文件。此课程计划规定地方课程占课时总数的8%—9%，并于2001年7月首先在全国27个省（区、市）的38个区（县、市）的国家基础教育课程各改革试验区进行试验，然后再逐步推广。①

2003年7月召开的第五次全国民族教育工作会议在总结我国民族教育的经验时，就包括双语教学与民族文字教材方面取得的成就，会议指出：根据国家有关法律的规定，在民族自治地方的民族中小学实行民族语文授课和汉语教学的"双语"教学体制。

2005年5月，党中央、国务院召开了中央民族工作会议，印发的《中共中央国务院关于进一步加强民族工作，加快少数民族和民族地区经济社会发展的决定》指出："因地制宜搞好'双语'教学及科研开发，积极推广全国通用的普通话。各级教育行政部门要加强对'双语'教学及科研工作的指导，促进'双语'教学的发展。要大力宣传、广泛推广全国通用的普通话，建立健全省级少数民族汉语水平考试（MHK）机构，配合搞好少数民族汉语水平考试的各项工作。继续做好民族文字教材建设工作。"②

2005年，教育部《关于贯彻落实〈国务院实施《中华人民共和国民族区域自治法》若干规定〉的通知》第四条明确规定：进一步做好语言文字工作，因地制宜搞好"双语"教学……国家鼓励民族自治地方逐步推选少数民族语文和汉语文授课的"双语"教学。

考察我国民族地区地方课程的发展历史，我们发现，无论是历史上，还是正在进行的基础教育课程改革，都对民族文化的传承和民族地区课程的适切性问题给予了高度关注，并从政策的角度引导开发适合民族地区学生健康成长和有利于地方社会发展的民族文化课程。这些政策为我们进行民族地区地方课程开发提供了政策依据和正常支持。

---

① 国家教育发展研究中心：《2002年中国教育绿皮书》，教育科学出版社2002年版，第89页。

② 王鉴等：《我国民族地区地方课程及其政策研究》，《民族教育研究》2006年第2期。

第五章　民族地区地方课程开发研究

基础教育课程改革的一个主要目标就是"改变课程过于注重知识传授的倾向，强调形成积极主动的学习态度，使获得基础知识与基本技能的过程同时成为学会学习和形成正确价值观的过程"。[①] 设置地方课程的目的是"改变课程管理过于集中的状况，增强课程对地方、学校及学生的适应性"。[②] 课程对地方和学校的适应性就是使地方和学校可以根据本地、本校的实际需要、实际条件以及实际能力来开发和实施课程。这种适应性归根结底是通过它对学生的适应性来实现的，即通过"地方性"特征贴近学生生活实际，有效协调学生、社会、知识之间的关系，使每个学生获得最大的发展。可见，地方课程在价值取向上是一种学生本位的课程。这种学生本位的课程应该具备两方面的特征。第一，与国家课程目标相一致，必须有利于培养学生将来积极主动地学习、交流和参与社会活动的能力，而不是用"地方性"来限制学生的发展。第二，通过地方课程对地方性知识的整合和有效利用，使地方课程的学习者既具有较为系统的学科知识，又具有分析解决实际问题的能力；在社会心理和文化认同上，既具有共同的中华民族自豪感，又具有不同地区及民族的认同感。

地方课程从无到有，并最终合法化为国家课程体系的重要组成部分，其价值与合理性就在于它更有利于创造一切可能的条件使各个地域的学生获得最大限度的发展。鉴于此，本书需要特别强调的是民族地区地方课程不是要用"地方性"来限制学生的发展，而是使其更有助于学生生存能力的增强和生活幸福度的提升，进而过上有尊严的生活。民族地区地方课程必须首先服务于学生发展的需要，因为任何"地方"的学生，都是国家的未来，都是国家人力资源的一分子，任何"地方"都没有理由，也

[①] 钟启泉等主编：《为了中华民族的复兴，为了每位学生的发展——基础教育课程改革纲要（试行）解读》，华东师范大学出版社2001年版，第4页。

[②] 同上书，第5页。

不可能要求学生只为了"地方发展的需要"而学习。那种囿于地方发展指向的地方课程有狭隘的地方主义和功利化的倾向,这种思维也严重偏离新课程改革的总目标和设置地方课程的初衷。

民族地区地方课程开发是一项非常复杂的工程。它不仅需要我们对地方性知识、地方学生的发展特征、学习理论以及来自民族文化影响下的特殊心理和不同阶层背景的个体偏好等进行深入的了解,而且还需要我们关注地方学生的当下生活环境和以发展的眼光去看待他们的未来生活。从这个意义上说,民族地区地方课程开发是一个涉及多方面内容、创造教育经验、不断调整的过程。这一个过程包括:①课程目标的分析;②课程内容的选择和组织;③课程的实施;④课程评价。

第一节 民族地区地方课程特征与功能

一 民族地区地方课程的特征

民族地区地方课程作为国家基础教育宏观课程结构中的重要组成部分,它既是国家课程的有机补充,又是学校课程的重要依据,具有其自身突出的特征。具体表现在以下几个方面。

(一)民族性特征

我国是一个有着56个民族的多民族国家,每一个民族都有其独具特色的文化传统,每种文化都有其形成的独特的自然环境和历史渊源,这些文化传统是中华民族文化不可或缺的一部分。民族地区地方课程就是要传承和创新民族文化,并在传承和创新民族文化的同时培养少数民族青少年。因此,各民族地区地方课程必须体现民族性特征,它必须和民族文化传统中的若干因素相衔接并吸收其养分,各民族地区地方课程如果不与其民族传统文化接轨,不纳入民族文化教育资源,不寻求在课程中整合民族文化传统,那么各民族地区地方课程的开设就会失去其存在的价值。具体来说,地方性知识是民族地区地方课程的主要内容,民族地区地方课程的开发,要在坚持国家教育基本方针的基础上,充分尊重民族文化,将地方性知识以合理的方式纳入民族地区地方课程之中。

(二)地域性特征

地方课程是不同地方根据当地政治、经济、文化发展的具体情况或社区发展所面临的现实问题以及对未来成员的特殊要求而设计的,它离不开特定的社区需要与课程资源,从一开始就根植于特定地域并始终面向该地域,因此,它在适应范围上必然具有鲜明的地域性。我国地域辽阔,每个地方都具有其独特的社会结构,不同地方经济、文化发展水平差异较大,对教育也提出了独特的要求,地域不同,要求也迥然不同。近年来,我国的社会各方面条件都发生了巨大变化,同时地区差别也逐渐拉大,开发符合当地实际的地方课程,成为不同经济、文化发展水平对课程建设的时代要求。民族地区地方课程所强调的地域不是指一个地方,而是在我国不同地区居住的同一民族。因为同一个民族有着共同的文化,同一民族原本就生活在同一个地区,由于战争等历史原因使他们分居在不同的地方,但他们依然有着共同的信仰和民族文化。这也是我们对民族地区地方课程采取多省区联合开发,不同层次民族地区共同使用的理论依据。

(三) 综合性特征

民族地区地方课程是一种动态的、生成性的课程,它随着地方社会经济文化的发展变化而变化。后现代主义流派的代表人物多尔认为:课程必须强调开放性、复杂性和变革性。如果地方课程和学生生活的时代特征相脱节,即使体现了地方特色,仍然会因为和当前的社会生活联系甚少,难以引起学生的关注与兴趣,更谈不上促进学生认识社会、了解社会、关心社会发展、参与社会生活。民族地区地方课程是立足于学生的社会生活实际和民族文化的传承而开发的,面临的是当地学生发展和民族文化传承的现实问题,这些问题的解决,是一个复杂的、系统化的过程,没有标准的、统一的答案,在开发设计民族地区地方课程时,必须考虑到这些问题的多元性和开放性。民族地区地方课程还应注重学生深入社会,服务社会,目的在于增强学生的社会责任感、使命感,这也就决定了民族地区地方课程的实施不再是一个封闭的过程,不能再把学生活动的空间局限在学校甚至教室里,而应以开放的态度去扩大学生的视野。同时,随着社会的开放、进步与科学技术的飞速发展,学生面临的社会已不再局限于实际生活的空间,而是进一步拓展了更为广阔的空间,如网络上的虚拟空间等,这就要求民族地区地方课程本着开放的态度,把这些虚拟的活动空间也有效控制和纳入自己的课程范围内,正确引导学生面对这些问题,消除其负面影响。

二 民族地区地方课程的功能

（一）促进学生发展的功能

民族地区地方课程传递给学生的东西，不是一大堆死知识，它的传递方式也不是单纯的教师给予、学生接纳，它的内容鲜活而生动，在实施过程中，需要教师引领学生去寻求和完善。学生的学习活动是探究的，学生在探究性、研究性、自主性的学习活动过程中感受到疑惑并经历一定的困难，然后通过主动思考和探究去消除和克服这些困难。虽然在学习的过程中有可能遭遇失败，但这恰恰能激发学生的兴趣，促使学生认识社会生活的复杂性与深刻性，进而调适与提高自己作为社会成员适应社区发展所应具备的基本素质。另外，民族地区地方课程的开设多以必修加选修的形式出现，学生可以根据自己的兴趣爱好加以选择，能增强学生学习的积极性。由于地方课程的内容贴近学生生活的实际，能促进学生对社会和自然的关注，从而陶冶了自身的性情，同时实践中形成对自我和学习自信的态度，潜移默化地培养了他们的应变能力、创造能力和自我调适能力。

（二）选择、传承和创造民族文化的功能

在课程开发中，不可能将所有地方性知识都纳入民族地区地方课程之中，必须根据文化和社会发展的趋势，以及地方人才培养的标准，对地方性知识进行深刻分析，将那些有利于促进学生发展和少数民族经济社会发展的地方性知识以适当的形式纳入课程之中。

民族地区学校教育本该承担传承民族文化的责任。然而，学校中的国家课程又无力顾及各个民族文化传承的需要，校本课程也不可能站在整个民族的生存和发展的高度去思考这个问题。只有民族地区的地方课程才能使民族文化更加系统化和科学化地进行传递。

文化本身是复杂的，学习文化的过程也是复杂的，从某种意义上看，每一代人对他们自己的文化都要进行与时代同步的重构。各个民族为了自身的生存和发展必须不断地创造文化，民族地区地方课程能够将文化创新教育化、将文化创新与人才培养联系起来，能够保证文化创新落到实处。

（三）服务地方经济建设的功能

基础教育具有为经济建设培养合格劳动者的重要职能。基础教育培养的学生大多要留在地方参加地方建设，这就要求我们的地方课程开发在课程建设和课程内容的选择上要着眼于培养学生了解家乡、热爱家乡、服务家乡的情感和价值观，使其掌握必备的生活本领和生产劳动技能，以便更好地为促进地方经济发展服务。在当前三级课程体系中最能体现和落实这一要求的就是地方课程，国家课程很难完全从各地经济发展实际出发，校本课程又往往受到各校自身条件和特色的限制，再加之民族地区的经济社会都有其特殊性，这样也只有民族地区地方课程才能根据民族地区的特点培养民族地区经济发展过程中所需的人才。

第二节 民族地区地方课程开发的原则和程序

一 民族地区地方课程开发的原则

（一）方向性原则

所谓方向性原则是指民族地区地方课程开发必须服从国家的教育方针、遵循相关的教育政策法规和体现素质教育的目标要求。因为教育方针、相关的教育政策法规是我们进行教育事业和开展任何教育活动的政策依据，它能够保证教育活动的社会主义方向。另外，民族地区地方课程开发还必须以我国《基础教育课程改革纲要（试行）》为指导，《基础教育课程改革纲要（试行）》对课程目标的制定、课程内容的选择、课程实施途径和评价的可行性都作了深入的理论阐述，这些理论阐述是地方课程开发必须遵循的原则。

（二）科学性原则

民族地区地方课程开发应该遵循教育活动规律、学生身心发展的客观规律和地方性知识的内在逻辑。课程目标方面，应该体现"知识与能力、过程与方法、情感态度价值观"三位一体的目标观。课程内容方面，应该始终坚持课程内容的育人性、基础性和发展性，尊重历史，严格区分宗教信仰方面的内容和利用宗教进行反社会的活动。课程实施方面，应该将接受学习和自主学习、探究学习有机结合起来，倡导学生主动参与、乐于探究、勤于动手，培养学生搜集和处理地方性知识的能力，分析和解决地方性问题的能力和辨别是非的能力。课程评价方面，应该倡导评价方式的多样化和评价主体的多元化，以促进学生发展为目标，将形成性评价和终结性评价有机结合起来，构建科学合理的民族地区地方课程评价体系。

（三）批判继承的原则

毛泽东同志在谈到文化继承的问题时，曾明确指出："今天的中国是历史的中国的一个发展,我们是马克思主义的历史主义者,我们不应当割断历史从孔夫子到孙中山,我们应当予以总结,承继这一份珍贵的遗产","清理古代文化的发展过程,剔除其封建性的糟粕吸收其民主性的精华,是发展民族新文化,提高民族自信心的必要条件,但是绝不能无批判地兼收并蓄"。这就是说,对于历史遗产的批判继承,就"如同我们对于食物一样,必须经过自己的口腔咀嚼和肠胃运动,送进唾液胃液肠液把它分解为精华和糟粕两部分,然后排除其糟粕,吸收其精华,才能对我们的身体有益"。强调批判继承中华民族传统的优秀的一面,是为了解决现实生活中有关人的发展的实际问题。民族地区地方性知识是我国民族文化的重要组成部分,是地方人对自然和社会认识的总结,但由于人类认识的局限和实践的不断发展变化,使得人们的认识可能会出现这样那样的偏差。也就是说,地方性知识虽然是地方人认识的结果,但随着时代的变化,其中也不乏不适应时代的糟粕,我们要有选择地摒弃,选取有利于学生发展、地方经济社会和谐发展的精华部分。

(四) 针对性原则

民族地区地方课程开发要突出课程在民族地区的适应性,既要注重民族特色和地方特色,又要关注学生的个体差异,让学生在自己熟悉的环境里学习成长。无论是课程目标的拟定,课程内容的遴选,还是课程实施和评价方式的选择都应紧紧围绕"学生发展和文化传承"这两个核心主题进行。地方课程的内容越接近学生的生活环境,应该说效果越好。因此在课程内容选择方面要着重培养学生的实践能力,使学生在不同内容和方法的相互交叉、渗透和整合中开阔视野,初步获得现代社会所需要的实践能力。也就是说,开发与利用地方课程资源,应有助于学生实践能力的培养和提高,同时也应考虑优秀民族文化的传承问题。事实上,学生发展和民族文化传承是相辅相成的,优秀的民族文化一定会使学生获得相应的能力,进而身心得到发展。学生的发展也将进一步促进民族文化的传承、发展和创新。

二 民族地区地方课程开发的程序

地方课程开发是一种动态的、持续的过程,而不是僵化的、线性的行动步骤。因此,在实施过程中要掌握其工作要点,结合地方的实际情况做出决定。民族地区地方课程开发是民族地区地方课程开发主体在进行学校内外情境分析的基础上,按照国家的教育目的、培养目标,新课程改革目标等相关政策法规的要求，在听取专家意见、民族文化人的意见、教师意见、家长意见等的基础上进行课程目标的确定、课程内容的选择、课程实施和课程评价。本研究认为民族地区地方课程开发的实践操作程序主要包括以下 8 个步骤：建立组织、调查需求、分析情境、政策研读、拟定目标、选择内容、组织实施、进行评价（如图 5-1 所示）。

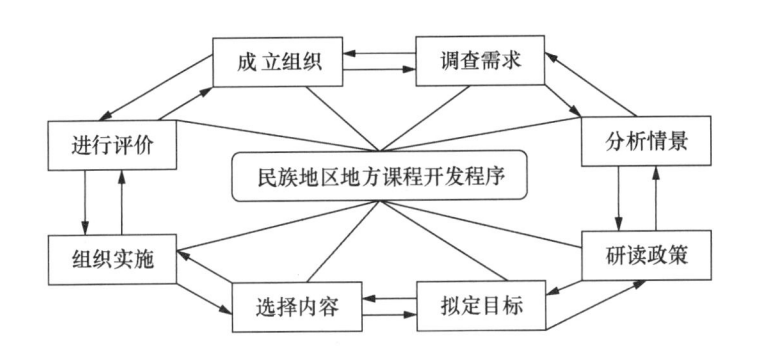

图 5-1 民族地区地方课程开发的程序

（一）成立组织

民族地区地方课程开发是一个由多个群体联合进行的、持续不断的过程。由于民族地区地方课程开发不是哪一个人或哪一个群体单独就能完成的。因此，进行民族地区地方课程开发首先要做的就是整合各个群体的优秀人员成立开发小组。民族地区地方课程开发小组必须具有广泛的代表性。通过对课程开发的专家和一线教师的调查和访谈，本书认为，民族地区地方课程开发小组成员应该包括学生、教师、地方文化人、家长、地方教育行政人员、课程专家、发展与教育心理学专家。

另外，小组中的每一个成员不仅要有各自精湛的专业知识，还必须有很强的合作意识和合作能力。在开发的过程中要始终坚持和体现民主、开放、科学、对话的原则。然而，这一系列活动都呼唤有一个强有力的课程领导者。课程领导者是指学区主要负责制订计划、协调和管理课程的人。课程领导者可以是担任某个部门或委员会主席的教师，也可以是督学和学校的管理者。我国在地方课程的研究中对地方课程领导研究不够，使得地方课程的开发没有一个统一的明确的组织者和组织机构。课程领导不仅仅是一个课程术语和组织机构，而且会涉及许多能力和素质。因此，成功的课程领导者需要有多种能力，不仅要有良好的人际关系，还要有协调各方代表制订计划和进行开发的能力。① 如接受成员在课程开发中表现出的个别差异、做主要的资源提供者、深刻理解中小学教育；在开发课程的过程中能寻求其他成员的帮助和合作等。

（二）调查需求

课程的存在是因为学生发展的需要，如果学生发展不需要它，它也就没有存在的必要，也就是说课程应学生的需要而生。从这个意义上讲，无论是国家课程还是地方课程和校本课程都必须尽可能地去适应学生，满足学生发展的需要，而不是让学生去适应课程。民族地区地方课程开发的最终目的也是为了促进民族地区学生发展，而要促进学生发展就必须了解学生的需求，就好比要给孩子加强营养就必须先了解孩子需要哪方面营养一样。研究者所收集的关于学习者需求的信息能够帮助研究者更好地理解学生的兴趣和背景，进而设计出更适合学生实际的课程。

（三）分析情境

民族地区地方课程开发是针对特定民族学生群体的。由于不同区域的自然环境、文化类型、社会环境、人文环境、经济基础、教育基础及课程资源等各方面的条件千差万别。因此，在课程目标的确定、内容的选择、组织、实施和评价等方面都会有各自的特点。课程开发者如果不能很好地把握这些特点，就很难设计出适合民族地区学生发展的地方课程。而要把握这些特点，开发者就必须对地方的情境进行深入的调查分析，这种分析不仅要关注学生的当下，还要考虑学生的未来；不仅要让留在地方的学生将来要有与异文化进行交流和对话的意识和能力，还要让离开地方的学生熟悉自己的文化进而在更大范围内实现文化的创生和发展。

（四）政策研读

我国的民族政策和教育政策是我们进行民族地区地方课程开发的政策依据，它对民族地区地方课程开发具有方向性和指导性的作用。我国的民族政策和教育政策文本中都有关于民族教育的论述，如开展民族教育必须坚持社会主义方向、充分保障少数民族平等受教育的权利、教育必须充分照顾民族地区的实际和特点、考虑地区差异、继承和发扬本民族优秀的文

---

① Working group on "The Role, Function, and Preparation of the Curriculum Worker", in Curriculum Leader: Improving Their influence Alexandria, VA: Association for supervision and Curriculum Development, 1976, p.16.

化传统等。只有深入了解这些关于民族教育及课程的政策法规才不至于使课程开发偏离社会主义方向。另外，对这些政策法规的研读不仅要把握它对民族教育和课程的方向性规定，也要从中发现其存在的问题和不足，并在实证研究的基础上提出更加可行的改进措施。

（五）拟定目标

课程目标是指导整个课程编制的准则，也是指导教学的重要准则。对课程内容的选择、课程实施和评价都有极强的导向作用。因此，民族地区地方课程目标的拟定不仅要调查学生的需要，关注学生的当下及未来生活，了解民族教育及课程政策，研读教育目标和培养目标，还要征求课程专家、教育与发展心理学专家、民族文化人的建议，更要考虑教师和家长的意见。只有在充分整合以上因素的基础上，才有可能拟定出相对比较适合民族地区学生发展的地方课程目标。从课程目标的这些来源中我们可以清晰地意识到民族地区地方课程目标的拟定不是一个结果性的事件，而是一个过程性的事件；不是纯粹思辨或纯粹实证的结果，而是二者相互印证和整合的结果。另外，按照《基础教育课程改革纲要（试行）》关于课程目标的研究和阐述，民族地区地方课程目标的表述和呈现也应符合"知识与技能、过程与方法、情感态度与价值观"三维目标的思路。民族地区地方课程目标拟定的一般步骤为：①预定若干项课程目标，涉及课程开发的各个方面；②采用书面的形式征求有关人员（课程专家、发展与教育心理学专家、地方文化人、教师、学生、家长等）对预定的课程目标的意见，允许他们补充其他的课程目标；③把预定的课程目标和补充的其他课程目标汇总在一起；④请有关人员根据汇总的课程目标，依次选出若干项最重要的课程目标；⑤根据统计结果确定名次靠前的若干项课程目标。

（六）选择内容

课程内容是课程的核心要素，课程内容与课程目标之间具有内在的逻辑联系，任何类型的课程，其内容都是以课程目标为直接依据选定的，课程内容在一定程度上体现了课程目标的要求。课程内容的合理性程度，制约着教育目标和课程目标，影响着人才培养的具体质量规格。正因为如此，人们在不同的历史时期，都面临着"什么知识最有价值"这一经典的课程内容问题。民族地区地方课程内容的选择和目标的拟定一样，不仅要考虑到学生年龄特征和文化特征，也要考虑地方性知识自身的逻辑，还要充分发挥课程开发小组的智囊作用。民族地区地方课程内容的选择看起来好像是一个地方性知识的取舍问题，也就是说表面上似乎是一个事实判断的过程，实质上则是一个价值判断的过程。民族地区地方课程内容的选择首先应遵循课程内容选择的一般原则，还要考虑地域性特征和民族性特征。关于课程内容选择的一般原则，泰勒有着深入的研究，提出了课程内容选择的10条原则：①学生必须具有使他有机会实践目标所蕴含的那种行为的经验；②学习经验必须能使学生由于实践目标所蕴含的那种行为而获得满足感；③使学生具有积极投入的动机；④使学生看到以往反应方式的不当之处，以便激励他去尝试新的反应方式；⑤学生尝试学习新的行为时，应该得到某种指导；⑥学生应该有从事这种活动的足够的和适当的材料；⑦学生应该有时间学习和实践这种行为，直到成为他全部技能中的一部分为止；⑧学生应该有机会循序渐进地从事大量的实践活动，而不只是简单的重复；⑨要为每个学生制定超出他原有水平但又能够达到的标准；⑩使学生在没有教师的情况下也能继续学习，既要让学生掌握判断自己成绩的手段，从而能够知道自己做得如何。[①]

（七）组织实施

课程实施是指把课程方案付诸实践的过程，它是达到预期的课程目标的基本途径。一般说来，课程设计得越好，实施起来就越容易，效果也就越好。但课程设计得再好，如在实践中得不到很好的实施，再大的价值也难以体现。民族地区地方课程实施是课程付诸实践和走进课堂的过程，它是民族地区地方课程开发过程中的重要阶段。因为课程方案只是一组尚待在实际中验证的假设，教师教学要善用多种方法、技巧和场所，并发挥创意，依文化特性、地域特性和学生特点实施课程。一般来说，课程实施有三种取向：①得过且过取向；②改变或适应取向；③忠实或精确取向。[②]

（八）进行评价

从本质上讲，课程评价的过程就是判断课程与教学在多大程度上实现了课程目标的过程。确切地说，课程评价是指研究课程价值和判断课程在改进学生学习方面达到的程度。课程评价有诊断课程、修正课程、预测教

---

① ［美］拉尔夫·泰勒：《课程与教学的基本原理》，罗康、张阅译，中国轻工业出版社2008年版，第186—190页。

② 施良方：《课程理论——课程的基础、原理与问题》，教育科学出版社1996年版，第131页。

育的需求、确定课程目标达到程度等作用。一般来说，课程评价包括三个问题：①课程评价的取向问题；②课程评价的模式问题；③课程评价的一般流程。①《基础教育课程改革纲要》分别对课程、教师教学和学生学习提出要求，其实质就是建立评价方式多样、评价项目多元的评价体系，发挥评价的发展性功能。民族地区地方课程作为基础教育课程的重要组成部分，也应当充分体现新一轮基础教育课程改革关于课程评价的最新研究成果，即课程与教学评价都应尽量体现评价功能的发展性、评价主体的多元性、评价内容的综合性、评价过程的动态性、评价方式的多样性。

第三节　民族地区地方课程目标研究

"课程目标"（curriculum objectives）的确定是课程开发的重要环节，是课程内容选择、课程实施、课程评价的基础和依据。有什么样的课程目标，就有什么样的课程内容设计与课程实施的过程和结果。② 在这里还要继续强调民族地区地方课程不是要用"地方性"来限制学生的发展，而是要使其更有助于学生生存能力的增强和生活幸福度的提升。具体来说，包括这样几方面的目的：第一，使学生的生活与课程紧密联系，彻底摆脱学生的生活与学校课程无关的现状。第二，使将来留在地方的学生具有融入当地社会的能力和跨文化的交际能力，进而成为当地社会发展的中流砥柱，他们熟知民族文化，又有一定的生存技能，这也会是他们成为当地生活的主人，而不再是"边缘人"（每个人都是属于一定的文化的"文化人"，每个人身上都打下了深厚的文化烙印。但是，在文化人的概念系统中，"边缘人"这个词出现的频率越来越高，由此形成的边缘人文化现象，"文化边缘人"既是社会伦理道德出现重大进步的一个标志，同时也是对于因"边缘人"的存在而引起的人道主义危机日益严重的一个反映。"文化边缘人"的状态，从社会阶层来定位，处于社会的底层，从社会权利结构来定位，远离权利领域）。第三，使将来走出地方的学生不仅具有适应新环境的能力和跨文化的交际能力，还应承担在更广泛的范围内和更

---

① 施良方：《课程理论——课程的基础、原理与问题》，教育科学出版社1996年版，第149页。
② 刘启迪：《课程目标：构成、研制与实现》，《课程·教材·教法》2004年第8期。

深层次上实现民族文化的传承和创生。如藏文化研究专家丹珠昂奔教授，深入研究了藏族文化的发展历史。西北民族大学的多识仁波切教授，对藏汉关系的历史渊源，藏族的智慧、道德、信仰，以及藏传佛教的教育都有非常深入的研究，并提出了独到的见解。这些藏文化研究专家不仅让世人更加深入地了解了藏族和藏族文化，还在很大程度上实现了文化的创生和发展。

一　民族地区地方课程目标的来源

（一）教育目的和教育方针是民族地区地方课程目标拟定的主要政策依据

"教育目的"是指教育的总体方向。它所体现的是普遍的、总体的、终极的教育价值，具体体现在国家、地方、学校的教育哲学中，体现在宪法、教育的基本法、教育方针之中。"培养目标"是"教育目的"的下位概念，它所体现的是不同性质的教育和不同阶段的教育的价值。"课程目标"是"培养目标"的下位概念，它是具体体现在课程开发与教学设计中的教育价值。教育目的决定着课程目标的状态、内容和方向，而教育目的又是基于某种教育价值观的选择的，它必然体现了特定的教育哲学观。因此，以何种教育哲学为依据、制定何种教育目的，就决定了课程目标的内容、性质与方向。[①]

《中华人民共和国义务教育法》第五条规定我国新时期的教育方针，"教育必须为社会主义现代化建设服务，必须与生产劳动相结合，培养德、智、体、美、劳全面发展的社会主义事业的建设者和接班人"。

《中华人民共和国义务教育法》对教育目的作了如下的界定："必须贯彻国家教育方针，努力提高教育质量，使儿童、少年在品德、智力、体质等方面全面发展，为提高全民族的素质，培养有理想、有文化、有纪律的社会建设人才奠定基础。"

2001年教育部印发的《义务教育课程设置实验方案》明确提出了义务教育培养目标：全面贯彻党的教育方针，体现时代要求，使学生具有爱国主义、集体主义精神，热爱社会主义，继承和发扬中华民族的优秀传统和革命传统；具有社会主义民主法制意识，遵守国家法律和社会公德；逐步形成正确的世界观、人生观、价值观；具有社会责任感，努力为人民服

---

① 钟启泉：《现代课程论》，上海教育出版社2003年版，第346—349页。

务；具有初步的创新精神、实践能力、科学和人文素养以及环境意识；具有适应终身学习的基础知识、基本技能和方法；具有健壮的体魄和良好的心理素质，养成健康的审美情趣和生活方式，成为有理想、有道德、有文化、有纪律的一代新人。培养目标可以归结为8个方面：①公民意识；②价值观念；③社会责任感；④创新精神和实践能力；⑤科学人文素养和环境意识；⑥终身学习的基础知识、基本技能和方法；⑦健壮的体魄和良好的心理素质；⑧健康的审美情趣和生活方式。

2001年教育部印发的《基础教育课程改革纲要（试行）》明确提出了基础教育课程改革的目标，其具体内容包括：改变课程过于注重知识传授的倾向，强调形成积极主动的学习态度，使获得基础知识与基本技能的过程同时成为学会学习和形成正确价值观的过程；改变课程结构过于强调学科本位、科目过多和缺乏整合的现状，整体设置九年一贯的课程门类和课时比例，并设置综合课程，以适应不同地区和学生发展的需求，体现课程结构的均衡性、综合性和选择性；改变课程内容"繁、难、偏、旧"和过于注重书本知识的现状，加强课程内容与学生生活以及现代社会和科技发展的联系，关注学生的学习兴趣和经验，精选终身学习必备的基础和技能；改变课程实施过于强调接受学习、死记硬背、机械训练的现状，倡导学生主动学习、乐于探究、勤于动手，培养学生搜集和处理信息的能力、获取新知识的能力、分析和解决问题的能力以及交流和合作能力；改变课程评价过分强调甄别和选拔的功能，发挥评价促进学生发展、教师提高和改进教学实践的功能；改变课程管理过于集中的状况，实行国家、地方、学校三级课程管理，增强课程对地方、学校及学生的适应性。①

我国新时期的教育方针、教育目的、义务教育阶段培养目标和基础教育课程改革的目标是民族地区地方课程目标确定的政策依据，这些政策法规对民族地区地方课程目标拟定都有重要的指导意义。

（二）学习者的学习需求

民族地区地方课程在价值取向上是一种学习者本位的课程，因而学习者的需要就应该成为课程目标的主要来源。什么是学习者的需要？作为课程目标来源的学习者的需要从总体上说就是"完整的人"的身心发展的

---

① 钟启泉等：《为了中华民族的复兴，为了每位学生的发展——基础教育课程改革纲要（试行）解读》，华东师范大学出版社2001年版，第4—5页。

需要，即学习者人格发展的需要。随着学习者人格的发展，其需要会不断变化、不断生成、不断提升，因而学习者人格发展的需要是动态的。[1] 具体来说，学习者的需要包括两个方面：第一，从内容维度看，学习者的需要既包括"完整的人"身心发展的需要，也包括学习者学习的需要，这两个方面的需要是相辅相成的。在确定课程目标时，要充分考虑某一发展阶段的儿童能够学习什么，需要学习什么，以及怎样解决学习动机问题。第二，从时间维度看，学习者的需要既包括学习者当前的需要，也包括学习者长远的需要。仅注意满足学习者当前的需要，很容易在教学过程中保持学习者的兴趣，但却难以给学习者将来走上社会提供良好的准备；仅注意满足学习者长远的需要，又容易导致把成人选择好的教学内容强加给孩子，使他们的学习成为一种外在的过程。

怎样确定学习者的需要？确定学习者需要的过程本质上是尊重学习者的个性、体现学习者意志的过程，是学习者自由选择的过程。即使教师或其他成人对儿童提供帮助，也是一个对儿童的发展需要进行引导并使其上升为儿童的自觉需要的过程，而非不顾儿童的选择而强加成人意志的过程。在确定学习者需要的过程中，常见的错误是漠视学习者需要的个性差异，并且把成人认为学习者的需要等同于学习者自己的需要。拉尔夫·泰勒（Ralph W. Tyler）在谈到研究学习者需要的时候敏锐地指出，如果没有一套规范，"需要"的概念就没有意义。在他看来，研究学习者需要应该由两部分构成："第一，了解学习者现状；第二，将现状与常模作比较，以确认差距和需要。"[2] 当课程以满足学习者的需要、促进个性发展为直接目的的时候，当课程开发以学习者的需要为基点、强调学习者需要的优先性的时候，这种课程就是学习者本位的课程，也就是杜威所倡导的"儿童本位课程"。需要说明的是，我所说的民族地区地方课程的学习者本位性，并不是不要课程目标的其他来源（如学习者的生活环境、专家建议等），而是强调学习者的需要和个性发展的优先性、根本性。综合已有的研究，笔者认为对学习者地方课程学习需求的分析应从以下两个方面入手。

1. 学习者的学习需求

教育是一个主动的过程，涉及学习者积极主动的努力。只有当外部对

---

[1] 张华：《论课程目标的确定》，《外国教育资料》2000年第1期。
[2] [美] 拉尔夫·泰勒：《课程与教学的基本原理》，罗康、张阅译，中国轻工业出版社2008年版，第8页。

学习者客观需要的认识与学习者自身的认识相一致，只有当课程与学习者内在的需要、兴趣相适应时，学习才能成为学生感兴趣的事情。需要注意的是，学生的主观需要是有文化地域差异的。关于学习者的主观需要，本书主要通过对学生问卷调查与访谈、教师问卷调查与访谈、对学生的观察和对家长的访谈来获得的。

（1）学生与老师的问卷调查。如表5-1所示，学生对民族文化的态度：认知方面，平均数只有2.56，低于3，说明学生对民族文化的认知水平较低；行为方面，平均数为4.56，高于3，接近最大值5；情感方面，平均数为4.51，也高于3，接近最大值。从情感和行为方面的得分可以看出，绝大多数学生不仅喜欢藏族文化，而且对藏族文化有强烈的学习愿望。

表5-1　　　　　　　　　学生对待民族文化的态度

维度	M	SE
认知	2.56	0.35
行为	4.56	0.46
情感	4.51	0.36

如表5-2所示，从教师角度来看学生的文化态度：认知方面，平均数只有2.86，低于3，说明在教师看来，学生对民族文化的认知水平较低；行为方面，平均数为4.29，大于3；情感方面，平均数为4.44，也大于3，这两项数据说明，在教师看来，大多数学生不仅喜欢和愿意学习更多的藏族文化，而且表现出对本民族文化的自豪感。

表5-2　　　　　　　从教师角度看学生对待民族文化的态度

维度	M	SE
认知	2.86	0.39
行为	4.29	0.38
情感	4.44	0.41

从教师的角度看学生对民族文化的态度和学生自己关于民族文化态度的调查相互印证中可以看出，学生大都对民族文化有着强烈的学习欲望和

高度的认同感。但调查中给我们一个明显的信号就是学生对民族文化了解太少，如表 5-3 所示，关于"藏族人敬酒时，首先用无名指蘸酒向上空抛弹三次，意为敬'天、地、人'"的问题，只有 8.6% 的学生认为它是错误的，81.1% 的学生都认为它是正确的；关于"艾早瓦罗是一种劳动号子，是藏族一切诗歌的源头"的问题，66.3% 的学生说不清楚，也就是不知道或不能肯定，只有 16.7% 的学生将其判断为正确。这两个题项一个是民族文化的日常表现，另一个是较为专业的民族文化知识。两者的调查数据足以说明学生缺乏对民族文化的了解。

表 5-3　　　　从教师角度看学生对民族文化的了解情况

题项	藏族人敬酒时，首先用无名指蘸酒向上空抛弹三次，意为敬"天、地、人"的问题	艾早瓦罗是一种劳动号子，是藏族一切诗歌的源头
1	0.7%	11%
2	7.9%	6%
3	0.3%	66.3%
4	58.2%	13%
5	32.9%	3.7%
M	4.1	3.3

（2）学生与教师的访谈。为了更准确地把握学生对待藏文化态度的信息，本书就藏文化态度问题从认知、行为和情感三个方面分别对学生和教师进行了深度访谈。

①学生的访谈。

Y：你知道藏族人喜欢狗，而且不允许吃狗肉的原因吗？

S1：我喜欢狗，狗肉不好吃。

S2：哈哈，我不知道。

S3：狗对我们好，它会陪着我去放羊，这样我就不害怕了。

Y：你喜欢穿藏族衣服吗？

S1：喜欢，我喜欢颜色多的藏族衣服。

S2：非常喜欢穿我们的衣服，学校发的衣服不爱穿，天热了就要全脱了，拿上它麻烦得很，天冷了又得加衣服。我们的衣服天热了可以把袖子脱下绑在腰间，天冷了直接穿上，方便得很。

S3：我喜欢穿，穿上它跳舞好看。

Y：你想不想知道更多的藏文化知识？

S1：很想知道，我希望老师给我们讲多一些藏族知识。

S2：想，我爷爷知道得多得很，我们几个同学都喜欢听他讲。

S3：想知道，我们学校图书室有一些书，老师借给我们，我们很喜欢看。

②教师的访谈。

关于学生对待藏文化态度

T1：从内心深处来说，我觉得学生非常喜欢藏族的历史文化知识。说实话，不仅学生喜欢，我们老师都喜欢。家长也特别愿意让孩子学习藏文化知识，只是一部分在城里工作的家长顾虑孩子将来的出路问题。

T2：从节日期间孩子们穿上藏服的得意和学生跳藏族舞蹈的投入，我们完全有理由相信他们非常喜欢自己民族的文化。

T3：虽然学生们都很喜欢藏族文化知识，但是学生对它的了解并不多，有些基本的常识都不懂，比如，去年毕业的六年级几个学生就私下组织星期天去河里抓鱼，让他们的家人差点打坏，学生最后都跑到学校来了，家长也追到学校，他觉得孩子不争气，让他没脸见人。我当时就想，如果这些孩子不上学在家，这方面的知识他们早就会知道，这顿打挨得有些冤枉。你要知道，我们藏族人是很少打孩子的。也就是这种事才会让他们大发脾气。

（3）对学生的观察。从学生的早读、课堂上反应和跳舞唱歌的热情（第四章已有论述）我们已经充分地感到学生对自己民族文化的那种自觉和不自觉的认同。学生在学校里能不讲汉语就不讲，能不到汉语文老师的办公室绝对不会主动去的。（他们学习汉语的痛苦程度就和我们许多中小学生学习英语一样）汉语文老师不可谓不严厉，晚饭后完不成作业的学生必须趴在老师门前水泥地上写，他们趴在地上也是在用藏语偷偷地嬉戏着，这种行为会受到一定的体罚，但即使这样，几乎每天都有1/3的学生会来重复这一动作。学校一般要求在月假期间不能给学生布置太多的作业，因为学生回家都要去帮家里人干活，同时又强调汉语文老师应该抓住这个机会。所以每逢月假汉语文老师都会布置大量的家庭作业。然而，学生却没有像老师希望的那样利用这段时间好好补课。笔者利用两次月假期间对不同方向的学生回家路队进行调查，发现两队一共 29 个学生，只有一个学生书包里带了与汉语文相关的书籍，其余 28 个学生中 26 个书包都是空的，两个学生书包里装了藏族的故事书。空着书包回家的学生主要是上学时从家里背吃的东西。

（4）对家长的观察和访谈。牧区的许多家长由于文化水平的限制，一般不去关注孩子在学校的学习情况，回到家一般也不会提及关于学习的事，更不会去督促孩子完成作业。但这并不代表他们不重视教育，如果硬要说他们不重视教育的话，也只能说不重视当下的学校教育，孩子上学是在完成"国家的任务"，用它们当地人的话就叫"被迫进学校"。家长的这种对待学校教育的态度严重影响孩子的学习态度，许多家长对学习汉语有一定情绪，这也是学生不把汉语文作业拿到家里做的一个原因。关于寒暑假作业问题，大多数家长都认为"学生很早就把藏语文和藏数学的作业做完了，汉语文作业等到快开学了才去做或找同学抄"。当家长让孩子说出自己喜欢的老师时，孩子说出的老师有：藏语文老师、音乐老师、体育老师、藏数学老师等，几乎没有学生会提到汉语文老师。家长如果要用废书，学生一般都会先把汉语文课本和说话课本给他们。

2. 学习者的现有水平

只了解学习者的客观和主观需要还不足以确定课程目标，课程目标是学习者的需要和现有水平之间的差距。因此，还需要了解学习者对地方性知识的了解情况。对学生现有水平的研究，也是通过对学生和教师相互印证的调查获得的。如表 5-4 和表 5-5 所示，关于"学生很了解藏族生产生活知识"的问题，88.3% 的教师认为学生不了解藏族的生产生活知识，只有 6% 的教师认为学生了解这些知识；64.5% 的学生不同意这种观点，31.7% 的学生认为自己了解这些知识。关于"学生很了解藏族的伦理道德知识"的问题，86.9% 的教师不认同这一观点，也只有 6% 的教师认同这一观点；63.4% 的学生认为自己不了解这些知识，31% 的学生认为自己了解这些知识，还有 5.6% 的学生不知道自己了解还是不了解这些知识。关于"学生很了解藏族的民间艺术知识"的问题，82.8% 的教师认为学生对这种知识不了解或了解得不多，61.4% 的学生也认为自己不了解这种知识或了解得不多。关于"学生很了解藏族的社会交往知识"的问题，82.4% 的教师不同意这一观点，61% 的学生也认为自己不了解或不太了解这类知识。通过这种教师和学生相互印证的调查，我们可以作出这样的判断：学生对藏族的自然知识、人文知识、社会知识还不够了解或不够熟悉。

表5-4　　　　　从教师角度看学生对民族文化了解现状　　　　单位:%

题项	非常不符合	不符合	说不清	符合	非常符合
学生很了解藏族的生产生活知识	46.3	42.0	5.7	1.0	5.0
学生很了解藏族的伦理道德知识	25.5	61.4	7.0	4.1	1.9
学生很了解藏族的民间艺术知识	30.6	52.2	4.2	6.0	5.5
学生很了解藏族的社会交往知识	43.6	38.8	6.6	5.6	5.4

表5-5　　　　　　学生对民族文化了解现状　　　　　　单位:%

题项	非常不符合	不符合	说不清	符合	非常符合
我很了解藏族的生产生活知识	26.3	38.2	3.8	21.0	10.7
我很了解藏族的伦理道德知识	20.8	42.6	5.6	23.2	7.8
我很了解藏族的民间艺术知识	21.8	39.6	6.2	25.6	6.8
我很了解藏族的社会交往知识	33.5	27.5	6.9	29.8	2.3

（三）学习者的生活环境

学习者的客观需要主要指学习者当下生活环境和未来的生活环境对学习者的要求。本书所说的客观需要实质上指的是研究者对学习者所处的当下环境的认识和对未来环境的预测。如前所述，藏族学生当下生活的环境是一个纯粹的藏文化环境，虽然网络等现代化的媒体也已经介入藏族人的生活，但与当地整体的文化环境相比，那些外来的东西显得可有可无。藏文化的整体性和系统性要求每一个生活其中的人都必须遵守其规则，否则就会被"边缘化"。从现实的情况来看，大多数当地学生会将自己的未来安放在藏文化中。

笔者以本研究所选择的甘肃甘南藏族自治州夏河县的甘加、九甲、桑科、王格尔塘四个乡镇的十五所小学和一所中学为例，对通过当前的学校教育流动到主流社会（以学生通过升学进入当地或其他地区工作为标准）

进行了相关研究，研究发现，甘加乡只有 8.1% 的学生通过学校教育进入国家体制内工作，九甲、桑科和王格尔塘分别为 7.6%、7% 和 6.8%。[①] 其他学生均成为学业失败者，这些学业失败者中的相当一部分学生因为不熟悉自己的文化，没有在当地生存的基本技能而沦落为地方社会的"边缘人"。当地学校教育没有将地方性知识纳入课程内容，从一开始就预设了所有学生都能通过这一途径离开地方。事实上，这种预设不仅不科学，也是对地方不负责任的。调查中当我问到民族地区学校教育对民族地区社会发展的贡献时，一位地方行政人员无奈地对研究者说："我们地方财政的 85% 都用在了教育上，但教育给我们的'高不成，低不就'的'剩余产品'，当地教育的'优秀产品'被发达地区通过'合法手段'掠夺走了。"无论是从学生生存和生活的角度来说，还是从地方社会发展的角度来说，在有悠久文化传统的藏族地区，应该而且必须通过学校教育使学生获得将来在地方社会生存和发展的能力，藏族地区的学校教育如果不能很好地完成这一使命，它就会渐渐失去其在地方存在的合理性。事实上，藏族地区行政官员和老百姓已经开始质问和怀疑当地学校教育的合理性。

（四）地方性知识的逻辑

如前文所述，地方性知识和地方人的生活融为一体，哪里有地方人的生活哪里就有地方性知识。从这个意义上说，我们可以认为地方性知识的逻辑就是地方人生活的逻辑，或者说类似于地方人的生活逻辑，至少可以肯定它与物理、数学等学科知识的逻辑完全不同。生活是立体的，而不是平面的；是整体的，而不是单独的；生活不仅需要言说，更需要体验。当然，与地方人生活水乳交融的地方性知识也应该是以立体和整体的方式呈现在人们面前的。有时它蕴含在一个事件中，有时它出现在一项活动后，有时则与活动同时出现，即活动本身就是一种地方性知识。地方性知识的这种逻辑和出场方式，决定了地方课程的目标、内容、实施和评价都与国家课程和校本课程有一定的区别。

二　民族地区地方课程目标的预定

（一）"三维目标"的基本要素[②]

1. 知识与技能目标包含的基本要素

（1）理解和掌握适应社会进步和个性发展所必须具备的科学文化基

---

① 数据来源于各个乡镇中心小学内部统计资料。
② 张廷凯：《新课程设计的变革》，人民教育出版社 2003 年版，第 6—10 页。

础知识和基本技能。

（2）初步理解知识的产生和发展过程，以及知识的应用范围和应用价值。

（3）注重综合化的学习，认识到各门学科之间、自然科学与社会科学之间是相互关联的，理解事物之间的复杂关系，逐步扩大知识范围。

2. 过程与方法目标包含的基本要素

（1）学会自主学习、独立思考，初步养成终身学习的习惯。

（2）开发创造潜能，初步养成发现问题、分析和解决问题的能力。

（3）发展科学思维能力、技术操作与运用能力。

（4）发展团结协作能力和竞争能力，社会适应能力和应变能力。

（5）保持身心健康发展的能力。

3. 情感态度与价值观目标包含的基本要素

（1）养成热爱社会主义祖国、继承中华民族优秀文化传统和革命传统、报效祖国的高尚情操。

（2）初步树立科学的世界观和人生观，懂得辩证唯物主义和历史唯物主义的基本观点，初步树立人、自然、社会和谐发展的观念。

（3）具有集体主义精神，培养合作意识和社会责任感。

（4）树立科学精神，形成创新思维习惯，充分发展个性、自主性和独创性。

（5）陶冶人文精神，正确认识不同的价值观和文化背景，增进国际理解。

（二）课程目标的陈述

课程目标必须是分层次陈述的，[①] 各个层次的表述方式和措辞都略有区别。民族地区地方课程目标可分为总目标（包括义务教育阶段和非义务教育阶段）、学段目标（包括1—2年级学段、3—4年级学段、5—6年级学段、7—9年级学段、高中学段）和学年目标三个层次。本书所研究的目标是指民族地区义务教育阶段地方课程的总目标。

关于课程目标的探讨，主要集中在行为目标、展开性目标（生成性目标）、表现性目标这样几种价值取向上。[②] "行为目标"来源于课程之父

[①] 钟启泉等：《为了中华民族的复兴，为了每位学生的发展——基础教育课程改革纲要（试行）解读》，华东师范大学出版社2001年版，第176页。

[②] 施良方：《课程理论——课程的基础、原理与问题》，教育科学出版社1996年版，第83页。

泰勒，它是以具体的、可操作的行为形式陈述的课程目标，它指明课程与教学过程结束后学生身上所发生的行为变化。"行为目标"的基本特点是：目标的精确性、具体性、可操作性。泰勒的课程目标模式重目标、重效率、重结果、重行为控制，指向于获得知识与技能，着眼于控制学生的学习行为和教师的教学过程。展开性目标（生成性目标）可以追溯到杜威，杜威认为，目的不应该是预先规定的教育经验，而是教育经验的结果。目的是在过程中内在决定的，而不是外在于过程的。展开性目标（生成性目标）最根本的特点就是过程性。表现性目标由美国学者艾斯纳提出来的，他认为在课程中实际存在两种不同的目标：教学性目标和表现性目标。教学性目标是在课程计划中事先预定好的，旨在使学生掌握现成的文化工具。这类目标明确指出学生在完成学校活动后所应当习得的具体行为，如技能、知识条目等，通常是从既有的文化成果和各种学科中引出，并且以适合儿童的方式进行表述。教学性目标对于大部分学生来讲是共同的。表现性目标则不同于教学性目标，旨在培养学生的创造性，强调个性化，因而超出了现有的文化工具并有助于发展文化。表现性目标不是规定学生在完成学习活动后所习得的行为，而是描述教育中的"际遇"：指明儿童将在其中作业的情境、儿童将要处理的问题、儿童将要从事的任务，但并不指定儿童将从这些"际遇"中学到什么。表现性目标是唤起性的，而非规定性的。表现性目标所追求的不是学生反应的同质性，而是反应的多元性。

综合前人的研究成果，本书认为一个好的课程目标应该既包括强调精确性和可操作性的行为目标，也应该包括强调体验、感受和过程性的表现性目标。它们在"三维目标"的陈述中能够互相取长补短，在"知识与技能"领域的陈述中，强调精确性和可操作性的行为目标就显得更加明确和容易理解。如"能在地图上识别不同的地图"等。但在"过程与方法"和"情感、态度与价值观"领域的陈述中，强调过程性和体验性的表现性目标则更加适合。如"阅读自己喜欢的作品并写读后感"等。

关于行为目标需要做一些说明。行为目标包括行为主体、行为动词、行为条件和表现程度这样四个要素。在描述课程目标过程中，要做到基于行为主体，使用行为动词，必要时附加行为条件，说明表现程度。明确行为主体，是指不能将行为主体描述错位，行为主体是学生，不是教师，描述课程目标必须是从学生出发，因为课程目标是学生要达到的学习结果的范围和程度。使用行为动词，就是尽可能使用容易理解、可以评估的词汇描述学生达到的学习结果。附加行为条件，要求指出影响学生学习结果和行为变化的特定范围和相关规定。说明表现程度，是指当学生经过一段时间的学习所发生变化的水平、程度和范围。通常情况下，设计一个完整的目标的简单方法就是运用 ABCD 规则。A 代表行为主体，B 代表行为，C 代表条件，D 代表完成的程度。

例如：A：学生……（行为主体）

B. 成功地解决乘法问题（行为）

C. 在课堂上（条件）

D. 达到 80% 的正确率（程度）[①]

（三）民族地区地方课程目标的预定

1. 教师的意见

在前期的访谈中我们得知，关于地方课程目标，教师认为主要包括提高学生的生存能力、服务地方建设、传承民族文化、落实课程政策四个方面。问卷调查中我们又请教师将这四个方面按重要性排序，如表 5-6 所示，69.5% 的教师将提高学生的生存能力排在地方课程目标的第一位；78.2% 的教师将传承民族文化排在地方课程目标的第二位；88.9% 的教师将服务地方建设排在第三位；81.5% 的教师将落实课程政策排在第四位。

表 5-6　　　　教师关于地方课程目标的认识　　　　单位：%

题　项	排列顺序			
	1	2	3	4
提高学生的生存能力	69.5	17.4	1.0	12.1
传承民族文化	20.5	78.2	1.0	0.3
服务地方建设	1.0	4.0	88.9	6.0
落实课程政策	8.1	1.3	9.1	81.5

2. 民族文化人的意见汇总

（1）掌握基本的藏族传统技能；

---

① ［美］Jon Wiles, Joseph Bondi：《课程开发：实践指南》（第六版），徐学福、陈静译，中国轻工业出版社 2007 年版，第 98 页。

（2）了解藏族习俗，理解其深刻的文化内涵；

（3）了解藏族为人处世的基本道理和方法；

（4）深刻理解藏族的各种禁忌，理解其形成的历史渊源和对我们生活的意义；

（5）学习和掌握藏传佛教的历史，深刻理解它对藏民族生存的意义；

（6）理解藏传佛教的精神内涵，并能将其用来指导学生的人生观和价值观；

（7）养成积极的生活态度。

3. 家长的意见汇总

（1）了解基本的生产知识、放牧知识、宗教知识和禁忌知识；

（2）能学习一门手艺；

（3）能像僧人一样知道很多藏族的东西；

（4）能让孩子将来生活得好；

（5）最好能学习一点医学知识。

4. 课程专家的意见汇总

（1）掌握藏族基本的家庭生活知识、生产知识和社会知识；

（2）初步具备运用这些知识解决生活中遇到问题的能力；

（3）能够用藏语的书面或口头语言表达自己的观点；

（4）尊重学生的自身经验，以学生接触到的人、事、物以及所属的族群与文化等为基础，增进学生生活经验，充实学生生活技能；

（5）初步认识人与环境的关系，了解藏族处理人与自然关系的基本知识，并逐步养成保护自然环境的习惯；

（6）认识到地方性知识的学习不仅是一个认知过程，更是一个实践过程；

（7）能够对地方性知识进行初步的归纳、比较和概括；

（8）注重探究学习，勇于对地方性知识从不同角度提出问题；

（9）发展感受、观察、体验、参与地方社会生活的能力；

（10）在地方性知识的学习过程中培养同他人合作探讨问题和共处的能力；

（11）初步形成正确处理宗教信仰与热爱祖国之间关系的能力；

（12）逐步了解藏族的历史渊源及发展历程，形成对藏民族的认同感；

(13) 了解藏族文化与他文化的异同,对不同文化差异的理解和尊重,以开放的胸襟平等对待不同文化;

(14) 通过历史的学习,弄清藏汉之间的渊源关系,树立"中华民族多元一体"的理念,增强对国家的认同感和责任感;

(15) 能在民族自尊、民族忠诚与理性之间寻找平衡点,协调本民族与异质文化两种文化;

(16) 能恰当地处理情感与理智的关系,对问题采取更灵活的态度;

(17) 养成积极的生活态度。

三 意见整合和内容筛选

(一) 意见整合

意见整合应该关注以下几个方面的问题:第一,考察课程目标的必要性和重要性。首先选择既重要又具有关键性、迫切性,数量适宜的课程目标,并对其余目标妥善地做出计划调整和安排。第二,关注课程目标实现的可能性。各教学内容不一定都要达到最高层次,可根据基础性和发展性相统一的原则,一方面选择所有学生经过努力都应达到的内容层次,对全体学生提出要求;另一方面课程目标也要保持一定的开放性,让学生能富有个性地发展。第三,协调各类课程目标之间的关系。前文已述,课程目标是由"知识与技能"、"过程与方法"和"情感、态度与价值观"三类构成的,各类课程目标间都存在相互联系、相互促进、相互制约的关系。应该考虑情感、意志、态度、行为等方面的目标的协调和统一(如表5-7所示)。

表5-7　　　　　民族地区地方课程目标意见整合结果

	预定目标
知识与技能	(1) 掌握藏族基本的家庭生活知识、生产知识和社会知识; (2) 掌握基本的藏族传统技能; (3) 了解藏族习俗,理解其深刻的文化内涵; (4) 了解藏族为人处世的基本道理和方法; (5) 尊重学生的自身经验,以学生接触到的人、事、物以及所属的族群与文化等为基础,增进学生生活经验,充实学生生活技能; (6) 深刻理解藏族的各种禁忌,理解其形成的历史渊源和对我们生活的意义; (7) 学习和掌握藏传佛教的历史,深刻理解它对藏民族生存的意义; (8) 理解藏传佛教的精神内涵,并能将其用来指导学生的人生观和价值观;

续表

	预定目标
过程与方法	（1）初步具备运用这些知识解决生活中遇到的问题的能力； （2）能够用藏语的书面或口头语言表达自己的观点； （3）初步认识人与环境的关系，了解藏族处理人与自然关系的基本知识，并逐步养成保护自然环境的习惯； （4）认识到地方性知识的学习不仅是一个认知过程，更是一个实践过程； （5）能够对地方性知识进行初步的归纳、比较和概括； （6）注重探究学习，勇于对地方性知识从不同角度提出问题； （7）发展感受、观察、体验、参与地方社会生活的能力； （8）在地方性知识的学习过程中培养同他人合作探讨问题和共处的能力； （9）初步形成正确处理宗教信仰与热爱祖国之间关系的能力
情感态度价值观	（1）逐步了解藏族的历史渊源及发展历程，形成对藏民族的认同感； （2）了解藏族文化与他文化的异同，对不同文化差异的理解和尊重，以开放的胸襟平等对待不同文化； （3）通过历史的学习，弄清藏汉之间的渊源关系，树立"中华民族多元一体"的理念，增强对国家的认同感和责任感； （4）能在民族自尊、民族忠诚与理性之间寻找平衡点，协调本民族与异质文化两种文化； （5）能恰当地处理情感与理智的关系，对问题采取更灵活的态度； （6）养成积极的生活态度

（二）内容筛选

以上这些建议所提供的目标，比地方课程想纳入和能纳入的内容都要多得多。因此"应该选择少量的既彼此一致又非常重要的目标；既能在可利用的时间内以相当高的程度实际达到，又确实重要的目标"。[①] 泰勒随后又提出了进行目标筛选的两道筛子：第一道筛子是利用教育哲学选择目标；第二道筛子是利用学习心理学选择目标。[②]

[①] ［美］拉尔夫·泰勒：《课程与教学的基本原理》，罗康、张阅译，中国轻工业出版社2008年版，第29页。

[②] 同上书，第33页。

1. 利用教育哲学选择目标

教育哲学既可以作为一门学科来认识，也可以作为一种教育观来理解。作为一门学科来讲，教育哲学是指用哲学的观点和方法来分析和研究教育中的根本问题。[①] 泰勒在这里所讲的教育哲学指的是"教育观"，类似于"人生哲学"、"处世哲学"等概念。在泰勒看来，教育哲学的要务之一，就是概述出人们认为对令人满意并有效的生活来说不可缺少的价值观。泰勒将令人满意且有效的个人及对社会生活而言重要的价值归纳为四类：①承认人类每一个个体作为人的重要性，无论其种族、国籍、社会或经济状况如何；②为人们广泛参加各种社会团体所有方面的活动提供机会；③鼓励多样化的个性而非要求单一性的个性；④有信心以理智的方式来处理重大问题，而非依赖专制或贵族团体的权威。[②] 根据中华民族"多元一体"的国情和民族地区的实际，本研究将民族地区地方课程的教育哲学确定为：①尊重和保护各民族的文化，使其能百花齐放；②提升个体的生存能力、社会适应能力和跨文化的交流能力；③承认个体作为人的重要性，为个体提供尽可能的发展空间；④使个体能在自己所选择的空间中生活得幸福。按照这种教育哲学，民族地区地方课程的目标应该包括和凸显这样几个主题：第一，有利于民族文化的保护；第二，有利于学习者各方面能力的提升；第三，有利于学习者个性的张扬和发展；第四，尊重个体的体验和感受。

2. 利用学习心理学选择目标

泰勒将心理学作为课程目标选择的第二道筛子主要想分辨出"人类的哪些变化是可以期望通过学习过程产生的，哪些是不可以的；哪些目标是可行的，哪些目标可能需要花很长时间才能实现；哪些目标在预期的年龄段根本就无法实现"和"告诉我们达到一个目标需要花多长时间，在哪个年级做这种努力最有效率"。[③] 本书所讨论的民族地区地方课程的目标是指义务教育阶段的总目标。所以心理学对于民族地区地方课程总目标研制的作用主要在于为我们了解这一阶段学生学习的特点、思维发展的特点等方面提供帮助。

---

① 黄济：《教育哲学通论》，山西教育出版社1998年版，第318页。
② ［美］拉尔夫·泰勒：《课程与教学的基本原理》，罗康、张阅译，中国轻工业出版社2008年版，第29页。
③ 同上。

（1）小学阶段学生学习的特点和思维发展的特点。6—7岁到12—13岁是儿童开始进入小学学习阶段，作为一种特殊认识或认知活动的学习，这一时期学生学习的特点主要表现在：第一，学习动机方面。年级越低，学习动机越具体，这一阶段学生的学习动机更多地与学习活动本身直接联系，与学习兴趣发生联系或为学习兴趣所左右。第二，学习兴趣方面。小学阶段的学习兴趣是促进学生自觉地从事学习活动的最主要的推动力。①在整个小学阶段，起初学生对学习的外部活动更感兴趣，以后逐渐对学习的内容和对需要独立思考的内容更感兴趣；②学习兴趣从不分化逐渐产生对不同学科内容的初步分化性兴趣；③对有关具体事实和经验的知识较有兴趣，对有关抽象因果关系的知识兴趣初步发展；④游戏因素在学生的学习兴趣上的作用逐渐降低；⑤在阅读兴趣方面，一般从课内阅读逐渐发展到课外阅读，从童话故事发展到文艺作品；⑥对社会生活的兴趣在逐步扩大和加深。第三，学习态度方面。初步形成了一定的学习态度，教师对学生的态度是影响这一阶段学生学习态度的主要因素。① 我国著名心理学家朱智贤先生早在20世纪70年代就研究指出，小学儿童思维的基本特点是从以具体形象思维为主要形式逐步过渡到以抽象逻辑思维为主要形式，这种抽象逻辑思维在很大程度上，仍然是直接与感性经验相联系的，仍然具有很大成分的具体形象性。②

（2）7—9年级学生学习的特点和思维发展的特点。7—9年级学生学习的特点表现在以下几个方面：第一，学习动机方面。学习动机也与学习活动本身有一定联系，自我的内部动机逐步形成。第二，学习兴趣方面。从对学习的外部活动的兴趣逐步向对学习内容和对需要独立思考的材料更感兴趣发展。第三，学习态度方面。形成了相对稳定的学习态度，教师对学生学习态度的影响依然很大。

按照皮亚杰（J. Piaget）关于个体智力发展年龄阶段的划分，初中阶段正是"形式运算"阶段（12—15岁）。该阶段思维的主要特点是：在头脑中可以把事物的形式和内容分开，可以离开具体事物，根据假设来进行逻辑推演，能运用形式运算来解决诸如组合、包含、比例、排除、概率及因素分析等逻辑课题。朱智贤也认为，初中生思维活动的基本特点是抽

---

① 林崇德：《发展心理学》，人民教育出版社1995年版，第274—275页。
② 朱智贤：《儿童心理学》，人民教育出版社1979年版，第323页。

象逻辑思维已占主导地位,但有时思维中的具体形象成分还起作用。可见,初中生思维最主要的特点就是其思维的抽象逻辑性,这样就决定了初中生在面临智力问题的时候并不是直接去抓结论,而总是通过首先挖掘出隐含在问题材料情景中的各种可能性,再用逻辑分析和实验证明的方法对每一种可能性予以验证,最后确定哪一种可能性是事实。这样的分析思路,让学生在解决一般问题的时候会比较有成就感,因为简单的问题,往往解决的办法很有限,学生在进行几次有限的尝试之后,肯定能够将问题解决。但是,当遇到一些相对较复杂的问题,特别是当学生对所面临的情景还不是很熟悉的时候,往往会有挫折感,通过自己的努力,发现很多问题依然没有得到解决。正是由于初中生已具有了这种建立假设及检验假设的能力,才使他们的思想相对于童年期更具有深度、广度、精确性和灵活性。① 另外,这一阶段,学生思维的创造性和批判性也日益明显,遇到问题会想一些新颖、独特的对策去解决问题,不愿轻易接受别人的意见,对别人的思想、态度及意见,经常要做一番审查,对自己的思想和主张也能够有意识地进行调解、检查和论证。②

从这两个阶段学生学习的特点和思维发展的特点来看,本书认为民族地区地方课程目标既要重视学生学习兴趣的培养,也应设置一些关注学生创造性和批判性思维能力的发展;既要设置一些发展学生形象思维能力的目标,还应设置一定数量的发展学生抽象思维能力的目标。另外,根据学生思维发展的不平衡性和个体差异性,还应该设置一些开放性的目标,即生成性目标。

(三) 形成目标

综合考虑我国教育的政策法规、学习者的需要、学习者的生活环境以及地方性知识的逻辑等几方面的因素,根据教师、家长和当地文化人的建议和经过教育哲学与心理学两道筛子的筛选来研究和陈述民族地区地方课程的预定目标。按照新课程"三维目标"的表述思路和方式,民族地区地方课程预定目标的表述如表5-8所示。

---

① 朱智贤:《儿童心理学》,人民教育出版社1979年版,第365页。
② 林崇德主编:《发展心理学》,人民教育出版社1995年版,第363页。

表 5-8　　　　　　　民族地区地方课程目标意见筛选结果

	预定目标
知识与技能	（1）掌握藏族基本的家庭生活知识、生产知识和社会知识； （2）尊重学生的自身经验，以学生接触到的人、事、物以及所属的族群与文化等为基础，增进学生生活经验，充实学生生活技能； （3）了解藏族的各种禁忌，理解其形成的历史渊源及对自己生活的意义； （4）了解藏传佛教的历史，理解它对藏民族生存的意义
过程与方法	（1）初步具备运用这些地方性知识解决生活中遇到的问题的能力； （2）认识人与环境的关系，了解藏族处理人与自然关系的基本知识，并逐步养成保护自然环境的习惯； （3）认识到地方性知识的学习不仅是一个认知过程，更是一个实践过程； （4）发展感受、观察、体验、参与地方社会生活的能力； （5）在地方性知识的学习过程中培养同他人合作探讨问题和共处的能力； （6）初步形成正确处理宗教信仰与热爱祖国之间关系的能力
情感态度价值观	（1）逐步了解藏汉的历史渊源及发展历程，形成对藏民族的认同感； （2）通过历史的学习，弄清藏族之间的渊源关系，树立"中华民族多元一体"的理念，增强对国家的认同感和责任感； （3）养成积极的生活态度

第四节　民族地区地方课程内容研究

课程内容在整个课程活动中起着十分重要的作用，课程内容是课程目标的载体，是课程实施和评价的基本依据。正因如此，有研究者将全部课程问题看作是课程内容问题。认为从一定意义上说，全部课程问题就是内容问题，课程的设计、课程的目标、课程的评价以及课程的实施，都可以理解为围绕着课程内容的安排及其结果展开的。① 但在课程内容选择的过程中，总有一些内容让人难以决策。即使仔细研究了各种需求诊断的信息，即使课程开发的各个专家参加的研讨会召开了好多次，对有关内容的取舍问题讨论过若干次，你仍然会发现还会面临不少课程内容选择的问题。因为不仅要考虑学生的需要和学生的年龄特征，又要考虑课程内容的

---

① 丛立新：《课程论问题》，教育科学出版社 2000 年版，第 285 页。

重要性和对学生身心发展的影响程度，还要考虑学生生存的环境等诸多因素。这就要求课程开发者在做出决策之前必须做到：①确定课程内容选择的标准；②排列课程内容的顺序；③组织课程内容的形式。① 这样才能基本保证学生通过课程知识的学习身心得到应有的发展。

一 课程内容选择的标准

关于民族地区地方课程内容的问题，如表5-9所示，本研究设计了正反两个题项对教师进行了调查，81.5%的教师认为当地开发的地方课程内容应以本民族的知识为主，只有3.1%的教师不同意这一观点。在反向题中，有92.2%的教师不认同题项的说法，也只有3.1%的教师同意题项的说法。从正反两方面的应答信息中，我们可以看到，绝大多数教师认为民族地区地方课程的内容应以本民族的知识为主。然而，藏族又是一个有着悠久历史的民族，悠久的历史积淀了浩如烟海的地方性知识，有自然的、社会的、显性的、隐性的；它的教育价值也是多方面的，有人文性、科学性；有德育的、美育的；有人力的、物力的；有实物的、虚拟的等。面对如此丰富的文化资源，为民族地区地方课程开发提供了广阔的空间。尽管如此，并不是所有的资源都是课程资源。因此，我们应清楚地认识到课程资源不是一个粮仓，直接为课程提供取之不尽的食粮，而是一座矿山，需要挖掘和开发。但我们不可能做到让学生去学习我们获得的所有信息和素材。无论从理论上还是实践中讲，这样既没有必要，也没有可行性。因此，我们就应该考虑内容选择的标准。综合各个课程流派的观点，我们认为课程内容选择的标准应该包括以下6个方面。

表5-9　　　　　　教师关于地方课程内容的认识　　　　　　单位：%

题　项	选项				
	非常不符合	不符合	说不清	符合	非常符合
当地开发的地方课程内容应以本民族的知识为主	3.0	0.1	15.4	73.8	7.7
我不同意"地方课程内容以本民族文化知识为主"这种说法	7.0	85.2	4.7	3.0	0.1

---

① ［美］大卫·G.阿姆斯特朗：《当代课程论》，陈晓端主译，中国轻工业出版社2007年版，第166页。

（一）目标的指向性

如前所述，课程内容与课程目标存在必然的对应关系。因此，民族地区地方课程的内容首先应当体现课程目标的具体要求。研究认为，民族地区地方课程的目标具有开放性的特点，既有预设性的目标，也有生成性的目标。这种目标的导向就要求民族地区地方课程内容也必须既有规定性的内容，也有自由空间，这些自由空间就是为课程内容的进出提供机会。因为课程资源的挖掘不是一件一蹴而就和一劳永逸的事情，而是一个持续不断的过程。可以说，人们对学生和课程的认识发展到哪里，课程资源就会挖掘到哪里。

（二）合法性

材料的合法性主要是指进入课程的学习材料首先必须符合国家的政策法律。关于民族地区地方课程的内容也必须在国家民族政策和教育政策的范围内进行选择。其次，必须符合我国教育方针和目标的要求。最后，还应该符合素质教育的总目标。

（三）重要性

一般来说，在选择课程内容时应该不断去追问这样两个问题：一是学习和掌握这些知识对学生进一步学习该领域的知识是否非常必要；二是学习和掌握这些知识是否能促进学生其他领域的学习。

第一个问题实际上是要求课程开发者所提供的课程内容要为学习者学习更高深的知识打下基础。比如说，培养学生的阅读能力就能够帮助学生阅读和理解其他学科中复杂的材料。因此，只有课程内容中包括了足够的基础知识，学习者在后续的学习当中就不会因为缺乏必要的基础知识和技能而造成学生学习的障碍。

第二个问题的目的是寻求能够证明对学习者有用的内容，并将其融会贯通，从而超越获取信息的环境。一般而言，对这类知识的鉴别比对基础知识和基本技能的鉴别要难得多。课程开发的领导者需要向课程专家、学习理论专家、教学心理学、当地的文化精英（包括宗教界人士）、学生家长、教师、学生等一些人士寻求帮助。但是通过这些意见的整理和统计，我们发现许多专家、文化精英、学生家长、教师、学生等对于什么知识最重要，什么知识能够促进学生进一步发展看法不一。所以，作为课程开发的领导者，我们必须要有关于这一问题不断讨论、争辩和筛选的思想准备，切忌一次性完成。

（四）真实性

所谓真实性是指课程内容的可靠性。民族地区地方课程内容的真实性要求所有纳入课程的知识都必须是民族地区地方性知识，也就是说课程中所有的案例和故事都必须是鲜活的。还有一个问题就是课程内容的准确性问题，要避免课程内容出现错误，尤其是常识性和原则性的错误。为什么会提到这个问题呢？因为访谈中我们发现，许多教师对于基础教育除人教版以外的几个版本的课本的共同意见是"错误太多，新版本的课本刚发下来，紧接着就会发一个关于纠正课本内容错误的小本子"。这种关于课程内容的错误问题在民族地区地方课程开发中应予以重视，因为它将会影响公众对学校教育的信心。

（五）实用性

实用性主要是从课程内容的用途角度来说的。以学科为中心的课程编制通常以学习内容是否能使学生未来受用为标准；而以学生为中心的课程编制则以学习内容是否能帮助学生获得一种确切的自我认同感、是否能帮助学生找到生活的意义和是否有助于学生潜能的发挥作为标准。民族地区地方课程内容选择的一个主要标准就是课程内容不仅应对学生的未来社会有用，更重要的是要对当下生活有用，也就是说这种课程内容不仅能使学生提高未来生活的生存能力，也要使学生在当下生活中感受到幸福。

（六）适合学生的特点

从汉族地区地方课程开发中我们发现，许多课程内容实质上是课程决策者根据自己的喜好和认识选择的，对学生个体的特点考虑不够。我们认为，选择课程内容非常重要的一个需要关注的要素就是适合学生，选择适合学生的课程内容。需要研究者考虑这样两个方面的问题：一是处理好课程内容的难度问题；二是课程内容要能激发学生学习的兴趣。第一个问题就是要考虑学生的年龄、智力发展水平以及学生先前的学习经验。为了确定这些内容是否适合目标学习群体，就必须进行跟踪调查。当然，这中间还有许多因素需要考虑，如是不是教学方法和教学设备的问题，学校是否重视这门课程等。第二个问题是课程内容是否考虑到了学生的学习兴趣。这些问题不仅要课程开发前做一些相关的调查研究，而且要在课程实施中做一些调查研究，还应该随着时代的发展做一些调整。

另外，还应该保持地方课程内容选择的开放性。我们在依据课程目标、选择课程内容的过程中要特别注意的是：课程内容与课程目标之间应保持一定的灵活性。开放性就成为地方课程内容的基本特性，而这一特性也就从根本上要求课程内容的选择必须具有灵活性。地方课程内容具有这样的灵活性，使我们的地方课程更紧密地贴近时代和现实社会，从而极大地调动学生学习积极性。地方课程内容处在一个开放的状态，就能够使地方课程随时吸纳最新的或学生特别感兴趣而又未纳入的地方性知识。这样，地方性知识在地方课程中有进有出，使地方课程既充满活力，又具有时代性。

二 "目标—内容"型课程内容的框架

关于"目标—内容"型课程内容的研究是在假设民族地区地方课程目标的设置和陈述已经达到了一定程度的合理化和具体化的情况下进行的。基于目标模式下的民族地区地方课程内容的分析框架，是在综合考虑民族地区学生的现实与未来的需要、地方性知识的特点等（这些需要和特点都凝结在课程目标中）因素的前提下，从内容对目标实现的适切性和效率出发来建构民族地区地方课程的内容。由于课程目标具体性的指引，也使"目标—内容"分析框架下，民族地区地方课程内容的落实成为可能。下面我们就尝试运行民族地区地方课程内容建构的"目标—内容"分析框架，来分析民族地区地方课程内容的构成要素。

（一）"知识与技能"目标对应的课程内容

表 5–10　　　　"知识与技能"目标对应的课程内容

"知识与技能"目标	内容
掌握藏族基本的家庭生活知识、生产知识和社会知识	生产生活知识（如放牧知识、挤奶知识等）、天文算历知识、医学知识、建筑知识、生态保护知识；称谓知识、历史知识、宗教知识、法律知识、禁忌知识；语言文学知识、艺术知识、节日知识、体育知识
尊重学生的自身经验，以学生接触到的人、事、物以及所属的族群与文化等为基础，增进学生生活经验，充实学生生活技能	这是一个生成性的目标，随着学生的经验和学生接触到的人、事、物的不同，学生生活经验的增进程度，学生生活技能充实和提高程度也会有一定的差异。课程内容能够做的就是为学生创造与人、事和物接触的机会和条件
了解藏族的各种禁忌，理解其形成的历史渊源和对我们生活的意义	语言禁忌形成及对生活的意义；宗教禁忌形成及对生活的意义；礼仪禁忌形成及对生活的意义；婚姻禁忌形成及对生活的意义；生活禁忌、形成及对生活的意义；服饰禁忌形成及对生活的意义；生产禁忌形成及对生活的意义；饮食禁忌形成及对生活的意义

续表

"知识与技能"目标	内容
了解藏族的伦理道德知识，深刻理解其文化内涵	藏族的美德包括善良、仁慈、怜悯、团结、精进、智慧、和平、耐心、毅力、普度众生等；深刻理解藏传佛教中"以善报恶，以德报怨，以爱报恨，以怜悯报凶残"的文化内涵和松赞干布提出的"做人准则"
了解藏传佛教的历史，理解它对藏民族生存的意义	藏族苯教的发展历史，佛教与苯教的融合和斗争的历史与藏传佛教的发展历史

（二）"过程与方法"目标对应的课程内容

表 5-11　　　　"过程与方法"目标对应的课程内容

"过程与方法"目标	内　　容
初步具备运用这些地方性知识解决生活中遇到的问题的能力	放牧的知识、挤奶知识、礼仪知识、医学知识
认识人与环境的关系，了解藏族处理人与自然关系的基本知识，并逐步养成保护自然环境的习惯	环境保护的知识、人与自然关系的知识、自然崇拜方面的知识
认识到地方性知识的学习不仅是一个认知过程，更是一个实践过程	绘画知识、雕刻知识、舞蹈知识、体育知识、唐卡制作的知识
发展感受、观察、体验、参与地方社会生活的能力	这也是一个生成性的目标。课程内容需要做的就是为学生感受、观察、体验、参与地方社会生活创造机会和条件。包括参加一些宗教活动、环境保护活动、节日集会和体育活动等
在地方性知识的学习过程中培养同他人合作探讨问题和共处的能力	环保的知识、印刷的知识、礼仪方面的知识、舞蹈知识、歌唱的知识
初步形成正确处理宗教信仰与热爱祖国之间关系的能力	宗教知识、历史知识

(三)"情感、态度与价值观"目标对应的课程内容

表5-12　　"情感、态度与价值观"目标对应的课程内容

"情感、态度与价值观"目标	内　　容
陶冶情操,形成积极的生活态度	文学知识、艺术知识、人与自然关系的知识,丧葬习俗知识、关于生命和死亡的知识
逐步了解藏族的历史渊源及发展历程,形成对藏民族的认同感	藏族的历史发展方面的知识,包括藏族名称的来历、藏语的形成及发展和藏民族的形成和发展方面的知识
通过历史学习,弄清藏族之间的渊源关系,树立"中华民族多元一体"的理念,增强对国家的认同感和责任感	藏汉民族关系的知识(参见多识仁波切《藏学研究甘露》,甘肃民族出版社2003年版)

从上述"目标—内容"型课程内容的框架中我们可以看到,一个目标需要几种知识才能实现,一种知识随着对他们认识程度的不断深入也可以同时实现几个目标。总之,虽然新课程改革将课程目标分成了"知识与技能"、"过程与方法"、"情感、态度与价值观"三个层次和类型,但这三种又是一个不可分割的有机统一体,而地方性知识也是以整体的形式在地方人的生活中出现的。从这个意义上说,虽然研究将目标和内容进行了分类,然而在课程实施过程中,完全可以不受这种分类的限制,可根据实际情况对目标进行必要的整合和拆分,对课程内容进行增减。

三　民族地区地方课程内容的组织形式

(一) 课程内容排列的一般顺序

应该以什么样的顺序,把彼此孤立的教学内容有序地呈现给学生呢？一般来说,课程内容的呈现主要会关注知识本身的逻辑和学生自身的特点这两方面的内容。目前,关于课程内容的编排主要有以下五种方式。①

1. 部分—整体序列

部分—整体序列(part-to-whole-sequencing)方式又称为"简单—复杂模式",按这种方式来组织内容,就必须依据以下步骤来安排内

---

① [美]大卫·G.阿姆斯特朗:《当代课程论》,陈晓端主译,中国轻工业出版社2007年版,第171页。

容：先易后难、由浅入深。这种方法的基本假设是：学生只有牢固掌握先前的学习内容，才能进行后续的学习。数学和外语往往采用这种编排方式，因为数学和语言的学科内部逻辑本身就支持了这种序列方式：学生必须掌握学科中较为简单的内容，才能进一步掌握学科中更为复杂的内容。

2. 整体—部分序列

整体—部分序列（whole-to-part-sequencing）方式正好与部分—整体序列方式相反。先教给学生的是这门课程的全景图，然后再对构成整体的部分进行教学。有些学科在运用这种序列方式处理后反而更有意义。地理课通常就是按照这种方式来组织的。比如《世界地理》这门课一开始就是世界概览，然后慢慢引入气候、地形地貌、河流海洋等相关概念。接着就要深入学习世界区域划分，之后才会去介绍不同区域内国家的状况。

3. 时间序列

时间序列（chronological sequencing）这种方式主要是按照时间的推进顺序来安排内容的。这种方式在某些课程中很管用，但并非适合于所有课程，历史课通常采用这种方式。在课程内容组织安排完成后，那些先发生的事情理所当然地先得到安排。除了历史还有政治（高中政治中的某些模块）也会采用这种方式。

4. 主题序列

运用主题序列（thematic-topic-sequencing）的领域，要求领域内的各个主题之间对彼此都不太依赖。如高中政治中政治经济学、马克思主义哲学就可以分成不同专题进行学习。小学语文可以从微型故事、作文、戏剧和诗歌等方面开设独立的主题进行教学。由于这些主题彼此的依赖性不强，所以先学哪个后学哪个并不会影响学生对知识的理解和掌握。这种序列课程中主题之间和主题内部的排列顺序也可以运用其他序列。

5. 外部限制序列

按照外部限制序列（external-constraint-sequencing）这种排序方式对课程内容进行处理时并不是根据课程内容本身和学生需要而进行的。这些外部限制要求课程在特定的时期当中，必须包含某些内容。比如，植物学中关于花的内容就应该选择在当地开花的季节进行。以田野生态教学为特色的高中生物课程必须在服务于多家学校的室外教育试验场所当中进行，那么这门课程的内容安排在很大程度上就受到该教育试验场所的可利用时间的限制。

事实上，在进行课程编排时往往要综合使用以上模式，才能做到既照顾学科逻辑，又照顾学生特点。

（二）民族地区地方课程内容的组织形式

从目标的拟定、内容遴选、组织和表现方式的维度分析，本书认为，民族地区地方课程应以综合性课程为主。若地方课程仍以分科形式为主组织内容，地方课程的开设则失去了价值。因为"从课程内容上看，地方课程不同于国家课程中的学科课程，它不刻意追求理论知识的系统性、连贯性和深刻性，及其对学生智力发展的认知功能，但它特别强调课程内容的现实性"。①"在内容设计上，地方课程应具有突出的现实性，以专题和综合的形式组织内容"。② 鉴于此，在综合分析民族地区地方课程内容特点和学生实际的基础上，本书建议民族地区地方课程应选择以主题为中心的组织方式和以问题为中心的组织方式。

1. 以主题为中心的组织方式

"当一事件越具有意义，越深入或越精致地处理，越能置于情境脉络，越植基于文化、背景以及个人的知识中，便越容易理解、学习和记忆"。③ 一般而言，最易于获得的知识是统整琐碎的细节成为一整体的观念。在现实情境中，我们所了解和应用的知识并不是在学校中界定的不同区域的知识，而是统整在真实问题和议题的情境中的知识。民族地区地方课程强调要进入学生的文化与生活领域，要以学生为起点进行课程的设计。从这个意义上说，民族地区地方课程不是单一的课程，而是一种跨学科的课程，一种整合的课程。正因为如此，民族地区地方课程内容组织的有效方式是进行课程的统整，将地方性知识置于民族文化的情境脉络中，以便使学生接近和更易感受到它的意义。民族地区地方课程设计是以涵盖学生个人关注与地方社会关注所交集的主题为依据，以主题或问题为核心，来帮助学生了解地方性知识和培养学生综合的问题解决能力和探究精神。

在课程内容的组织中，主题是指不同内容共同指向的核心问题。以主题为中心，组织课程内容意即选取和确定一个主题，并将与该主题相关的

---

① 卜玉华：《课程理念的历史透视与重建》，《华东师范大学学报》2001年第3期。
② 谢艺泉：《教师参与课程发展：权与责》，《比较教育研究》2003年第2期。
③ 詹姆斯·本克：《课程统整》，单文经等译，华东师范大学出版社2003年版，第12页。

内容组织起来，显然这种课程内容的组织方式与分科课程的那种纯粹以逻辑关系或价值关系为依据组织课程内容的方式有了显著的区别，这意味着通过这种形式组织的课程内容将是综合的、去边界的。以主题为中心组织课程内容在综合课程的实践探索中已经取得了诸多丰富的经验和成功的范例。主题的确定以及相关内容的选择和组织需要教师作出周密的设计，同时更需要学生的积极参与，即主题是由教师和学生共同设计开发的。在以主题为中心选择和组织课程内容的过程中，人们往往会陷入如何精选课程内容的迷惘之中。对于这一问题的解决尽管没有一个一以贯之的标准或模式，即课程内容的选择和组织往往需要在特定的情境中进行，但是我们至少应当明确，基于主题的课程内容选择和组织并不是制造出一个无所不包的"大杂烩"来，而是应在一定的逻辑关系或价值关系中组织课程内容。① 一般来说，主题的生成要考虑：①主题之前先有学生；②考虑主题对学生的价值；③从学生角度考虑学生的生活与社会的关系；④从综合角度研究课程知识；⑤资源的可获得性；⑥根据活动展开过程和活动情境的需要不断生成新主题。② 以主题为核心进行课程内容统整有以下几个步骤。

（1）确立主题。主题的确定是以主题为中心的组织课程内容的第一步，也是最重要的一个环节。因为藏族的地方性知识是丰富多彩的，所以藏族地区地方课程的主题的选择空间也是非常大的。主题内容更多时候是从生活中的关注点所萃取出来，或从地方或社区的资源与文化遗产中获得，如各种节日活动或地方民俗活动（礼仪习俗、婚丧习俗、信仰习俗等）。主题还可源自于社会问题或议题，如"我和我的祖国"、"民族文化保护与传承"等，也可以是学生自身的议题或关注的事项，如"我是藏族人"、"藏族人生活中的狗"、"藏族人与转经筒"等。其中，学生所关心的事项和社会议题两种来源更为重要。毕竟，个人和社会的各种问题，是构成生活的主要因素，也是年轻人用于组织知识和经验的架构。因此，主题的确定必须考虑与学生有关的问题与议题，必须考虑学生生活世界的主要层面，并能激发学生动态的和创造的行为。总之，在确立主题时应以真实世界中具有个人或社会意义的问题为主，使主题意义化；设计、组织

---

① 有宝华：《综合课程论》，上海教育出版社2002年版，第151页。
② 李臣之：《综合实践活动"主题设计"探讨》，《教育研究》2002年第4期。

与统整主题有关的学习经验以及课程知识或活动，使主题脉络化；促使学生将课程经验统整到自己的意义架构中，并亲身经历解决问题的方法，使知识意义化。主题的决定可由教师提出初步构想再与学生共同研讨，或由学生提出各种想法再与教师共同商讨，或由师生共同拟订。教师可根据学生的身心发展水平，灵活地选择确定主题的方式。在确定统整主题之后，教师还应围绕该主题查阅各种资料，通过集体讨论，确定与统整主题有关的次主题，其基本脉络为统整主题—中心主题—主题活动—具体活动内容。

（2）主题中心组织方式举例。笔者与甘南夏河甘加寄宿制中心小学和夏河藏族小学六位老师和 22 位学生经过多次商讨，尝试设计了一个关于草原的主题——"我与草原有个约定"。

"我与草原有个约定"

一　主题来源：学生、老师和研究者共同商讨确定。

二　主题活动目的：

（一）认识草原及其对藏族人的意义；

（二）了解藏族人先辈们对草原的认识和保护草原的措施；

（三）了解草原生态面临的问题；

（四）学习保护草原的知识和能力；

（五）培养爱护草原、保护草原的意识和感情。

三　主题活动步骤及内容：

（一）学生通过查阅书籍、网络，询问专业人士等了解草原形成的自然原因及草原对藏族人生存生活的意义。

思考与讨论：形成书面材料，并分小组进行报告。

（二）学生通过查阅书籍、网络，询问当地文化人等了解藏族人先辈们对草原的认识和收集他们保护草原的有关知识，进一步理解"藏族人把草皮比作人脸"的深刻意义以及保护草原的各种禁忌。

思考与讨论：形成书面材料，并分小组进行报告。

（三）老师就上述两个问题发表自己的见解，并与学生进行讨论，最后形成一个师生共同认可的报告。

（四）组织学生观看 10 年前或 30 年前关于草原的影片或图片，然后让学生将其与今天他们生活的草原进行比较，从中发现了什么？并试着归纳原因。

思考与讨论：分小组进行报告。

（五）老师和学生一起查阅保护草原生态环境的有关知识，并在课堂上进行交流和分享。

（六）老师和学生各自就该主题的学习写一个总结报告。

2. 以问题为中心的组织方式

以问题为中心的组织方式，此处所谓的问题是指与学生相关或能够引起学生兴趣的现实问题和现象。因此，我们也可以将这种内容的组织方式称为"以现象为中心的组织方式"。以问题为中心组织课程内容意即确定一个与学生相关或能够引起学生兴趣的社会、生活以及其他活动中的问题或现象，并以此组织相关的课程内容。这种组织方式与以主题为中心的组织方式既有联系又有区别：其联系在于二者皆通过确定某一核心问题来组织课程内容；其区别在于主题其实是对诸多现象的抽象和概括，它反映的是事物的普遍性，而以主题为中心组织课程内容遵循了由抽象到具体、由演绎到归纳的逻辑；而问题则是对事物现象的表述，它反映的是事物的个别性，而以问题为中心组织课程内容遵循了由具体到抽象、由归纳到演绎的逻辑。[①] 如在藏族地区我们可以设计"藏族人为什么要'供饭'？"、"煮羊肉为什么要用羊粪做燃料？"、"我们为什么喜欢住在帐篷里？"等这样与生活密切联系的问题，还可以设计如"我为什么不喜欢上学？"等个人和社会都比较关心的问题。需要强调的是，这些问题的选择一定要在尊重学生意见的基础上，由师生商讨后，共同拟订。

第五节　民族地区地方课程实施研究

关于课程实施，研究者有不同的诠释。概括起来主要有以下三个方面。第一，课程实施是对设计和开发出的课程进行改造和创新的过程。这一含义的前提假设是设计和开发出的课程与课程实践之间存在一定的距离，要将设计和开发出的课程转化为课程实践，需要一个对其进行改造和创新的过程。第二，课程实施是一种对设计和开发出的课程实践运作的活

---

① 有宝华：《综合课程论》，上海教育出版社2002年版，第152页。

动。第三，课程实施是课程设计和开发过程中的一个环节。[①] 这三种诠释都是从特定的视角表述了课程实施的部分特性。本书认为，从程序上讲，课程实施是课程设计和开发过程中的一个环节和一种对设计和开发出的课程实践运作的活动。从内涵上讲，课程实施是对设计和开发出的课程进行改造和创新的过程。

一 民族地区地方课程实施的影响因素

课程实施是一项复杂的活动，有许多因素影响其实施的效果。影响课程实施的因素可以分为三大类，即课程内部因素、学校内部因素和学校外部条件。[②]

（一）课程内部因素

课程内部因素主要是指课程"预设文本"的状况。所谓课程"预设文本"，是指在课程实施之前，由课程编制者依据学生学习需求、课程资源及课程理念等开发和设计的课程文本。从课程实施的角度来看，我们可以将这种预设的课程文本称为"粗糙范型"。只有通过课程实施和课程评价活动的不断验证和修订，这种"粗糙的范型"方可成为相对完美的课程形态。显然，课程实施与课程的"粗糙范型"之间存在双向影响与制约的关系。课程"预设文本"对课程实施的影响主要表现在三个方面：第一，课程目标的影响。课程目标的确定以及课程目标表述的清晰程度，即已经作为课程开发成果的课程目标能否清晰地将课程设计的思想观念表述出来，并且能否使课程实施者准确地、不产生歧义地理解和把握这些目标，直接影响到课程实施的效果。第二，课程内容的影响。课程内容对课程实施的影响主要表现在课程内容与课程实施条件的匹配程度，即课程内容所规范的课程资源以及其他形式的内容能够在现实的课程实施条件下顺利地转化为教学资源。第三，课程评价的影响。课程评价对课程实施具有导向作用，课程评价关注哪方面的内容，课程实施就会在哪方面多下功夫。如果课程评价强调过程性的东西，课程实施中就会注重过程性，如果课程评价注重结果性的东西，课程实施也就会只关注结果，而不去重视过程。如表5-13所示，藏族地区教师认为"影响地方课程实施的课程内部因素"主要包括：课程目标、课程内容和课程评价。其中，影响因素

---

① 李子建、黄显华：《课程：范式、取向与设计》，香港中文大学出版社1994年版，第311页。

② 有宝华：《综合课程论》，上海教育出版社2002年版，第157页。

最大的是课程评价，占 84.3%，排在第一位。其次才是课程目标和课程内容。

表 5-13　　　　影响地方课程实施的课程内部因素　　　　单位:%

题　项	排列顺序			
	1	2	3	4
课程评价	84.3	22.6	2.1	11.0
课程目标	25.2	73.5	0.5	0.8
课程内容	6.1	3.3	9.5	81.1

（二）学校内部因素

影响课程实施的学校内部因素主要包括教师、学校管理者、学生、学校的物质条件以及学校制度等。其中，教师是影响课程实施的关键因素。教师的投入意识、专业素养、创新意识和合作精神都将对课程实施产生直接的影响。学生和教师一样也是影响课程实施的关键因素。学生的主动参与意识、能力及学习的方式方法也将对课程实施产生重要影响。在学校管理层中，校长和教研组长是对课程实施影响较大的角色，他们在课程实施过程中的创新意识以及对课程实施的组织、协调能力，是影响课程实施的主要因素。如表 5-14 所示，藏族地区教师关于"影响地方课程实施的学校内部因素"的看法为：影响地方课程实施的学校内部因素主要有校长、教师、学生和学校的物质条件。按影响程度的大小排序，从大到小依次是校长（84.3%）、教师（73.5%）、学校的物质条件（85.9%）、学生（81.1%）。

表 5-14　　　　影响地方课程实施的学校内部因素　　　　单位:%

题　项	排列顺序			
	1	2	3	4
校长	84.3	22.6	2.1	11.0
教师	25.2	73.5	0.5	0.8
学生	6.1	3.3	9.5	81.1
学校的物质条件	2.1	5.0	85.9	7.0

（三）学校外部因素

对民族地区来说，影响地方课程实施的学校外部因素主要有国家对待民族文化的态度、国家在民族地区的课程政策以及普通民众对当地学校教育的期望和参与程度。如果国家重视民族文化的保护和传承，就会在国家层面上以制度的形式督促、鼓励和保障民族文化的学习，民族地区的课程政策中也会在民族文化课程的开发等方面给予一定的支持和保障。另外，普通民众对当地学校教育的期望和参与程度也是影响民族地区地方课程实施的一个重要因素。因为地方课程的开设和学习不是靠学校单方面就能很好地完成的，必须要有家长和社区的参与。也可以说，当地文化人的参与和配合程度直接影响地方课程的实施效果。

二 民族地区地方课程实施的价值取向

民族地区地方课程实施不仅仅是将一个具体的课程方案付诸实践的过程，它本身也是一个不断变革的动态过程，更是一个创造条件实现课程创生的过程。

学者们关于课程实施价值取向的研究已经很多。靳玉乐教授将课程实施的价值取向归纳为四种取向：得过且过取向、忠实取向、相互调适取向和课程缔造取向。[1] ①得过且过取向。得过且过取向是一种最保守的做法，它往往避开矛盾和问题，在实施过程中临时做出决定，因而其方向不太明确，难以达成预期的目标。持这种取向的教师往往是悲观主义者，对课程计划的重要性和实现预期的课程目标持怀疑态度。②忠实取向。忠实取向又称程序化取向，它强调课程实施者应"忠实"地反映课程设计者的意图，按照课程设计者建立起来的一套程序和方法将课程计划付诸实践，只有这样，才能达到预期的课程目标。采取忠实取向的教师往往把课程知识的建构看成是课堂外的专家的事情，自己只是消极的执行者，把专家研制出的课程付诸实践是自己最主要的职责。③相互调适取向。相互调适取向强调的是课程实施过程本身的变化过程，注重课程设计和课程实施之间的相互调适。主要有以下三种调适方法：一是局部调适，课程实施者只对课程计划进行部分调整，以适应课程设计者的意图。二是双向调适，课程设计者和课程实施者双方都或多或少地改变一些看法和做法，以便能适应双方各自不同的情况，从而使课程变革更有针对性和实效性。三是课

---

[1] 靳玉乐：《新课程改革的理念与创新》，人民教育出版社2003年版，第135—136页。

程实施者可以根据自己的旨趣以及面临的实际教育情境，做出课程变革。④课程缔造取向。课程缔造取向关注的是师生的课程建构问题，认为师生是课程知识的创造者，他们应当致力于课堂中自然发生的课程问题。因此，它特别注重课程实施过程中的文化背景和价值认同等。这种取向是建立在课程实施者个人的教育观念之上的，强调批判性对话和主体意识的觉醒，因而，其成败的关键与课程实施者的课程设计能力关系很大。

民族地区地方课程的开发，从目标的拟定到内容的选择等都是设计者和实施者共同参与其中，所有阶段性成果都是在开发小组集体不断研究、讨论和意见整合的基础上形成的，而且还特别强调课程目标的生成性和内容的开放性。鉴于民族地区地方课程的这种特殊性，本书认为，民族地区地方课程实施不应是一个忠实执行课程方案的过程，而是一个不断变革的动态过程。在课程实施中应持相互调适的取向，强调课程实施过程本身的变化，课程设计和课程实施之间的相互调适。民族地区地方课程的实施还应是一个课程创生过程，是师生在具体情境中联合缔造新的教育经验的过程，在课程实施中应特别注重课程实施过程中的意义诠释和价值认同。

三 民族地区地方课程实施的途径

民族地区地方课程实施是一个复杂的互动的过程。对于地方性知识来说，整个民族地区是一个充满生机和活力的教育场景，所以民族地区地方课程的实施应该从民族地区的教育现场出发，尽量用鲜活的事件来与学生进行交流、对话和沟通，并在实施过程中不断地去修整和完善课程目标，增减课程内容。民族地区地方课程实施的途径主要应包括两个方面。

（一）课堂教学

一提到课堂教学，大家脑海中立刻会浮现出端坐静听；一个人在上面滔滔不绝地讲，一群人在下面忙忙碌碌地记；一声提问，一声应答，没有交流，没有讨论，没有辩驳和争鸣等熟悉的景象。也难怪大家会这样想，因为这种课堂教学在中国持续的时间的确太长了。几乎各个领域学者都从不同角度对这种异化的课堂教学形式进行过批判。叶澜先生针对这种课堂教学形式对学生发展的影响喊出了"让课堂焕发生命活力"。[1] 王鉴教授在深入分析这种课堂教学形式种种弊端的基础上发出了"从知识课堂向

---

[1] 叶澜：《让课堂焕发出生命活力——论中小学教学改革的深化》，《教育研究》1997年第9期。

生命课堂转化"的呼吁。① 随着新课程改革的深入，人们对课堂教学的认识也正在发生着变化。

课堂是一个教学的场域，在这里发生什么与教师、课程内容、学生和教室设备等因素有很大的关系，这些因素中人的因素，尤其是教师的观念和能力起决定作用。如果教师把课堂看成一个学习共同体，他必然会强调课堂教学中对话、讨论、辩驳和争鸣；如果教师认为课堂仅仅是一个学生学习知识的地方，这里必然会发生端坐静听和"一言堂"的专制局面。本书将课堂教学作为民族地区地方课程实施的重要途径的前提条件是，课堂是一个学习共同体，课堂教学的形式可以根据学习内容随时进行变化。根据民族地区地方课程的目标和内容的特点，本书建议民族地区地方课程的教学主要应采用对话教学和探究教学形式。

1. 对话教学

以往我们主要是在师生平等的层面上来探讨对话教学的含义、策略及对学生发展和教师专业成长的影响的。本书主要想从文化的视角审视对话教学，这种视角必然打破以往课程的文化中心主义，进而实现文化身份的平等，把课程当作一种多元"文本"来解读。这种视角为师生在课堂上平等交流提供有力的理论支撑。课程作为文化的因子，具有文化的一般特征，文化对课程的影响是潜移默化的，并且以"深层结构"的方式存在其中。如何实现民族地区地方课程的互动和创生，对话教学是一条重要的途径。对话教学本质上是一种以理解、交流、合作等为基础的知识建构活动，是一种对话文化的重建。在教和学的社会关系中，师生之间不再是绝对真理与绝对服从的关系，而是平等的"你我"关系，双方互相尊重、互相信任、真诚交往，共同探求真理、交流人生体验。② 除此之外，民族地区地方课程目标的生成性和课程内容的开放性也必然要求课堂教学要进行交流和讨论。事实上，民族地区地方课程实施中对话教学的形式也是学生的心愿。如表5-15所示，83.2%的学生都希望老师能让他们在课堂上讲一讲他们所了解的藏族文化知识。因此，本书认为将对话教学作为民族地区地方课程实施的一种途径不仅在理论上是合理的，在实践中也是可行的。而且民族地区地方课程实施中的这种对话的教学方式还有利于学生知

---

① 王鉴：《课堂研究概论》，人民教育出版社2007年版，第75页。
② 靳玉乐：《新课程改革的理念与创生》，人民教育出版社2003年版，第79页。

识的增加和能力的提升、教师的专业发展、师生友好关系的建立，更有利于民族文化的传承和创生。

表5-15　　　　　　学生关于地方课程教学方式的认识　　　　单位:%

题项	非常不符合	不符合	说不清	符合	非常符合
我希望学校能请一些有丰富文化知识的人给我们讲一讲藏族的历史和故事等	2.1	4.3	4.6	42.8	46.2
我希望学校能抽时间组织我们去学校外面学习一些藏族文化知识	1.2	3.0	8.1	47.2	38.9
在藏族文化课程上，我希望老师也能让我们讲一讲我们所了解的藏族文化知识	0.3	5.4	11.1	44.8	38.4

2. 探究教学

民族地区地方课程强调知识的建构性和生成性，知识的建构和生成必然要求学习者的主动参与和积极探索，而合作探究教学又特别强调学生学习的主动性、批判性和创造性。因此，本书认为，从理论上讲，合作探究学习应该是民族地区地方课程实施中课堂教学的主要方式。因为民族地区地方性知识是一种生成的知识、体验和发展的知识，它不强行要求学生去记忆，更注重体验和感受，还需要质疑和建设。而在探究的过程中，师生对许多问题通过质疑、讨论、辩驳，最后共同进行合作反思，最终达成文化的"共融"，这一过程不仅使师生各方面的能力得到了提升，而且还在不自觉中实现了文化的创生和发展。

(二) 综合实践活动

调查发现，93.3%的教师赞同以活动为主的地方课程的教学方式；91.6%的教师觉得有必要请一些当地文化人来学校给学生讲讲藏族文化（如表5-16所示）；86.1%的学生希望学校能抽时间组织他们去学校外面学习一些藏族文化知识；89%学生希望学校能请一些有丰富文化知识的人给他们讲一讲藏族的历史和故事等藏族知识（如表5-15所示）。从民族地区教师和学生的作答中，我们可以作出这样三个方面推断：第一，学生不满足现存学校课程中对民族文化知识的呈现，学生有进一步学习民族文化知识的需求。第二，课堂教学不是民族地区地方课程实施的唯一途径，许多目标仅靠课堂和教师是不能实现的。第三，民族地区地方课程的实施不仅需要请进来，还需要走出去。

表5-16　　　　　教师关于地方课程教学方式的认识　　　　　单位:%

题项	非常不符合	不符合	说不清	符合	非常符合
我赞同以活动为主的地方课程的教学方式	0	1.3	5.4	77.9	15.4
我觉得有必要请一些当地文化人来学校给学生讲讲藏族文化	0	0.3	8.1	75.2	16.4

民族地区地方课程的实施过程是一个动态的过程，从目标拟定和内容的选择过程中就可以看出它不是一个简单的课程文本的呈现，而是一个注重交流、对话和活动的开放的系统。综合实践活动不仅为学生提供了学习的场所，也为他们施展才能搭建了一个平台。民族地区地方课程的教学空间突破了教室，走向了田野和生活，这样使社区的文化人、寺院的高僧、学生的家长都将参与到地方课程中来，成为教师的助手和学生的问题的解答者。这种多主体参与的实施方式也才能使课程目标的生成性和课程内容的开放性成为可能。

总之，民族地区地方课程实施不仅是一项系统的工程，也是一个开发的系统。不仅涉及学校组织文化、教师文化、学生文化的相互作用而形成的学校文化的建设，而且也需要多方面的人员的参与和政策的支持和保障。不仅需要学校和教师的积极参与，也需要课程专家、地方行政人员、教研人员、社区文化人和家长组成的强有力的积极支持和参与。

第六节　民族地区地方课程评价研究

《基础教育课程改革纲要（试行）》中指出：要"建立促进学生素质

全面发展的评价体系";"建立促进教师不断提高的评价体系";"建立促进课程不断发展的评价体系";"改变课程评价过分强调甄别与选拔功能,发挥评价促进学生发展、教师提高和改进教学实践的功能。"① 这些要求为我们进行民族地区地方课程评价研究指明了方向,提供了依据。评价活动是对价值的反映,离开一定的标准（价值尺度）和具体的事实（价值事实）,就不能对评价客体做出肯定或否定的判断。课程评价是对课程体系的各个部分以及整体系统所进行的各种形式的价值判断。民族地区地方课程评价与一般课程评价有显著区别。正如一位学者指出的,"一种课程评价的情况与另一种课程评价的情况是有区别的,确定课程评价的职责与权限的决策应该与课程评价的背景相适应"。② 民族地区地方课程是教育的文化的选择,它不是价值中立或价值无涉的纯粹知识活动,而是具有浓厚的地方性特色。民族地区地方课程评价的过程本质上体现为一种价值赋予和文化主体的自觉,他要求对文化处境有更深入与更广泛的理解、研究和对话。也就是说,作为"局外人"的课程专家在对民族地区地方课程进行评价过程中,一定要借助"文化持有者的内部眼界"（the native's point of view）,尽可能使课程评价者与课程消费者达成一致,避免"局外人"所带来的强势文化对地方课程的"殖民"。

一 民族地区地方课程的评价取向

课程评价的取向支配或决定着评价的具体模式和操作取向。因此,也可以认为评价取向就是对评价本质的集中概括。民族地区地方课程评价在民族地区地方课程的发展中起着诊断、指导和导向作用,是课程开发的关键环节。民族地区地方课程评价的目的在于对课程进行价值判断,这种判断的主要目的是试图甄别课程开发过程、课程自身以及课程对于学生发展的价值优劣。课程评价的取向,涉及对评价的一些基本看法。不同的评价观会表现出不同的评价取向,也将产生不同的评价结果。根据民族地区地方课程的特点,本书认为民族地区地方课程的评价应坚持以下取向。

（一）人文取向的评价

人文主义的评价观是一种与科学主义相对的评价观。其倡导者非常重视环境对课程的影响以及课程运行的整个过程,认为在评价过程中,不能

---

① 钟启泉等:《为了中华民族的复兴,为了每位学生的发展——基础教育课程改革纲要（试行）解读》,华东师范大学出版社2001年版,第3—5页。
② 江山野:《简明国际教育百科全书课程》,教育科学出版社1991年版,第169页。

只考虑测试的结果，应该考虑多种因素。它指出，研究课程运行的整个过程是了解课程质量和教学效果的关键。人文主义的评价观倡导一种以质性评价为主的评价方式。这种评价观认为，每个个体相对于自身所处的文化来说都是迟到者。所以每个人的行为，不管你意识到还是没有意识到，它都表现为与你所生存的环境相联系，也就是说你的行为已打上了深深的文化烙印。因此，要真正地理解它们，就必须将它们置身于产生它们的文化之中。评价者在评价的过程中要在实际情况的互动中达成理解。即课程评价主体要以课程设计者和实施者的角度来看待课程实施的结果。

（二）主体取向的评价

民族地区地方课程的评价过程是课程评价者与被评价者、教师与学生共同构建文化意义的过程。因此，我们需要坚持主体取向的评价观。主体取向的评价观认为，评价是一种价值判断的过程，但这种价值是多元的。在评价情境中，不论评价者还是被评价者，不论是教师还是学生，都是平等的主体。这种评价取向认为教师作为课程与教学情景中的"内部人员"在评价中具有主体性，而不是被动的、供"外部人员"评价的对象。学生也是评价的主体，是意义建构过程中不可或缺的组成部分。评价的主体性决定了主体取向的评价是质性的评价而非量化的评价。本质上受"解放理性"所支配的主体取向的评价，倡导对评价的文化情境的理解而不是靠外部强加"控制"与"督促"，而是靠每一个主体对自己行为的"反省意识和能力"。主体取向的评价过程是一种民主参与、协商交往的评价过程，它以文化价值多元、尊重差异理解为基本特征。

（三）过程取向的评价

过程取向的评价强调把课程开发、实施过程中关于教师与学生的全部情况都纳入评价的范围，注重评价者与具体评价情境的交互作用，主张凡是具有教育价值和意义的结果，即使不与预定课程目标相符，都应受到评价的支持、肯定和认可。过程取向的评价本质上是受"实践理性"所支配的，它强调评价者与被评价者的交互作用，强调评价者对评价情景的理解，强调过程本身的价值，把人在课程开发、实施及教学运行过程中的具体表现作为评价的主要内容，对人的主体性、创造性给予一定的尊重。

二 民族地区地方课程评价的基本特征

民族地区地方课程评价的着眼点是民族地区学生的全面发展,所以应以发展性评价为基础。要体现人文关怀,发挥隐性评价的作用,评价要以充分的包容性去支持民族地区地方课程的发展,为其营造一个良好的发展环境。民族地区地方课程的评价也应是一个反馈交流、和谐互动的动态评价过程。

(一) 要具有民族特色

评价要在课程所处的地方经济、社会、文化背景下进行。要始终处在一种动态的弹性评价之中,并能根据文化的发展和变化调整,各项指标是动态的、不断发展的,它的成果也是阶段性成果,是一个"吐旧纳新"地发挥整合作用的过程,要将民族地区的地方课程深深地植于民族文化土壤中进行评价,要充分考虑它的民族性特征。

(二) 评价标准和主体应多元化

学生个性的差异性、地区发展的不平衡性和民族文化的多元性,决定了民族地区地方课程的评价的标准应是多元的。共同的评价标准和评价常模势必影响评价结果的真实性和有效性。为了保证评价的科学性,信息来源的多渠道性,评价主体也应该是多元的。如图5-2所示,民族地区教师认为民族地区地方课程评价主体应该包括教师、学生、家长、课程专家、当地的文化人、地方教育行政人员,而且还强调学生、教师和课程专家是必须参加的主体。民族地区地方课程的评价主体应与具体的评价情境密切相关,因此,本书认为,寺院的高僧也应该参与民族地区地方课程评价。

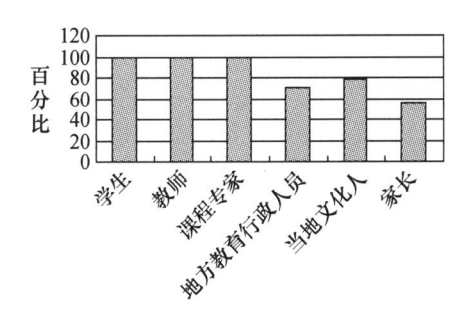

图5-2 地方课程评价小组人员组成

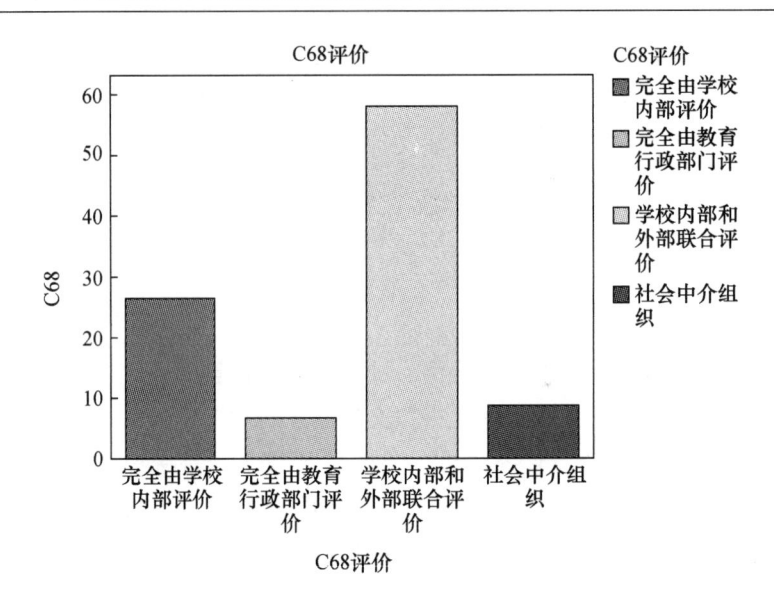

图 5-3 教师对地方课程评价方式的认识

(三) 评价标准应具有动态发展性

传统课程评价的标准常常以预设的课程目标来代替。同时，课程目标又常常游离于课程之外，呈现为静态的一元存在，这种评价标准无法衡量学生动态的发展过程。实际上，课程评价标准应该来自课程本身，在课程设计、课程实施的过程中评价无处不在，并且随着各种因素的变化，课程评价标准也会相应地变化，呈现动态的发展性。在民族地区地方课程的评价中，课程评价标准与学生的学习活动应该是紧密相连、共生共存的。因此，民族地区地方课程的评价标准必须根据学生发展的实际适时调整评价标准，以实现课程标准真正为学生的发展服务。

(四) 评价方式应多样化

民族地区地方课程坚持发展的评价理念，把质性评价与量化评价、形成性评价和总结性评价有机地结合起来，强调评价问题的真实性、情境性。这就决定了民族地区地方课程的评价方式应该是而且必须是多样化的，要将教师评价、学生自我评价、学生互相评价和家长评价结合起来。调查发现（如图5-2所示），58.1%的教师认为民族地区地方课程评价应将学校内部评价和外部评价结合起来。许多教师都认为，"以往的评价都是上级部门用一个标准进行量化，根本不考虑一些特殊情况，地方课程我们参与开发，我们也应该有资格进行评价，如果不考虑教师和学生的意见，地方课程的评价不会有什么新的突破"。有些教师还认为，"实质上，如果有一个水平比较高的中介组织，就是大家比较认可的这种课程评价组织进行评价，我觉得也可能很好，因为这种评价结果与他们没有利益关系，我认为可能会客观一些"。

三　民族地区地方课程评价的内容

学界对于课程评价的理解存在很大的分歧，有的把课程评价与学生学业评价融合在一起，有的把课程评价与学生学业评价划分开来，有的则把课程评价与学生学业评价等同起来。对于课程评价的不同界定将决定课程实施的不同取向，如果把课程评价定义为"测量学生在学业方面实现预期行为目标的程度"，教师就要确立行为目标，并对学生的相关行为进行测量。如果把课程评价定义为"选择和分析有关信息，确定课程决策的方案"，教师就需要收集不同的决策方案，从利弊两个方面进行分析。对课程评价的不同界定也往往会得出不同的评价结论。虽然本书没有给课程评价下一个确切的定义，但本书明确指出，这里所指的课程评价包括学生学业评价和课程本身评价两个方面。

（一）学生学业评价

1. 学生学业评价的基本要求

学生学业评价关注的是学生学习了这门课程以后或学习的过程中，学生自身是否发生了一些变化？哪些方面发生了变化？在班级之间、年级之间、小组之间和学生之间，学生学业水平是否存在差距等问题。

当前，许多教育行政部门和学校乃至教师总是把学业评价与测试、分数、等级联系在一起，或者总是把学业评价与考试完全等同起来。这种狭隘的学业评价观对学生的发展和课程自身的建设都是极其有害的。因为这种学业评价基本上是在较低水平上测量学生的认知水平。课程目标通常要求学生熟练掌握各种知识并能在实践中灵活运用，但是，现有的学业评价只能测量学生熟练掌握各种知识的水平，难以准确测量学生灵活运用知识的能力和情感态度价值观方面的倾向性。

学生学业评价一般分为终结性评价和形成性评价两个方面。鉴于民族地区地方课程的特殊性，我们更应该注重形成性评价在学生学业评价中的意义和价值。在民族地区地方课程的评价领域，终结性评价是指地方课程结束时或一个学年结束时进行的评价。它比较注重整体分析，力图表明课程目标、教学目标的实现程度，并对地方课程的有效性和实施效果作出判断。而形成性评价则是指贯穿于地方课程各个阶段或整个过程的评价。它比较注重细节的分析，旨在找出原因，及时发现问题，使地方课程更加趋于合理。形成性评价可以向地方课程开发者或学生提供反馈信息，可以帮助地方课程开发者及时了解地方课程的不足，使学生及时了解需要注意的薄弱环节。相比之下，在地方课程实施结束后进行终结性评价，给予学生一个最终的分数或等级，只能让学生知道自己在班级或年级中的相应位置，无法向学生提供更多的信息，也无法在学生的学习过程中提供更多的帮助。

另外，学生学业评价还应该注意以下几个方面的问题：①要尊重学生的个别差异和个性特点，问题要求具有相当的开发性，允许学生依照自己的兴趣和特长作出不同形式或内容的解答。而且应该鼓励学生之间的合作，允许学生通过分工协作的形式共同完成任务，学生在合作中的表现，对问题解决所做的贡献，也应该成为评价的内容。②强调评价问题的真实性和情境性。现代认知心理学研究表明，学生对学习内容的认知和学习，与其所发生的情景有密切的联系。受现代认知心理学研究成果的影响，人们越来越倾向认为，传统评价中那种孤立的问题或测验条目，缺乏与真实生活的相似性，学生在这些测验中所得的分数，对他们未来在真实生活中的表现很少有预见价值。因此，要求评价问题的设计要具有真实性、情境性，以便于学生形成对现实生活的领悟能力、解释能力和创造能力。③评价不仅要重视学生解决问题的结论，而且重视得出结论的过程。要关注学生获得答案的推理过程、思考性质、证据的运用、假设的形成等。

2. 学生学业评价举例

本书拟运用新课程的评价理念和马丁尼罗和库克[①]的课程评价理论对民族地区学生主题探究活动学习状况的评价进行一些探索。

（1）主题探究活动评价的任务。主题探究活动的目的是学生的整体素养得以提升，而不是单单去关注学生的哪一个方面的进步和发展。因此，对主题探究活动的评价，应从整体上把握，而非将评价对象和评价指标肢解开来。从这一基本思想出发，课程评价活动所要鉴定的主题探究的

---

① Martinello, Marian L, & Cook, Gillian E. (2000), *Interdisciplinary Inquiy in Teaching and Learning*, Prentice Hall (2 nd), pp. 175 – 198.

基本问题是：如何更好地使学生理解主题思想？如何更好地使学生获得问题探究的成果？如何使课程资源与探究的问题相适应？探究过程中发现新问题的性质是什么？基于这些问题和任务，评价活动一般需要完成以下几个层面的任务。

①评价学生对主题思想的理解程度。所谓主题思想，是指在设计主题探究活动时赋予特定主题的一般性或概括性的思想和观念。它主要从两个方面表现出来：知识结果和过程结果。其中，知识结果主要体现为事物的概念、形成、原则、规范和理论等要素。对知识结果的评价需要将这些要素整合起来进行审视；过程结果是指在探究过程中学生形成的思考问题的技巧与能力，以及在探究过程中所获得的经验。由于学生在探究活动中的"收益"各不相同，所以评价活动不能依据一项指标进行，而应有多项体现不同层级水平的指标。

②评价教师和学生对主题思想、中心问题和具体问题之间关系的把握。在没有明确主题或没有对学生提出要求或暗示的情形下，学生的思维活动大都以发散式思维为主，即他们往往从其主体思维的角度对事物或现象进行思考，所提出的问题同样是发散式的。主题探究倡导学生发现问题、提出问题并解决问题，但是，在主题活动开展之初，学生提出问题的逻辑性和关联性都较差，这些问题需要教师以及学生进行整理归类，方能成为探究的有效问题，进而使这些主题与整体意识形成联结。显然，在主题探究中，发现、提出和解决问题的根本目的并不在于对某一具体问题自身的把握，而在于使所有问题都能够通过特定的联结表达出一个统整的思想和观念，即学生形成关于某一事物或现象的整体性认识。判断教师和学生对整体意识、中心问题和具体问题关系的厘定和把握程度，是评价主题探究课程的一项主要任务。这项任务要求考察教师和学生如何将此三者通过归纳和演绎的方式统整起来，以及三者之间所形成的逻辑关联，同时，判断教师和学生对主题思想的认识程度。

③评价资源的利用情况。资源利用的评价是指对教师和学生发现、筛选和实际利用资源进行主题探究的行为表现所进行的评价。在评价师生选定的探究主题的基础上，需要对其依据主题筛选和利用的资源状况进行评价。这些评价主要考察资源所涉及的范围或领域的广度、选取和利用的资源与主题的相关程度、资源的代表性或普遍性程度、开发和利用资源的成本、资源的有效利用程度、所有学生对资源的享用程度等。

④对新问题的评价。学生在利用资源进行探究的过程中，往往会不断提出诸多的新问题，这些在课程预设之外的问题将影响主题探究活动实施的成效，即这些问题能够更有效地帮助学生认识和把握主题思想或能够在某一主题的基础上建立与该主题相关的更多联系。马丁尼罗和库克认为，有些问题与探究的主题相去甚远，毫不相干，若将这些问题纳入主题探究的活动中，它将干扰或制约主题探究的顺利实施。为此，有必要对学生提出的新问题进行评价，以确定其对主题探究所具有的实在意义和具体价值。本书认为，关于新问题的评价，不应仅仅局限于主题的相关性上，只要新问题能够加深学生对思维乐趣的体验，提高学生解决问题的灵活性和创造性，有利于学生良好思维品质的形成，就应该鼓励而不是组织学生去探究新问题。因为，学生自己在探究中发现的新问题一般都是学生比较感兴趣的问题，与我们事先拟定的探究主题相比，新问题对他们来说更有吸引力。

⑤鼓励学生进行自我反思。使学生在主题探究中保持清醒和清晰的认识，既是这种课程形态的目标价值之所在，也是这种课程评价的一项任务。如果说前述几项评价任务停留在外部评价的话，那么，学生的自我反思则属于内部评价。学会自我反思是学生理应具备的一项重要素养，而学生自我反思的结果同时也将成为课程评价的一项成果。为此，在对主题探究课程进行评价中，应鼓励学生进行自我反思。学生自我反思的内容主要包括对主题的理解、对资源的选择和利用，进行探究所使用的方法以及在主题探究中的实际"收益"等。

（2）描述学生的学习成果。描述学生的学习成果是评价主题探究活动的一种方式，它能够直白地表达学生学习的具体成果，直观地展示学生的发展状况。对学生学习成果的描述一般包括三种具体的方式：①以既定的课程标准为参照系描述学生的学习成果。这种方式主要考查学生学习成果与既定目标之间的对应程度，因此，它一般从课程标准的各种类别和层次的角度描述学生的学习成果。②以主题思想为参照系描述学生的学习成果。这种方式主要考查学生对主题思想认识的外在表现，可分为评价者的"外部描述"和学生的"自我表白"两种具体的方式。③以探究过程为参照系描述学生的学习成果。这种方式主要考查学生在主题探究中的实际表现和在探究中的具体体验，可分为评价者的"外部描述"和学生的"自我表白"两种具体的方式。

(二) 课程本身评价

一般来说，对课程本身评价的目的主要包括两个方面：第一，为制定教育政策提供依据。第二，为课程开发小组修正和完善课程目标、课程组织、课程实施提供依据。就民族地区地方课程而言，课程本身评价的主要目的在于修正和完善课程。根据评价结果，不断对课程目标、课程内容和课程实施的方式进行调整。

1. 课程本身评价的范围

民族地区地方课程本身的评价范围包括对地方的文化环境、学校文化、教师素质、课程目标、课程内容、课程实施的评价，也包括对课程评价本身的评价。如：地方的文化环境是否有利于地方课程的开发；学校文化和教师素质是否能保证地方课程顺利实施；地方课程是否能达到使学生融入地方而不是成为"边缘人"的目标；地方课程的目标有效性问题和逻辑性问题；对学生的适切性问题；地方课程内容是否能满足学生学习的需求；课程内容"进出"的渠道是否畅通；地方课程实施的方式是否适合地方学生的特点；地方课程的评价模式是否考虑了文化因素，是否能很好地促进学生发展等。

2. 课程本身评价的过程

民族地区地方课程评价主要分为以下三个阶段：第一阶段，确定并描述评价方案。这一阶段包括确定评价问题和对象，明确评价的目的，制定评价的指标，设计、说明并验证评价的方案等。第二阶段，搜集和处理信息。根据设计的评价方案，搜集和处理各种信息，这里需要强调的是一定要关注民族文化以及民族文化影响下的民族心理对所搜集信息的影响。获取信息的方式是多种多样的，但无论通过哪种方式获取的信息都必须是真实的和全面的。同时，处理信息的方式和方法也是多种多样的，但对信息处理的结果同样也应是可靠和准确的。第三阶段，分析信息、得出结果。对处理后的信息进行分析，得出评价结果并提出意见和建议。分析信息和得出评价结果的主要依据是前期制定的评价目的和评价指标，根据目的和指标对评价对象进行价值判断。需要注意的是，在这一过程中，往往会出现前期未曾预设到的新现象和新问题，这些新现象和新问题正是我们前面所提到的生成性的东西，因此，课程评价要格外关注和重视这些新现象和新问题的教育价值和意义，不能因为其不符合预设的要求而将其排除在外或置之不理，而是需要对前期的评价设计进行修订和补充，评价结果也需随之发生相应的调整和改变。与此同时，需要把课程评价的结果提供给课程评价的发起者或受益者以及评价对象，并获得他们的反馈信息，以使课程评价进入良性循环。

总之，民族地区地方课程的开发是一个持续、动态、循环反复和逐步完善的过程。课程本身的评价不是民族地区地方课程的终结，而是民族地区地方课程开发的一个重要环节，前一轮的评价结论将作为下一轮课程开发的依据。课程本身的评价应贯穿于民族地区地方课程开发过程的始终。

附　录

附录一　民族地区地方课程研究调查问卷

民族地区地方课程研究调查问卷（教师问卷）

各位老师：

你们好！欢迎你们参加民族地方课程研究调查。这项研究的目的在于了解民族地区地方课程开发及实施状况。这份问卷各个问题的答案随个人的不同情况而有所不同，因此没有"对"与"错"之分。请你按照自己的实际情况在选项上直接画"√"。

非常感谢你真诚的帮助和合作！

民族地区地方课程研究小组

2010 年 9 月

第一部分

1. 您的学校位于：（1）农村　　（2）乡镇　　（3）县城

2. 性别：（1）男　　（2）女

3. 民族：（1）藏族（2）汉族（3）回族（4）其他（请注明）

4. 您的教龄是（　　）年。

5. 担任职务：（1）校长（2）教务主任（3）教研组长（4）班主任（5）没有担任

6. 您毕业于哪类学校：
（1）民族师范学校　　（2）普通师范学校　　（3）其他民族类学校
（4）其他普通类学校

7. 您目前的文化程度：（1）高中　　（2）中专（含技校、职校）

(3) 大专　　（4）本科及本科以上

8. 您现在职称是：

（请小学老师填写）（Ⅰ）（1）未评　　（2）小教二级　　（3）小教一级　　（4）小教高级

（请中学老师填写）（Ⅱ）（1）未评　　（2）中教二级　　（3）中教一级　　（4）中教高级

9. 您的母语是：　　（1）藏语　　（2）汉语　　（3）其他民族语言

10. 您喜欢读哪种语言写出的文学作品？

（1）只读汉语的　　　　　　（2）主要读汉语的，有时读藏语的

（3）只读藏语的　　　　　　（4）主要读藏语的，有时读汉语的

（5）读汉语的和读藏语的差不多

11. 您与人交流时，通常采用哪种语言？（请将选项填在下面的括号里）

A. 在学校（　）　　　　B. 在家（　）　　　C. 其他场合（　）

（1）本族语　　　　　　　（2）本族语和汉语

（3）汉语　　　　　　　　（4）其他

12. 上数学课时，您通常采用的教学语言是：

（1）纯藏语　　　　　　　（2）藏语和汉语各占一半

（3）纯汉语　　　　　　　（4）其他

13. 上汉语文课时，您通常采用的教学语言是：

（1）纯藏语　　　　　　　（2）藏语和汉语各占一半

（3）纯汉语　　　　　　　（4）其他

14. 您是藏语文课程的任课老师吗？

（1）我只教藏语文　　　　（2）我兼任藏语文课

（3）我从没有教过藏语文课　（4）以前教过，这几年再没教

15. 当地学生在学校什么时候开始学习藏语言：

（1）学前班　　　　　　　（2）小学低年级

（3）小学高年级　　　　　（4）初中以后

第二部分

序号	题项	非常不符合	不符合	说不清	符合	非常符合
16.	当地学生以自己能说流利的藏语而自豪。	1	2	3	4	5
17.	当地大多数学生对学习藏语充满热情。	1	2	3	4	5
18.	当地大多数学生家长愿意让自己的孩子学习藏语。	1	2	3	4	5
19.	献哈达是藏族人民一种最普遍且最崇高的礼仪。	1	2	3	4	5
20.	锅庄是一种欢乐吉祥的舞蹈。	1	2	3	4	5
21.	艾早瓦罗是一种劳动号子,是藏族一切诗歌的源头。	1	2	3	4	5
22.	藏族人敬酒时,首先用无名指蘸酒向上空抛弹三次,意为敬"天、地、人"。	1	2	3	4	5
23.	当地学生很了解藏族的生产生活知识。	1	2	3	4	5
24.	当地学生很了解藏族的伦理道德知识。	1	2	3	4	5
25.	当地学生很了解藏族的民间艺术知识。	1	2	3	4	5
26.	当地学生很了解藏族的社会交往知识。	1	2	3	4	5
27.	当地大多数学生喜欢藏族的各种节日。	1	2	3	4	5
28.	当地大多数学生喜欢唱藏族歌曲。	1	2	3	4	5
29.	当地大多数学生喜欢听藏族的神话传说和历史故事。	1	2	3	4	5
30.	当地大多数学生更喜藏语写出的文学作品。	1	2	3	4	5
31.	当地大多数学生喜欢表演藏族歌舞。	1	2	3	4	5
32.	学生课余时间经常会读藏族文化读物。	1	2	3	4	5
33.	我的学生更愿意穿藏族服装。	1	2	3	4	5
34.	我上课时,举到有关藏族的例子时,学生的注意力更集中。	1	2	3	4	5
35.	学生朗诵藏族文学作品时感情更投入。	1	2	3	4	5
36.	藏语文课上,学生回答问题的积极性更高、学习兴趣更浓。	1	2	3	4	5
37.	如果学生不能继续升学,当前所学课程内容对学生没用。	1	2	3	4	5
38.	学生学习藏族传统的手工技能对学生将来的生活有用。	1	2	3	4	5

续表

序号	题项	非常不符合	不符合	说不清	符合	非常符合
39.	学生学习藏族的医学等民族知识对学生将来的生活有用。	1	2	3	4	5
40.	学生愿意了解藏族的历史文化、风土人情。	1	2	3	4	5
41.	学生很了解藏族的历史、文化、习俗等知识。	1	2	3	4	5
42.	学生通过学校课程了解藏族文化会更合理和有效。	1	2	3	4	5
43.	我了解藏语文课程。	1	2	3	4	5
44.	我认为学校有必要开设有关藏文化的课程。	1	2	3	4	5
45.	我了解藏语文课程目标。	1	2	3	4	5
46.	我觉得藏语文课程能提高学生的学习兴趣和传承民族文化。	1	2	3	4	5
47.	我认为藏语文课程的内容很适应当地学生的情况。	1	2	3	4	5
48.	我认为藏语文课程能很好地反映藏族文化的精华。	1	2	3	4	5
49.	我很认可藏语文课程的编排体系。	1	2	3	4	5
50.	我认为藏语文课程中师生的意愿体现得好。	1	2	3	4	5
51.	我认为藏语文课程实施的效果好。	1	2	3	4	5
52.	藏语文课程的学习使学生藏文化的了解程度明显提高。	1	2	3	4	5
53.	我希望对藏语文课程进行改革。	1	2	3	4	5
54.	当前关于藏语文课程的评价不利于学生对藏文化的学习。	1	2	3	4	5

55. 以下是当前学生了解藏族的历史、文化、习俗等知识的途径。（请按主要程度排序）

  题项   排序

  （1）家长讲述   （ ）

  （2）村子里长辈讲述   （ ）

  （3）教师讲述   （ ）

  （4）教材   （ ）

（5）课外书和影视　　　　　　　　　　　（　）

（6）学生之间互相讲述　　　　　　　　　（　）

56. 您认为藏语文课程实施中存在的最大问题是什么？（请按重要性排序）

题项	排序
（1）对学生的适应性不强，学生不愿意学	（　）
（2）升学压力大，没时间学	（　）
（3）教师素质跟不上，没人能胜任	（　）
（4）评价体制没有建立	（　）

57. 您认为藏语文课程的内容存在哪些问题？（请按重要性排序）

题项	排序
（1）课程内容没有很好地反映地方性知识	（　）
（2）课程内容与学生生活实际没有多大联系，偏难	（　）
（3）课程内容对教师和当地人的意见考虑得很少	（　）
（4）过分注重课程内容呈现的文本化	（　）

58. 我认为藏语文课程在结构方面存在的主要问题有：（请按重要性排序）

题项	排序
（1）对学生的兴趣考虑不够	（　）
（2）内容衔接不好	（　）
（3）内容难度递进差	（　）
（4）专业术语不统一	（　）

59. 你参加过新课程改革的培训吗？

（1）从来没有　　　　　（2）参加过一次

（3）参加过几次　　　　（4）经常参加

60. 参加新课程改革的培训，加深了我对地方课程的了解。

（1）非常符合　　　　（2）符合　　　　（3）说不清

（4）不符合　　　　　（5）非常不符合

61. 当地教育主管部门对地方课程开发的态度是：

（1）大力支持并组织实施　（2）仅为了应付检查，走形式

（3）既不支持，也不反对　（4）反对开发

62. 你们学校领导对地方课程开发的态度是：

（1）非常支持　　　　　（2）支持　　　　　（3）说不清楚
（4）不支持　　　　　　（5）反对

63. 你对开发地方课程的态度是：
（1）非常支持　　　　　（2）支持　　　　　（3）说不清楚
（4）不支持　　　　　　（5）反对

64. 您认为地方课程目标的确定，内容的选择应该由哪些人共同参与决定：（多选）
（1）学生　　　　　　　（2）教师
（3）地方教育行政人员　（4）家长
（5）教育学家　　　　　（6）心理学家
（7）当地文化人　　　　（8）其他_____

65. 您认为地方课程目标的确定，内容的选择主要应该考虑哪些因素？（请按重要性排序）

题项	排序
（1）学生需求	（　）
（2）教师意见	（　）
（3）专家的建议	（　）
（4）学生的生活环境	（　）
（5）家长的意见	（　）
（6）学生心理发展状况	（　）
（7）民族文化传承与发展的需要	（　）

（8）其他_____（请注明原因）

66. 您认为地方课程的目标应该是：（请按重要性排序）

题项	排序
（1）提高学生的生存能力	（　）
（2）传承民族文化	（　）
（3）服务地方建设	（　）
（4）落实课程政策	（　）

67. 您认为藏族地区地方课程应该包括哪些内容（多选）（请按重要性排序）

题项	排序
（1）藏族的生态环境（山川、草原、动植物等）	（　）

(2) 藏族生产生活（饮食、生产方式、节庆等）（ ）

(3) 藏族习俗（婚丧嫁娶、服饰、传统美德等）（ ）

(4) 藏族历史（历史名人、名胜古迹、英雄人物等）（ ）

(5) 藏族传统科学（天文、历算、医学、建筑等）（ ）

(6) 藏族艺术（绘画、戏曲、民歌等）（ ）

(7) 藏族语言文学（诗歌、传说、民谣、故事、格言等）（ ）

(8) 其他_____（请注明原因）

68. 当地开发地方课程的内容应以本民族文化知识为主。

(1) 非常不符合　　(2) 不符合　　(3) 说不清

(4) 符合　　　　　(5) 非常符合

69. 您同意"地方课程教材内容应以本民族的文化为主"这种说法吗？

(1) 反对　　　　　(2) 不赞同　　(3) 一般

(4) 赞同　　　　　(5) 非常赞同

70. 我赞同以活动为主的地方课程的教学方式。

(1) 非常不符合　　(2) 不符合　　(3) 说不清

(4) 符合　　　　　(5) 非常符合

71. 我觉得有必要请一些当地文化人来学校给学生们讲讲藏族文化。

(1) 非常不同意　　(2) 不同意　　(3) 说不清

(4) 同意　　　　　(5) 非常同意

72. 您认为地方课程评价应：

(1) 完全由学校内部评价　　　(2) 完全由教育行政部门评价

(3) 学校内部与外部联合评价　(4) 社会中介组织

(5) 其他（请说明理由）

73. 您认为地方课程评价小组应由哪些人组成？（多选）

(1) 学生　　　　　　　　　(2) 教师

(3) 地方教育行政人员　　　(4) 家长

(5) 教育学家　　　　　　　(6) 心理学家

(7) 当地文化人　　　　　　(8) 其他

74. 你认为地方课程的评价结果的价值是：

(1) 协助地方教育行政部门了解地方课程实施的情况

(2) 协助教师了解教学成效

(3) 协助家长与学生了解地方课程实施后学生的学习成效

(4) 作为评价学校的依据

(5) 其他

75. 谈谈您对地方课程开发的看法和建议。

_____

_____

民族地区地方课程研究调查问卷（学生问卷）

各位同学：

你们好！欢迎你们参加民族地区地方课程研究调查。这项研究的目的在于了解民族地区地方课程开发及实施状况。这份问卷各个问题的答案随个人的不同情况而有所不同，因此没有"对"与"错"之分。请你按照自己的实际情况在选项上直接画"√"。

非常感谢你真诚的帮助和合作！

民族地区地方课程研究小组

2010 年 9 月

第一部分

1. 您的学校位于：

(1) 农村　　　(2) 乡镇　　　(3) 县城

2. 您所在的年级：_____

3. 性别：

(1) 男　　　　(2) 女

4. 你的母语是：

(1) 藏语　　　(2) 汉语　　　(3) 其他民族语言

5. 你的民族：

(1) 藏族　　　(2) 汉族　　　(3) 回族　　　(4) 其他

6. 你在学校是什么时候开始学习藏语文的（　　）。

(1) 学前班　　(2) 小学 1—3 年级　　　(3) 小学 4—6 年级

第二部分

序号	题项	非常不符合	不符合	说不清	符合	非常符合
7.	我以自己能说流利的藏语而自豪。	1	2	3	4	5
8.	我喜欢学习藏语。	1	2	3	4	5
9.	我的家长希望我学习藏语。	1	2	3	4	5
10.	学习本民族文化对我将来的生活非常有用。	1	2	3	4	5
11.	我喜欢藏族的各种节日。	1	2	3	4	5
12.	我很了解藏族的生产生活知识。	1	2	3	4	5
13.	我很了解藏族的伦理道德知识。	1	2	3	4	5
14.	我很了解藏族的民间艺术知识。	1	2	3	4	5
15.	我很了解藏族的社会交往知识。	1	2	3	4	5
16.	我喜欢唱藏族歌曲。	1	2	3	4	5
17.	我喜欢听藏族的神话传说和历史故事。	1	2	3	4	5
18.	我更喜欢读藏语写出的文学作品。	1	2	3	4	5
19.	献哈达是藏族人民一种最普遍且最崇高的礼仪。	1	2	3	4	5
20.	锅庄是一种欢乐吉祥的舞蹈。	1	2	3	4	5
21.	艾早瓦罗是一种劳动号子,是藏族一切诗歌的源头。	1	2	3	4	5
22.	藏族人敬酒时,首先用无名指蘸酒向上空抛弹三次,意为敬"天、地、人"。	1	2	3	4	5
23.	我喜欢表演藏族节目。	1	2	3	4	5
24.	在课余时间,我和同学经常互相谈论一些藏族故事。	1	2	3	4	5
25.	我更愿意穿藏族服装。	1	2	3	4	5
26.	上课时,老师举到有关藏族的例子时,我的注意力更集中。	1	2	3	4	5
27.	藏语文课上,我回答问题的积极性更高、学习兴趣更浓。	1	2	3	4	5
28.	学校举办的诗歌朗诵比赛,我更愿意朗诵藏族文学作品。	1	2	3	4	5
29.	藏语文课上,我回答问题的积极性更高、学习兴趣更浓。	1	2	3	4	5

续表

序号	题项	非常不符合	不符合	说不清	符合	非常符合
30.	我非常了解藏族的历史、文化、习俗等知识。	1	2	3	4	5
31.	我愿意了解藏族的历史文化、风土人情。	1	2	3	4	5
32.	我愿意在学校学习更多的藏族文化知识。	1	2	3	4	5
33.	我认为现在学校所学的知识与自己的生活实际关系大。	1	2	3	4	5
34.	如果我不能继续升学,我认为当前所学课程对我来说有用。	1	2	3	4	5
35.	我认为学习藏族的传统手工技能对我将来的生活有用。	1	2	3	4	5
36.	我认为学习藏族的医学等民族知识对我将来的生活有用。	1	2	3	4	5
37.	我不知道我为什么要学习藏语文。	1	2	3	4	5
38.	我喜欢藏文课程的内容。	1	2	3	4	5
39.	我认为藏文课程的内容与我的生活密切相关。	1	2	3	4	5
40.	我不喜欢藏文课的教学。	1	2	3	4	5
41.	藏文课的考核方式主要以考试成绩作为标准。	1	2	3	4	5
42.	我认为学习藏语文课程主要是增强我们的生存能力。	1	2	3	4	5
43.	我喜欢学校开设一门包括藏族历史、故事、诗歌等方面内容的课程。	1	2	3	4	5
44.	我希望学校能请一些有丰富藏文化知识的人给我们讲一讲藏族的历史和故事等。	1	2	3	4	5
45.	我希望学校能在课外活动时间组织我们去寺院学习一些藏族文化。	1	2	3	4	5
46.	在藏族文化课上,我希望老师也能让我们讲一讲我们所了解的藏族文化知识。	1	2	3	4	5
47.	我很赞同用多种方式考察我们对民族文化的学习情况。	1	2	3	4	5

48. 当前你了解藏族的历史、文化、习俗等知识的主要途径是:

（1）家长讲述　（2）村子里的老人讲述　（3）教师讲述
（4）教材　　　（5）课外书和影视

附录二　民族地区地方课程研究访谈提纲

教师访谈提纲

1. 您认为学生对藏族文化知识了解多少？
2. 您认为学生有没有必要学习藏族文化知识，为什么？
3. 如果有必要，请您说说应该学习哪些内容？
4. 您认为您现在所教授的教材最大的问题是什么？
5. 您认为现有教材的适切性如何？
6. 您对基础教育课程改革了解程度如何？
7. 您对地方课程了解多少？
8. 您认为地方课程对民族地区学生发展有没有益处？
9. 您认为民族地区地方课程主要功能和价值是什么？
10. 您认为自己能胜任地方课程的开发吗？
11. 您对开发地方课程资源持什么样的态度？
12. 您所在的学校有没有地方课程？
13. 地方课程与国家课程在实施过程中有没有冲突？
14. 您认为地方课程的实施效果应该怎样去评价？
15. 您认为现有的地方课程主要存在哪些问题？您认为在哪些方面应该改进？

学生访谈提纲

1. 你喜欢藏族的歌曲和舞蹈吗？
2. 你喜欢穿藏族的衣服吗？
3. 你知道藏族人不允许吃狗肉的原因？
4. 你喜欢学习藏族文化知识吗？为什么？
5. 你想学习哪些藏族文化知识？
6. 你喜欢上藏语文课吗？
7. 在你学过的藏语文课本中，你最喜欢哪一篇课文，最不喜欢哪一篇课文，为什么？

8. 你喜欢上汉语文课吗，为什么？

教育主管部门领导访谈提纲

1. 您对民族地区基础教育课程改革怎么看？
2. 您认为三级课程在民族地区应该怎样实施？
3. 您对地方课程了解多少？
4. 您认为民族地区地方课程主要功能和价值是什么？
5. 您所管辖的学校有没有地方课程？
6. 您认为民族地区地方课程存在的意义在哪里？
7. 您认为在学校开设地方课程对学生发展有没有作用？
8. 您认为在学校开设地方课程与升学有没有冲突？
9. 您认为你们的教师有没有地方课程开发的能力？
10. 您认为现有的地方课程主要存在哪些问题？您认为在哪些方面应该改进？
11. 您认为应该怎样评价地方课程的实施效果？
12. 您认为影响地方课程实施的主要障碍是什么？你们的具体措施是什么？

家长访谈提纲

1. 您希望您的孩子将来过怎样的生活？
2. 您对您的孩子现在所就读的学校满意吗？
3. 您希望您的孩子在藏族学校和还是汉族学校学习？
4. 您希望您的孩子在学校学些什么内容的知识？
5. 您觉得您的孩子有必要学习一些藏族文化知识吗，为什么？
6. 如果有必要，您希望学习哪些藏族文化知识？
7. 您认为学习哪一类知识对孩子将来的生活最有用？
8. 据您了解，孩子爱学哪一门课？

当地文化人访谈提纲

1. 您对民族地区学校教育中所教授的内容满意吗？
2. 您认为您的孩子（或孙子）在学校中学到了您所希望的东西吗？
3. 您认为学校应该给学生教授什么样的知识？
4. 您认为民族地区的学生应不应该学习本民族的文化？
5. 您认为民族文化对现在的民族地区学生发展有没有作用？
6. 您认为现阶段民族文化的价值体现在哪些地方？

7. 您认为在这里哪些民族文化对学生发展最重要?
8. 您认为传承民族文化最好的方式和途径是什么?
9. 您认为应怎样评价民族文化的掌握程度?
10. 您认为当前民族文化的传承主要存在什么问题?

参考文献

中文文献

（一）著作类

[1] [英] 乔治·贝克莱:《人类知识原理》,商务印书馆 1973 年版。

[2] 卢梭:《爱弥儿》(上卷),商务印书馆 1978 年版。

[3] 朱智贤:《儿童心理学》,人民教育出版社 1979 年版。

[4] 黑格尔:《小逻辑》,商务印书馆 1980 年版。

[5] [英] 罗素:《人类的知识——其范围与限度》,商务印书馆 1983 年版。

[6] [英] 培根:《新工具》,商务印书馆 1984 年版。

[7] 马长寿:《藏事论文集》,西藏人民出版社 1985 年版。

[8] 中国陶行知研究会编:《陶行知教育思想、理论和实践》,安徽教育出版社 1986 年版。

[9] 穆尼茨:《当代分析哲学》,复旦大学出版社 1986 年版。

[10] 周希武:《玉树调查记》,青海人民出版社 1986 年版。

[11] 西藏社会历史资料编辑组:《西藏社会历史调查（二）》,西藏人民出版社 1987 年版。

[12] [英] 卡尔·波普尔:《客观知识（ObjectiveKnowledge）——一个进化论的研究》,舒伟光、卓如飞译,上海译文出版社 1987 年版。

[13] 纪树立编译:《科学知识进化论》,三联书店 1987 年版。

[14] 俞吾金:《问题域外的问题》,上海人民出版社 1988 年版。

[15] [美] 普洛格:《文化演进与人类行为》,辽宁人民出版社 1988 年版。

[16] 图齐:《西藏与蒙古的宗教》,天津古籍出版社 1989 年版。

[17] 江山野主编:《简明国际教育百科全书课程》,教育科学出版社 1991 年版。

[18] [法] 孔狄亚克:《人类知识起源论》,洪洁求、洪丕柱译,商务印

书馆 1991 年版。
[19] 冯增俊：《教育人类学》，江苏教育出版社 1991 年版。
[20] 邹进：《现代德国文化教育学》，山西教育出版社 1992 年版。
[21] 刘英杰主编：《中国教育大事典》（1949—1990）（上），浙江教育出版社 1993 年版。
[22] 钱穆：《中国文化史导论》，商务印书馆 1994 年版。
[23] 马千帆主编：《梁漱溟教育论著选》，人民教育出版社 1994 年版。
[24] 李子建、黄显华：《课程：范式、取向与设计》，香港中文大学出版社 1994 年版。
[25] 林崇德主编：《发展心理学》，人民教育出版社 1995 年版。
[26] 施良方：《课程理论——课程的基础、原理与问题》，教育科学出版社 1996 年版。
[27] 崔允漷：《校本课程开发：理论与实践》，教育科学出版社 1996 年版。
[28] 利奥塔：《后现代状况：关于知识的报告》，湖南美术出版社 1996 年版。
[29] [美] 欧文·拉兹洛：《决定命运的选择》，李吟波等译，生活·读书·新知三联书店 1997 年版。
[30] 郑毓信、梁贯成：《认知科学、建构主义与数学教育》，上海教育出版社 1997 年版。
[31] 顾明远主编：《民族文化传统与教育现代化》，北京师范大学出版社 1998 年版。
[32] 黄济：《教育哲学通论》，山西教育出版社 1998 年版。
[33] 梁治平：《法律的文化解释》，生活·读书·新知三联书店 1998 年版。
[34] 费孝通：《乡土中国生育制度》，北京大学出版社 1998 年版。
[35] [美] 克利福德·格尔茨：《文化的解释》，韩丽译，译林出版社 1999 年版。
[36] 李书磊：《村落中的国家——文化变迁中的乡村学校》，浙江人民出版社 1999 年版。
[37] 吴永军：《课程社会学》，南京师范大学出版社 1999 年版。
[38] 吴康宁：《课堂教学社会学》，南京师范大学出版社 1999 年版。

[39] 陈伯璋：《新世纪教育发展的回顾与前瞻》，五南图书出版公司1999年版。

[40] 石中英：《教育学的文化性格》，山西教育出版社2000年版。

[41] 丛立新：《课程论问题》，教育科学出版社2000年版。

[42] 刁培萼：《教育文化学》，江苏教育出版社2000年版。

[43] 尹绍亭：《人与森林：生态人类学视野中的刀耕火种》，云南教育出版社2000年版。

[44] 陈向明：《质的研究与社会科学研究》，教育科学出版社2000年版。

[45] 罗素：《西方哲学史》（上），商务印书馆2000年版。

[46] ［奥］茨达齐尔：《教育人类学原理》，李其龙译，上海教育出版社2001年版。

[47] 钟启泉、崔允漷、张华主编：《为了中华民族的复兴为了每位学生的发展——〈基础教育课程改革纲要（试行）〉解读》，华东师范大学出版社2001年版。

[48] 滕星：《文化变迁与双语教育》，教育科学出版社2001年版。

[49] 约翰·杜威：《民主主义与教育》，王承绪译，人民教育出版社2001年版。

[50] 黄忠敬：《知识·权力·控制——基础教育课程文化研究》，复旦大学出版社2001年版。

[51] 滕星、王军主编：《20世纪中国少数民族与教育》，民族出版社2001年版。

[52] 哈经雄、滕星主编：《民族教育学通论》，教育科学出版社2001年版。

[53] ［美］查伦·斯曾瑞特奈克：《真实之复兴——极度现代的世界中的身体、自然与地方》，张妮妮译，中央编译出版社2001年版。

[54] ［加］马克思·范梅南：《教学机智——教育智慧的意蕴》，李树英译，教育科学出版社2001年版。

[55] 胡德海：《教育学原理》，甘肃教育出版社2001年版。

[56] 丹珠昂奔：《藏族文化发展史》（上、下册），甘肃教育出版社2001年版。

[57] 程晋宽：《"教育革命"的历史考察：1966—1976年》，福建教育出版社2001年版。

[58] 黄明信：《西藏的天文历算》，青海人民出版社2002年版。
[59] 王鉴：《民族教育学》，甘肃教育出版社2002年版。
[60] 金东海：《少数民族教育政策研究》，甘肃教育出版社2002年版。
[61] 朱慕菊主编：《走进新课程》，北京师范大学出版社2002年版。
[62] 石中英：《知识转型与教育改革》，教育科学出版社2002年版。
[63] 范俊军编译：《联合国教科文组织关于保护语言与文化多样性文件汇编》，民族出版社2002年版。
[64] 滕星主编：《族群、文化与教育》，民族出版社2002年版。
[65] 有宝华：《综合课程论》，上海教育出版社2002年版。
[66] 詹姆斯·本克：《课程统整》，单文经等译，华东师范大学出版社2003年版。
[67] 佐藤学：《课程与教师》，钟启泉译，教育科学出版社2003年版。
[68] 陈嘉明：《知识与确证：当代知识论引论》，上海人民出版社2003年版。
[69] 古川：《民族生态：从金沙江到红河》，云南教育出版社2003年版。
[70] 赵永红：《神奇的藏族文化》，民族出版社2003年版。
[71] 吕大吉：《宗教学纲要》，高等教育出版社2003年版。
[72] 张世文：《雪域文明的足迹》，西藏人民出版社2003年版。
[73] 张廷凯：《新课程设计的变革》，人民教育出版社2003年版。
[74] 多识仁波切：《藏学研究甘露》，甘肃民族出版社2003年版。
[75] 钟启泉编著：《现代课程论》（新版），上海教育出版社2003年版。
[76] 钟启泉、崔允漷主编：《新课程的理念与创新》，高等教育出版社2003年版。
[77] 靳玉乐：《新课程改革的理念与创生》，人民教育出版社2003年版。
[78] 蔡仲：《后现代相对主义与反科学思潮》，南京大学出版社2004年版。
[79] 傅千吉：《藏族天文历算学理论与方法》，民族出版社2004年版。
[80] 曾国庆编著：《藏族历史·文化》，民族出版社2004年版。
[81] ［美］克利福德·吉尔兹：《地方性知识》，王海龙、张家瑄译，中央编译出版社2004年版。
[82] ［美］迈克尔·W. 阿普尔：《文化政治与教育》，阎光才等译，教育科学出版社2005年版。

[83] 郭晓明：《课程知识与个体精神自由——课程知识问题的哲学审思》，教育科学出版社 2005 年版。

[84] 胡定荣：《课程改革的文化研究》，教育科学出版社 2005 年版。

[85] [英] 斯宾塞：《斯宾塞教育论著选》，胡毅、王承绪译，人民教育出版社 2005 年版。

[86] 邹诗鹏：《生存论研究》，上海人民出版社 2005 年版。

[87] 李安宅：《藏族宗教史之实地研究》，上海人民出版社 2005 年版。

[88] [英] J. G. 弗雷泽著：《金枝》（上），徐育新等译，新世纪出版社 2006 年版。

[89] 何群：《环境与小民族生存——鄂伦春文化的变迁》，社会科学出版社 2006 年版。

[90] 徐向东：《怀疑论、知识与辩护》，北京大学出版社 2006 年版。

[91] 王鉴、万明钢：《多元文化教育比较研究》，民族出版社 2006 年版。

[92] [美] 丹尼尔·坦纳、劳雷尔·坦纳：《学校课程史》，崔允漷等译，教育科学出版社 2006 年版。

[93] 王鉴：《课堂研究概论》，人民教育出版社 2007 年版。

[94] 石为怀：《甘南藏族民俗》，甘肃文化出版社 2007 年版。

[95] 嘉雍群培：《藏族文化艺术》，中央民族大学出版社 2007 年版。

[96] [美] 大卫·G. 阿姆斯特朗 G. Armstrong：《当代课程论》，陈晓端主译，中国轻工业出版社 2007 年版。

[97] 王军、董艳主编：《民族文化传承与教育》，中央民族大学出版社 2007 年版。

[98] [美] Jon Wiles、Joseph Bondi：《课程开发：实践指南》（第六版），徐学福、陈静译，中国轻工业出版社 2007 年版。

[99] 钱民辉：《多元文化与现代教育之关系研究——教育人类学的视野与田野工作》，民族出版社 2008 年版。

[100] 易小明：《文化差异与社会和谐》，湖南师范大学出版社 2008 年版。

[101] [美] 拉尔夫·泰勒：《课程与教学的基本原理》，罗康、张阅译，中国轻工业出版社 2008 年版。

[102] 陈洪澜：《知识分类与知识资源认识论》，人民出版社 2008 年版。

[103] 南文渊：《藏族传统文化与青藏高原环境保护和社会发展》，中国

藏学出版社 2008 年版。
[104] 苏发祥主编：《安多藏牧区社会文化变迁研究》，中央民族大学出版社 2009 年版。
[105] 李召存：《课程知识论》，华东师范大学出版社 2009 年版。
[106] 翁乃群主编：《村落视野下的农村教育——以西南四村为例》，社会科学文献出版社 2009 年版。
[107] [美] 露丝·本尼迪克特：《文化模式》，社会科学文献出版社 2009 年版。

（二）期刊类

[1] 俞吾金：《超越知识论——论西方哲学主导精神的根本转向》，《外国哲学与哲学史》（人大报刊复印资料）1990 年第 1 期。
[2] 次平：《试析屠夫为下等人习俗形成的渊源》，《西藏研究》1993 年第 3 期。
[3] 叶澜：《时代精神与教育理想》，《教育研究》1994 年第 10 期。
[4] 昌家立：《知识本质与知识形态新探——兼论几种知识的界定》，《求是学刊》1995 年第 4 期。
[5] 柏贵喜：《南方山地民族传统文化与生态环境保护》，《中南民族学院学报》1997 年第 2 期。
[6] 叶澜：《让课堂焕发出生命活力——论中小学教学改革的深化》，《教育研究》1997 年第 9 期。
[7] 张亚莎：《阿里日土区嘎尔羌岩画分析》，《中国藏学》1999 年第 2 期。
[8] 陈立鹏：《我国少数民族教育 50 年》，《民族研究》1999 年第 5 期。
[9] 王鉴、李伟：《中国少数民族教育课程的历史发展及其昭示》，《贵州民族研究》2000 年第 1 期。
[10] 张华：《论课程目标的确定》，《外国教育资料》2000 年第 1 期。
[11] 化得元：《少数民族基础教育课程设置问题及改革策略》，《西北师范大学学报》（社会科学版）2000 年第 2 期。
[12] 陈新汉：《我国认识论研究的几个生长点》，《复旦学报》（社会科学版）2000 年第 4 期。
[13] 林德宏：《从自然生存到技术生存》，《科学技术与辩证法》2000 年第 4 期。

[14] 王希恩：《论中国少数民族传统文化现状及其走向》，《民族研究》2000年第6期。

[15] 刘旭东：《论地方课程及其开发》，《教育评论》2000年第6期。

[16] 李文阁：《遗忘生活：近代哲学之特征》，《哲学原理》（人大报刊复印资料）2000年第9期。

[17] 盛晓明：《地方性知识的构造》，《哲学研究》2000年第12期。

[18] 郭元祥：《关于地方课程开发的几点思考》，《课程·教材·教法》2001年第1期。

[19] 季萍：《论课程结构（一）——国家课程、地方课程和校本课程》，《中小学教育管理》2001年第2期。

[20] 卜玉华：《课程理念的历史透视与重建》，《华东师范大学学报》（教育科学版）2001年第3期。

[21] 董仁忠、徐继存：《东乡族自治县地方课程目标初探》，《民族教育研究》2001年第4期。

[22] 叶舒宪：《地方性知识》，《读书》2001年第5期。

[23] 孙正聿：《生存论转向的哲学内涵》，《哲学研究》2001年第12期。

[24] 吴晓明：《当代哲学的生存论路向》，《哲学研究》2001年第12期。

[25] 章光洁、尹弘飚：《试论西部少数民族教育的课程改革》，《贵州民族研究》2002年第1期。

[26] 汤夺先：《论我国民族教育的优惠政策》，《民族教育研究》2002年第1期。

[27] 徐辉、辛治洋：《略论美国地方课程的开发与管理》，《教育研究》2002年第3期。

[28] 赵志军：《地方课程建设应把握的几个关键问题》，《中国教育学刊》2002年第3期。

[29] 孟凡丽：《我国民族教育课程研究：回顾与前瞻》，《贵州民族研究》2002年第4期。

[30] 卓晴君、徐岩：《关于地方课程建设的几点思考》，《中国教育学刊》2002年第4期。

[31] 李臣之：《综合实践活动"主题设计"探讨》，《教育研究》2002年第4期。

[32] 湖南省子课题组：《湖南省地方课程开发研究报告》，《中国教育学

刊》2002 年第 6 期。

[33] 方宏常、陈章顺：《论地方课程的开发与建设》，《郴州师范高等专科学校学报》2002 年第 6 期。

[34] 王鉴：《我国民族教育课程改革及其政策研究》，《西北师范大学学报》（社会科学版）2002 年第 6 期。

[35] 安徽省子课题组：《安徽省地方课程建设基本情况的调查报告》，《中国教育学刊》2002 年第 6 期。

[36] 任剑涛：《地方性知识及其全球性扩展——文化对话中的强势弱势关系与平等问题》，《厦门大学学报》（哲学社会科学版）2003 年第 2 期。

[37] 潘洪建：《知识本质：内在、开放、动态——新知识观的思考》，《教育理论与实践》2003 年第 2 期。

[38] 郭晓明：《知识与教化：课程知识观的重建》，《华东师范大学学报》（教育科学版）2003 年第 2 期。

[39] 崔延虎：《跨文化交际教育：民族教育若干问题探讨——教育人类学的认识》，《新疆师范大学》（哲学社会科学版）2003 年第 2 期。

[40] 谢艺泉：《教师参与课程发展：权与责》，《比较教育研究》2003 年第 2 期。

[41] 王鉴：《我国民族教育政策体系探讨》，《民族研究》2003 年第 6 期。

[42] 潘洪建：《当代知识观及其对基础教育课程改革的启示》，《课程·教材·教法》2003 年第 8 期。

[43] 孟凡丽：《国外地方课程开发机制的几种模式及其启示》，《外国教育研究》2003 年第 11 期。

[44] 成尚荣：《地方课程管理和地方课程开发》，《教育研究》2004 年第 3 期。

[45] 连连：《文化现代化的困境与地方性知识的实践》，《学海》2004 年第 3 期。

[46] 王策三：《认真对待"轻视知识"的教育思潮》，《北京大学教育评论》2004 年第 3 期。

[47] 杨庭硕：《论地方性知识的生态价值》，《吉首大学学报》（社会科学版）2004 年第 3 期。

[48] 鲁洁：《一个值得反思的教育信条：塑造知识人》，《教育研究》2004 年第 6 期。

[49] 赵虹元：《少数民族地区地方课程资源开发的现状与实施策略——以云南省澜沧拉祜族自治县为研究个案》，《西南师范大学学报》（人文社会科学版）2004 年第 6 期。

[50] 王亚鹏、万明钢：《民族认同研究及其对我国民族教育的启示》，《比较教育研究》2004 年第 8 期。

[51] 刘启迪：《课程目标：构成、研制与实现》，《课程·教材·教法》2004 年第 8 期。

[52] 李森、王宝玺：《地方课程政策的本质及意义》，《乐山师范学院学报》2004 年第 10 期。

[53] 欧阳芸、朱红文、廖正涛：《全球化时代中国社会科学的本土化——以地方性知识为视角》，《兰州学刊》2005 年第 2 期。

[54] 杨庭硕：《地方性知识的扭曲、缺失和复原》，《吉首大学学报》（社会科学版）2005 年第 2 期。

[55] 陈来：《儒学的普遍性与地域性》，《天津社会科学》2005 年第 3 期。

[56] 林默彪：《认识论问题域的现代转向》，《哲学研究》2005 年第 8 期。

[57] 许洁英：《国家课程、地方课程和校本课程的含义、目的及地位》，《教育研究》2005 年第 8 期。

[58] 张传燧、王双兰：《国外地方课程开发透视》，《当代教育论坛》2005 年第 8 期。

[59] 万明钢、王平：《教学改革中的文化冲突与文化适应问题》，《教育研究》2005 年第 10 期。

[60] 麻晓春：《地方课程的设计与开发》，《上海教育科研》2005 年第 10 期。

[61] 成尚荣：《地方课程的开发与建设》，《中国教育学刊》2005 年第 12 期。

[62] 蔡春：《个人知识：教育实现"转识成智"的关键》，《教育研究》2006 年第 1 期。

[63] 柏贵喜：《乡土知识及其利用与保护》，《中南民族大学学报》（人

文社会科学版）2006 年第 1 期。

[64] 刘兵、卢卫红：《科学史研究中的"地方性知识"与文化相对主义》，《科学学研究》2006 年第 1 期。

[65] 王鉴等：《我国民族地区地方课程及其政策研究》，《民族教育研究》2006 年第 2 期。

[66] 徐冰鸥：《关于地方课程及其开发原则的思考》，《教学与管理》2006 年第 3 期。

[67] 王鉴：《我国民族地区地方课程开发研究》，《教育研究》2006 年第 4 期。

[68] 吴彤：《科学哲学与自然知识的民族性》，《内蒙古大学学报》（人文社会科学版）2006 年第 5 期。

[69] 滕晓华：《论藏族生态知识的不可替代价值——以昌都地区察雅县荣周乡成功造林为例》，《贵州民族学院学报》（哲学社会科学版）2006 年第 6 期。

[70] 张澜、鄢玉枝：《从地方性知识角度看西方独特价值的普遍性叙事》，《江西社会科学》2006 年第 6 期。

[71] 钱民辉：《断裂与重构：少数民族地区学校教育中的潜在课程研究》，《西北民族研究》2007 年第 1 期。

[72] 肖琳：《作为地方性知识的法律——读格尔兹的〈地方性知识〉》，《西北民族研究》2007 年第 1 期。

[73] 游俊、田红：《论地方性知识在脆弱生态系统维护中的价值——以石灰岩山区"石漠化"生态救治为例》，《吉首大学学报》（社会科学版）2007 年第 2 期。

[74] 玛丽·鲁埃：《文化多样与生物多样性》，《国际社会科学杂志》2007 年第 2 期。

[75] 王鉴、安富海等：《略论我国民族地区地方课程的推广、执行与建设问题》，《民族教育研究》2007 年第 2 期。

[76] 滕星、关凯：《教育领域中的国家整合与地方性知识》，《中南民族大学学报》（人文社会科学版）2007 年第 5 期。

[77] 苏其宏、周雪梅：《从"地方性知识"看比较教育研究的本土关怀》，《外国教育研究》2007 年第 6 期。

[78] 王鉴、安富海：《知识的普适性与境域性：课程的视角》，《教育研

究》2007 年第 8 期。

[79] 袁同凯：《地方性知识中的生态关怀：生态人类学的视角》，《思想战线》2008 年第 1 期。

[80] 桂榕：《伊斯兰教建构回族和谐社会的地方性知识解读——以云南沙甸为例》，《思想战线》2008 年第 6 期。

[81] 成尚荣：《地方性知识视域中的地方课程开发》，《课程·教材·教法》2008 年第 9 期。

[82] 张永宏：《本土知识与人类学传统》，《广西民族研究》2009 年第 2 期。

[83] 王鉴：《地方性知识与多元文化教育之价值》，《当代教育与文化》2009 年第 4 期。

[84] 安富海：《中国教育学的当下使命》，《国家教育行政学院学报》2009 年第 7 期。

[85] 孟小军：《占里侗族和谐发展的教育实现方式及其启示》，《当代教育与化》2010 年第 2 期。

(三) 学位论文类

[1] 孟凡丽：《多元文化背景中地方课程开发研究》，博士学位论文，西北师范大学，2003 年。

[2] 李龙：《认识论的先验转向和生存论转向——以生存论维度重新理解认识论》，博士学位论文，吉林大学，2004 年。

[3] 马正学：《西北少数民族地区校本课程开发研究》，博士学位论文，西北师范大学，2004 年。

[4] 余文森：《个体知识与公共知识——课程变革的知识基础研究》，博士学位论文，西南大学，2007 年。

外文文献

[1] Michael Polanyi, The Study of Man. London: Routledge & Kegan Paul, 1957.

[2] Michael Polanyi. Persnal Knowledge: Toward a Post-Critical Philosophy. London and Henley: Routledge & Kegan Paul, 1958.

[3] Edmund L. Gettier: Is Justified True Belief Knowledge. in Michael D. Roth & Leon Galis (ed.), "Knowing: Essays in the Analysis of Knowledge". New York, 1970.

[4] Working group on "The Role, Function, and Preparation of the Curriculum Worker", in Curriculum Leader: Improving Their influence Alexandria, VA: Association for supervision and Curriculum Development, 1976.

[5] Mauss, Marcel. "A Category of the Human Mind: the Notion of Person; the Notion of Self". In M. Carrithers et al., eds. *The Category of the Person: Anthropology, Philosophy,* History. Cambridge University Press, 1985.

[6] J. Rouse. Knowledge and Power, Toward Political Philosophy of Science. Ithaca and London: Comell University Press, 1987.

[7] George Spindler. *The Transmission of Culture* . Edited by George Spindler. Education and Culture Process. Waveland Press, Inc., Illinois, 1987.

[8] Stake, R. E. The Art of Case Study Research. Thousand Oads: Sage Publications, 1995.

[9] E. B. Tylor. The Origins of Culture. New York: Harper and Brothers Publisher, 1998.

[10] Reynar, R., Indigenouspeople' Knowledge and Education: A Tool for Development? see Semali, L. M. & Kincheloe, J. L. ed., What is Indigenous Knowledge? Voices from the Academy. New York and London: Falmer Press, c1999.

[11] Wette Halskov Hansen. *Teaching Bachwaedness or Equality.* edited by Gerard A. Postiglione, China' National Minority Education. Falmer Press A Member of the Taylor & Francis Group, New York and London, 1999.

[12] Viergever, M. indigenous Knowledge: an Interpretation of Views from indigenous Peoples. New York and London: Falmer Press, 1999.

[13] Semali, L. M. & Kincheloe, J. L., Introduction: What is Indigenous Knowledge and Why Should We Study It? See Semali, L. M. & Kincheloe, J. L. ed., What is Indigenous Knowledge? Voices from the Academy. New York and London: Falmer Press, 1999.

[14] Quiroz, C, Local Knowledge Systems and Vocational Education in De-

veloping Countries, see Semali, L. M. & Kincheloe, J. L. ed. , What is Indigenous Knowledge? Voices from the Academy. New York and London: Falmer Press, c1999.

[15] PaulD. Sillitoe. "The Development of Indigenous Knowledge: A New Applied Anthropology". Current Anthropology, 1998, 39 (2).

[16] C. H. Close, G. Brent Hall. A GIS – based Protocol for the Collection and use of Local Knowledge in Fisheries Management Planning. Journal of Environmental Management, 78 (2006).

[17] Elok Mulyoutami, Ratna Rismawan, Laxman Joshi. Local Knowledge and Management of Simpukng (Forest Gardens) among the Dayak People in East Kalimantan, Indonesia. Forest Ecology and Management 257 (2009).

[18] Dove, M. R.. "New barbarism" or "old agency" among the Dayak? Reflections on post – Soeharto Ethnic Violence in Kalimantan. Sociological Analysis 50 (1) 2006.

[19] Sivalee, P. Indigenous Peoples Knowledge in Natural Resource Management (NRM) in T H. Rantanen, M. Kahila The Soft GIS Approach to Local Knowledge. Journal of Environmental Management 90 (2009): 1981 – 1990.

[20] Timothy W. Lambert, Lindsay Guyn, Stephanie E. Lane. Development of Local Knowledge of Environmental Contamination in Sydney, Nova Scotia: Environmental Health Practice from an Environmental Justice Perspective. Science of the Total Environment 368 (2006).

[21] Nicoliene Oudwater, Adrienne Martin. Methods and Issues in Exploring Localknowledge of Soils. Geoderma 111 (2003).

[22] N. Barrera – Bassolsa, J. A. Zinck Ethnopedology: A Worldwide View on the Soil Knowledge of Local People. Geoderma 111 (2003).

[23] Caroline Dyer, Archana Choksi, Vinita Awasty, Uma Iyer, Renu Moyade, Neerja Nigam, Neetu Purohit, Swati Shah, Swati Sheth Knowledge for Teacher Development in India: the Importance of "Local Knowledge" for in – service Education. International Journal of Educational Development 24 (2004).

后　记

　　地方性知识凝结着地方人的生活智慧和集体人格，记录着地方社会发展的历史轨迹，与生活在地方的人们的生产生活息息相关，是地方社会延续和发展的智力源泉。地方性知识的研究不是一种单纯的脑力劳动，更多的是一种整体性的生活体验。藏族文化历史悠久、博大精深、体系完整、内涵丰富。它将中华民族"人与自然和谐"相处的思想从观念层面落实到生产生活的细节中。藏族人"天人合一"的观念不仅把人当作"天"（自然）的一部分，而且把"天"（自然）当作敬奉的对象，以一种敬畏和爱慕的心情崇尚自然，爱惜自然。可以说藏族文化处处都有值得体味、引人深省的内容。但要想真正走进它，并研究它，并不是件容易的事。单靠一点点努力和认真远远不够，还应该学会"喝酒吃肉"，更重要的是必须具备"深沉"的素质。然而，"深沉"又不是"玩"出来的，而是需要长时间的"面向事实"、"面向文本"、"面向自我"的思想积累与升华。民族地区学校课程应该反映地方性知识，但如何以适当的形式将地方性知识纳入民族地区学校课程，笔者在泰勒原理的指导下，从课程目标、课程内容、课程实施和课程评价四个方面对地方性知识进入民族地区学校课程方式方法进行了探究。但这对我来说并不是"故事"的结束，民族地区的学校教育如何合理且有效地传承民族文化问题是一项涉及民族教育发展、民族文化传承和民族青少年健康成长的大事，亟待深入研究。

　　本书是在我的博士学位论文的基础上修改而成的，字里行间都渗透着导师王鉴教授的心血和期待。导师严谨的治学态度，睿智的思维，独到的学术见解给了我润物细无声般的点拨和启迪。论文的写作还得到了胡德海先生、李定仁先生、李子建教授、王嘉毅教授、万明钢教授、李瑾瑜教授、刘旭东教授、周爱保教授、孙名符教授、傅敏教授的帮助和指导，在此致以诚挚的谢意！

　　拙作的付梓出版还凝结着同学的帮助、朋友的期待和家人的关心，他们的鼓励和支持是我顺利完成本书乃至今后事业发展的力量源泉。我将用自己不懈的努力来回报他们的帮助、期待和关心。最后，还要感谢中国社会科学出版社的领导和责任编辑刘晓红老师，他们为本书的出版做了许多耐心而细致的工作。

  前面的路还在延伸，漫漫前路，跋涉者将付出艰辛，也将收获风景！

安富海
2015 年 6 月于兰州